权威·前沿·原创

皮书系列为
"十二五""十三五"国家重点图书出版规划项目

文化志愿服务蓝皮书
BLUE BOOK OF CULTURAL VOLUNTEER SERVICE

中国文化志愿服务发展报告（2016）

ANNUAL REPORT ON DEVELOPMENT OF CHINA'S CULTURAL VOLUNTEER SERVICE (2016)

主 编/张永新 良警宇

社会科学文献出版社
SOCIAL SCIENCES ACADEMIC PRESS (CHINA)

图书在版编目(CIP)数据

中国文化志愿服务发展报告.2016/张永新,良警宇主编.--北京：社会科学文献出版社,2016.11
（文化志愿服务蓝皮书）
ISBN 978-7-5097-9840-9

Ⅰ.①中… Ⅱ.①张… ②良… Ⅲ.①文化工作-志愿-社会服务-研究报告-中国-2010-2015 Ⅳ.①G12 ②D669.3

中国版本图书馆CIP数据核字（2016）第244792号

文化志愿服务蓝皮书
中国文化志愿服务发展报告（2016）

主　　编／张永新　良警宇

出 版 人／谢寿光
项目统筹／邓泳红　李　闯
责任编辑／陈晴钰

出　　版／社会科学文献出版社·皮书出版分社（010）59367127
　　　　　地址：北京市北三环中路甲29号院华龙大厦　邮编：100029
　　　　　网址：www.ssap.com.cn
发　　行／市场营销中心（010）59367081　59367018
印　　装／三河市东方印刷有限公司

规　　格／开　本：787mm×1092mm　1/16
　　　　　印　张：21　字　数：319千字
版　　次／2016年11月第1版　2016年11月第1次印刷
书　　号／ISBN 978-7-5097-9840-9
定　　价／128.00元

皮书序列号／B-2016-556

本书如有印装质量问题，请与读者服务中心（010-59367028）联系

▲ 版权所有 翻印必究

编 委 会

主　　任　张永新　良警宇

编委会成员　（以姓氏笔画为序）

　　　　　　丁元竹　王全吉　王春光　王筱雯　卢　娟
　　　　　　申晓娟　毕绪龙　关红雯　刘亚东　李国新
　　　　　　李　蓁　杨永恒　杨应时　沈　杰　周广莲
　　　　　　黄　琛　康尔平　程韦宇　戴建中　戴　珩

目 录

序言 大力推进文化志愿服务 加快构建现代公共文化服务体系
.... 杨志今 / 001

Ⅰ 总报告

B.1 中国文化志愿服务事业的回顾与展望（2010~2015年）
.... 良警宇 李国新 / 001
  一 中国文化志愿服务事业的发展历史 002
  二 中国文化志愿服务事业发展的主要成就 007
  三 中国文化志愿服务事业发展中存在的突出问题 014
  四 新时期中国文化志愿服务事业发展面临的机遇
    和发展任务 015

Ⅱ 专题研究报告

B.2 文化志愿服务与示范区（项目）创建 .... 李国新 冯 佳 / 019
B.3 文化志愿服务的组织分层分类及发展趋势
.... 谭建光 良警宇 / 031

B.4 中国公共图书馆文化志愿服务发展状况分析
　　………………………………………… 王筱雯　王方圆 / 041
B.5 中国文化馆文化志愿服务发展状况分析 ……… 王全吉 / 053
B.6 中国高校文化志愿者队伍建设状况分析 ……… 岑学贵 / 066
B.7 博物馆文化志愿服务：国家博物馆的管理模式与
　　制度建设探索 ……………………………………… 黄　琛 / 079
B.8 美术馆文化志愿服务：中国美术馆的管理模式与
　　制度建设探索 ………………………………… 杨应时　杨兰亭 / 099
B.9 图书馆文化志愿服务：首都图书馆的管理模式与
　　制度建设探索 ……………………………………… 杨芳怀 / 107

Ⅲ　地方发展报告

B.10 北京市文化志愿服务发展报告 ………………… 李　蓁 / 117
B.11 上海市文化志愿服务发展报告 ………………… 沈宇翔 / 127
B.12 天津市文化志愿服务发展报告 ………………… 路　浩 / 142
B.13 陕西省文化志愿服务发展报告 ………………… 李喜科 / 150
B.14 浙江省文化志愿服务发展报告 ………………… 马德良 / 158
B.15 湖南省文化志愿服务发展报告 ………… 颜　喜　梁利平 / 168
B.16 广东省文化志愿服务发展报告 ………………… 邓芸芸 / 179
B.17 烟台市文化志愿服务发展报告 ………………… 王平云 / 185
B.18 武汉市文化志愿服务发展报告 ………………… 陈　菁 / 193
B.19 厦门市文化志愿服务发展报告 ………………… 黄天助 / 201

Ⅳ　服务品牌案例

B.20 "春雨工程"——全国文化志愿者边疆行活动典型案例 ……… 217

B.21 "大地情深"——国家艺术院团志愿服务走基层活动典型案例
………………………………………………………………… 234

B.22 全国基层文化志愿服务活动典型案例 …………………… 248

Ⅴ 中国港澳台地区和国外的经验

B.23 中国台湾文化志愿服务发展现状与制度建设经验
………………………………………………… 良警宇 / 267

B.24 中国香港公共图书馆志愿服务发展状况 ………… 武俊萍 / 278

B.25 美国的博物馆志愿服务发展状况：以史密森博物院为例
………………………………………… 良警宇 郭宇坤 / 291

Ⅵ 大事记

B.26 中国文化志愿服务大事记（2010~2016年）……………… 301

B.27 后记 ………………………………………………………… 305

Abstract ………………………………………………………… 307
Contents ………………………………………………………… 308

序言 大力推进文化志愿服务加快构建现代公共文化服务体系

杨志今*

文化志愿服务是我国志愿服务工作的重要组成部分，也是现代公共文化服务体系建设的重要内容。文化志愿服务具有奉献爱心、传播文化、服务社会、实现自我的特点，延续了中华民族的传统美德，体现了深厚的文化积淀、鲜明的时代特征和高尚的精神追求，是美好的道德行为和重要的道德实践，是推动社会主义核心价值观落细落小落实、融入人们日常生活的重要途径。

"十三五"时期，现代公共文化服务建设的工作重点已经由完善设施网络转到增强服务能力、提升服务效益上来。从实际情况看，现有的工作力量和服务渠道，还远远不能适应这种转变，必须充分调动各种社会力量的积极性，拓展参与领域，拓宽参与渠道，丰富参与内容，形成多主体、全方位、多层次、多渠道的社会力量参与格局；必须凸显人民群众的主体地位，既要扩大服务的受益面，让更多人群享受公共文化服务，更要搭建平台、畅通渠道、提供保障，激发群众的参与热情，发挥群众的主体作用。文化志愿服务形式多样、方式灵活，能够适应经济社会快速发展的需要，有效弥补政府和市场文化服务不足；能够根据基层群众多元化、个性化的文化需求，有针对性地提供服务，提升公共文化服务的质量和效果；能够搭建群众参与文化建设的平台，推动形成人人可为、处处可为和人人尽力、人人共享的良好局面，让基层群众成为先进文化的建设者、体验者和享受者，促进公共文化服

---

* 杨志今，文化部党组副书记、副部长。

务的可持续发展。

新形势下，文化志愿服务工作要围绕现代公共文化服务体系建设，以培育和弘扬社会主义核心价值观为根本，大力弘扬奉献、友爱、互助、进步的志愿服务精神，坚持志愿服务与政府服务、市场服务相衔接，奉献社会与自我发展相统一，社会倡导和自愿参与相结合，构建参与广泛、内容丰富、形式多样、机制健全的文化志愿服务体系。

一是完善服务网络，发展壮大文化志愿服务队伍。全面建立省、市、县三级文化志愿服务工作机构，推动各级文化馆、公共图书馆、博物馆、美术馆等公共文化设施和基层综合性文化服务中心设立志愿服务站（队、所）。打破部门和行业局限，面向社会各界广泛吸纳各行各业热心公益、热心文化事业的人士加入文化志愿者队伍，努力扩大"增量"。培育以开展文化志愿服务为宗旨的非营利性社会组织发展，引导其依法登记、归口管理，完善组织内部治理，并在项目开发、能力培养、合作交流、业务支持等方面提供有针对性的扶持。

二是加强能力建设，不断提升文化志愿服务科学化专业化水平。实施项目化运作，把自发的、零散的文化志愿服务活动，用项目的形式整合起来、固定下来、延续下去，明确服务内容、活动方式，稳定志愿人员，盯准服务对象，推动文化志愿服务特色化和精准化。强化专业化支撑，充分利用好文化系统的资源优势，大力培育和发展专业型文化志愿服务队伍，引导文化志愿者提供专业化、高质量的文化志愿服务，切实提高针对性、实效性。加强信息化管理，积极探索"互联网+文化志愿服务"，推动智能移动终端建设和数据库建设，有效利用手机客户端、微信公众号等手段，及时有效匹配文化志愿服务供给与需求，实现项目发布、实施过程、人员参与、服务情况的全程信息化。

三是围绕现代公共文化服务体系建设重点任务，发挥文化志愿服务的功能作用。充分发挥文化志愿服务在整合资源、弥补政府服务和市场服务不足等方面的优势，进一步发挥作用，增强服务实效。在各级各类公共文化设施特别是基层综合性文化服务中心广泛招募文化志愿者，开展导览讲解、艺术培训、文化活动组织等服务，积极探索文化志愿者参与基层文化设施运行管理的途径和方式。在文化信息资源共享等惠民工程中，招募文化志愿者协助做好技术指导、政策宣传、数字文化资源整理、群众上网辅导等工作，促进文化惠民工程扩大覆盖、提升服务、完善管理。面向贫困地区和特殊群体，以文化志愿服务为载体，推动文化资源与精准扶贫有效对接，把贫困地区、贫困群众迫切需要的文化服务送到家门口，送到老百姓手里。广泛开展面向老年人、未成年人、残疾人、农民工和生活困难群众的服务，保障他们的基本文化权益，彰显文化志愿服务的人文关怀。

四是组织开展示范性导向性活动，建立基层文化志愿服务活动长效机制。以"春雨工程"——全国文化志愿者边疆行、"大地情深"——国家艺术院团志愿服务走基层和"阳光工程"——中西部农村文化志愿服务行动计划3项示范活动以及9个主题基层服务活动为引领，结合地方实际，立足群众需求，着眼文化民生，进一步推动基层文化志愿服务活动广泛开展。积极探索具有地方和行业特色的文化志愿服务工作模式和工作方式，建立起覆盖不同区域、各具特色的服务项目。积极探索文化志愿服务开展流动服务、数字服务的方式，组织开展"菜单式""订单式"服务，变"送文化"为"种文化"。积极探索文化志愿者参与文化遗产保护、文化产业发展、文化市场管理等工作的途径，增强文化志愿服务的广度和深度。着力打造一批群众喜爱的文化志愿服务品牌项目，形成示范带动效应，推动基层文化志愿服务工作高水平开展。

五是加强规范管理，促进文化志愿服务健康发展。进一步完善文化志愿服务机制建设，推进文化志愿服务规范化发展。规范招募注册，通过多种渠道及时发布招募信息，根据标准和条件吸纳广大群众参加文化志愿服务活动，为有意愿、能胜任的人登记注册。按照项目类别、专业特长、服务岗位等对文化志愿者实行分类管理。加强培训管理，坚持培训与服务并重的原则，有组织、有计划地对文化志愿者进行分级分类的培训指导。完善服务记录，结合中央文明办、民政部《志愿服务信息系统基本规范》的推广应用，发挥好"文化志愿者注册服务证"功能，对文化志愿者的服务进行及时、

完整、准确记录。加强激励回馈，结合实际建立文化志愿服务激励回馈和嘉许制度，对于有良好服务记录的文化志愿者给予艺术观摩与培训、文化艺术消费、公益性文化服务等方面的优惠待遇。对服务时间较长、业绩突出、社会影响较大的文化志愿者、文化志愿服务团队和文化志愿服务项目给予褒扬。

总 报 告
General Report

B.1 中国文化志愿服务事业的回顾与展望（2010～2015年）

良警宇 李国新[*]

摘　要： 文化志愿服务是现代公共文化服务体系建设的重要内容，是培育和践行社会主义核心价值观的重要载体，由文化志愿者提供的文化服务成为推进我国文化建设的创新之举。中国文化志愿服务事业的发展历史总体来说可以分成三个阶段：2010年前从民间自发到各地自觉探索的初期发展阶段，2010～2014年全国文化志愿服务的组织化、体系化推进阶段，以及2015年以后全国文化志愿服务的制度化、社会化发展阶段。5年来，在政府主导和推动下，文化志愿服务工作在

---

[*] 良警宇，中央民族大学教授，国家公共文化服务体系建设专家委员会委员；李国新，北京大学教授，国家公共文化服务体系建设专家委员会主任。

网络构建、规范管理、载体创新、品牌打造和服务领域拓展等方面进行了大量的探索和实践，取得了显著成效。在当前的发展机遇下，中国文化志愿服务面临着构建参与广泛、内容丰富、形式多样、机制健全的文化志愿服务体系的重点任务。

关键词： 中国文化志愿服务　回顾　展望

一　中国文化志愿服务事业的发展历史

文化志愿服务是现代公共文化服务体系建设的重要内容，是推进基层文化队伍建设的有效手段，是培育和践行社会主义核心价值观的重要载体。自党的十七届六中全会将文化志愿服务纳入加强基层文化队伍建设的重要内容，明确提出"壮大文化志愿者队伍"以来，我国的文化志愿服务事业蓬勃发展。文化志愿服务具有奉献爱心、传播文化、服务社会、实现自我的特点，由文化志愿者提供的文化服务成为推进我国文化建设的创新之举。

相较于其他类别的志愿服务，中国文化志愿服务总体起步较晚。从20世纪末一些地方自发组建文化志愿服务队开展活动，到21世纪初一些公共文化机构招募专门的文化志愿者开展服务，再到2010年以后文化部、中央文明办共同推动文化志愿服务在全国范围蓬勃发展，在持续不断的探索与实践中，志愿服务领域不断扩大，服务网络不断完善，并被逐步纳入现代公共文化服务体系建设内容和国家文化发展总体战略，取得了良好的社会效益。

回顾中国文化志愿服务事业的发展历史，总体来说可以分成以下三个阶段：2010年前从民间自发到各地自觉探索的初期发展阶段，2010~2014年间全国文化志愿服务的组织化、体系化推进阶段，以及2015年以后全国文化志愿服务的制度化、社会化发展阶段。

（一）2010年以前：从民间自发到各地自觉探索的初期发展阶段

1. 起源于民间自发性的群众文化活动

文化志愿服务起源于群众的自发性文化活动，如民间自发组织的地方性社火和锣鼓表演，地方戏剧爱好者的自娱自乐活动等。在民众娱乐自我的同时，这些自发性的群众文化活动也发挥了与他人分享文化传统、传播文化技能和进行文化教育传承等功能，因此可被视为是自发意义上的"文化志愿活动"。其特征主要体现为：以自娱自乐为主，以地方性文化活动为主，发挥了传承民间文化传统的作用，活动团体自生自灭，等等。

2. 改革开放后各类现代志愿服务组织的影响和带动

改革开放后，具有现代意义的志愿服务活动得到逐步推进。共青团、民政部、中央文明办等部门较早开始推动建立志愿服务组织，早期的文化志愿服务活动主要由这些组织推动开展。比如，1989年天津市和平区成立了"社区服务志愿者协会"，协会文化社团开展的志愿服务成为文化志愿服务的雏形。[1] 1993年福建第一支青年志愿者服务队——厦门市青年志愿者筼筜治安分队建立，厦门市红十字会、厦门市民政局以及其他社会组织随后也建立起各种类型的志愿者队伍。在这些志愿者队伍中，具有一定文化专业知识或文艺专长的志愿者成为文化志愿者。

3. 社会需求推动各地公共文化机构进行自觉探索

随着现代化和城市化的快速推进，国家和地方的文化自觉意识不断提高，优秀传统文化的保护活动逐步展开。一些有广泛群众基础的民间传统文化艺术开始得到有组织的挖掘和复兴：或被纳入文化遗产名录得到支持和保护，或从民间的群众艺术转变成为殿堂艺术。与此同时，群众性文化活动以及人们对高雅文化的需求不断增长，对文化馆、博物馆和图书馆等公共文化机构的社会服务提出要求。为了解决向社会扩大服务与体制内人

---

[1] 吴昊：《我国基层文化志愿服务的经验与启示》，《图书馆学刊》2014年第10期，第4~6页。

力资源不足的矛盾，各地公共文化机构开始招收志愿者以扩大公共文化服务的能力。如共青团中央于1994年成立了"中国青年志愿者协会"，作为中国第一个志愿者服务组织，该协会曾在国内多家公共图书馆组织开展志愿服务活动。1995年广州少年儿童图书馆尝试引进学生志愿者协助图书馆开展服务工作。1996年福建省图书馆建立了一支专业化的志愿者队伍，借鉴美国的经验开展图书馆志愿者活动。此后，北京、河北、广东、浙江、上海等省市十多家各类图书馆先后开展了志愿者活动。1998年山东博物馆与山东师范大学文史学院合作成立山东博物馆志愿讲解员小分队，被视为是较早的博物馆文化志愿服务队伍。2002年中共"十六大"提出发展公益性文化事业，切实尊重和保障人民基本文化权益，进一步推动了公共文化机构对志愿服务形式的自觉探索。2002年国家博物馆首次在博物馆系统内通过公共媒体向社会招募志愿服务人员；2003年湖南省博物馆开始招募并培训文化志愿者上岗；辽宁省图书馆文化志愿者协会也于2003年成立；2003年青岛市以当地文化系统各专业团体中的骨干力量为主，组建了该市第一支文化志愿者队伍。

4. 公共文化服务体系建设的推进及2008年奥运会的影响

党的十六大以来，特别是中央文明委制定下发《关于深入开展志愿服务活动的意见》后，志愿服务活动在全国城乡广泛地开展起来。2007年，中共中央办公厅、国务院办公厅发布《关于加强公共文化服务体系建设的若干意见》，同年召开的中共十七大把加快建立覆盖全社会的公共文化服务体系列入建设更高水平的小康社会的新目标。为了落实党的十七大关于社会主义文化大发展大繁荣的方针政策，2008年中宣部、财政部、文化部和国家文物局联合发布《关于全国博物馆、纪念馆免费开放的通知》，促进了各地的博物馆全面探索文化志愿服务的新形式，也带动了部分图书馆、文化馆和美术馆等公共文化机构的探索实践。2008年北京奥运会以组织形式进行志愿者动员，全面促进了全国志愿服务事业的大发展，也极大地促进了文化志愿服务活动的开展。在这一背景下，各级文化行政单位和公共文化机构进一步积极探索文化志愿服务的新形式。

（二）2010～2014年：全国文化志愿服务的组织化、体系化推进阶段

各地进行的文化志愿服务实践为全国文化志愿服务的全面推动奠定了基础。2010年开始，在文化部和中央文明办的大力倡导和推动下，文化志愿服务进入了组织化、体系化的快速发展阶段。

2010年，为贯彻落实党中央、国务院西藏及新疆工作座谈会的精神，进一步完善文化援助和帮扶机制，文化部组织开展试点"春雨工程"——全国文化志愿者边疆行活动。这次活动首次使用了"文化志愿者"的概念，组织北京市、浙江省、重庆市和福建省的文化工作者组成文化志愿者团队，以大舞台、大讲堂、大展台三种基本形式，展开内地与边疆民族地区的文化交流，拉开了开展全国性文化志愿服务活动的序幕。

2011年，党的十七届六中全会发布了《中共中央关于深化文化体制改革推动社会主义文化大发展大繁荣若干重大问题的决定》，对文化志愿服务工作做出明确指导："壮大文化志愿者队伍，鼓励专业文化工作者和社会各界人士参与基层文化建设和群众文化活动，形成专兼结合的基层文化工作队伍。"这是中央文件中首次明确使用"文化志愿者"概念，从国家层面倡导社会各界热心公益的人士投身文化志愿服务活动，并对文化志愿者的重要性予以了充分肯定。在文化部的组织推动下，2011年参与"春雨工程"——全国文化志愿者边疆行志愿服务活动的内地省市和文化部直属单位由2010年的4个省（市）增加到13个省（市）。接受志愿服务的边疆民族地区由西藏和新疆2个自治区增加到8个省（区）。与此同时，文化部、财政部于2011年出台了《关于推进全国美术馆公共图书馆文化馆（站）免费开放工作的意见》，这是继2008年博物馆、纪念馆实行全面免费开放后政府推进公共文化服务体系建设的又一举措，对于人民群众共享文化建设发展成果、保障基本文化权益具有重要意义。但公共文化机构全面免费开放普遍面临着向社会扩大服务与公共服务机构人力资源

不足的突出矛盾，现实需求推动了全国的公共文化机构广泛探索文化志愿服务的新形式。

为贯彻落实中央十七届六中全会精神，2012年9月12日，文化部、中央文明办联合印发了《关于广泛开展基层文化志愿服务活动的意见》，首次从政府层面上正式发文对文化志愿服务做出全面安排部署，这标志着文化志愿服务被正式纳入公共文化服务体系建设和国家文化发展总体战略中。2012年12月4日，文化部第一次召开了以文化志愿服务为主题的工作会议，组织动员文化系统和社会各界力量积极开展文化志愿服务。"春雨工程"——全国文化志愿者边疆行活动覆盖范围继续扩大，参与志愿服务的内地省市和文化部直属单位增加至18个，服务区域扩大至12个边疆民族省区、新疆兵团和湖北恩施州、四川甘孜州、阿坝州、凉山州4个少数民族自治州。

从2013年开始，文化部与中央文明办每年以一个确定的活动主题，不断推进全国文化志愿服务建设的进程。2013年由文化部、中央文明办联合推动的"文化志愿者基层服务年"系列活动，在继续实施"春雨工程"——全国文化志愿者边疆行活动的基础上，启动了"大地情深"——国家艺术院团志愿服务走基层系列活动，同时动员各地各单位开展了9个主题基层文化志愿服务活动。"春雨工程"和"大地情深"2项示范活动首次实现了在全国省域范围的全覆盖。

2014年文化部、中央文明办联合启动"文化志愿服务推进年"系列活动，发布了"中国文化志愿者"标识，推出了"文化志愿者注册服务证"。首次将贫困地区纳入"春雨工程"服务范围，将第二批国家公共文化服务体系示范区（项目）创建城市纳入"大地情深"服务范围。这些从全国层面上开展的一系列推进活动，有效地促进和带动了各地对文化志愿服务的探索与实践，推动了全国文化志愿服务的组织化和体系化建设。

与此同时，文化志愿服务作为公共文化服务体系建设的重要内容之一也被逐步纳入了示范区创建标准。2013年5月出台的第二批示范区（项目）创建标准，明确要求"加强文化志愿者队伍建设"。2015年4月出台的《第三批国家公共文化服务体系示范区（项目）创建标准》进一步强化和细化了对文化志愿服务工作的要求。在创建标准的引导下，各地积极创新实践，涌现出了一批具有创新性和示范意义的文化志愿服务活动品牌和示范项目。

（三）2015年以后：全国文化志愿服务的制度化、社会化发展阶段

为深入贯彻落实党的十八大和十八届三中全会精神，建立健全志愿服务制度，2014年中央文明委发布了《关于推进志愿服务制度化的意见》，对推进全国志愿服务制度化建设提出了要求。为进一步建立健全文化志愿服务制度，推动文化志愿服务活动规范化、常态化发展，2015年1月20日，文化部召开了2015年全国文化志愿服务工作推进会议，将2015年确定为"文化志愿服务制度建设年"，提出加强文化志愿服务制度化建设，提高文化志愿服务科学化、规范化、专业化和社会化水平，推动文化志愿服务事业规范有序、持续健康发展。2015年1月15日，中共中央办公厅、国务院办公厅印发了《关于加快构建现代公共文化服务体系的意见》，提出要"大力弘扬志愿服务精神，坚持志愿服务与政府服务、市场服务相衔接，奉献社会与自我发展相统一，社会倡导和自愿参与相结合，构建参与广泛、内容丰富、形式多样、机制健全的文化志愿服务体系"，提出要"完善文化志愿者注册招募、服务记录、管理评价和激励保障机制"，进一步肯定了文化志愿服务制度化、社会化建设对构建文化志愿服务体系的重要意义，明确了相关具体建设要求。

二 中国文化志愿服务事业发展的主要成就

自2010年"春雨工程"——全国文化志愿者边疆行活动试点以来，在政府的主导和推动下，文化志愿服务工作呈现整体推进、重点突破、快速发展的态势，并在网络构建、规范管理、载体创新、品牌打造和服务领域拓展等方面进行了大量探索和实践，取得了显著成效。

（一）初步形成了体系化的文化志愿服务队伍和组织网络

在文化部的主导和推动下，各地文化部门积极构建文化志愿服务的组织框架，在全国初步形成了体系化的文化志愿服务队伍和组织网络。截至2015年，全国省级文化志愿服务机构达到了24个，在各级公共文化机构和艺术机构注册的文化志愿服务团队从2012年的2000多支迅速增加到32000多支，文化志愿者人数从2012年的30万人发展到87万人，文化志愿者已经从过去公共文化服务建设的有益补充，逐步发展壮大为公共文化服务建设的重要力量（见表1、表2）。

表1　2012年、2015年文化志愿服务网络构建情况

年份	文化志愿服务机构			文化志愿者人数
	分布		数目	
	省/区/直辖市	地级市	文化志愿服务团队	
2015	24个	275个	32000余支	87万人
2012	12个	80个	2000余支	30万人

表2　部分省级和文化部直属单位文化志愿服务组织机构组建时间

地区或部门	省级文化志愿服务组织机构名称	组建年份(年)
北京市	北京市文化志愿者服务中心	2009
广东省	广东文化志愿者总队	2011
安徽省	安徽省群众文化辅导员大队	2012
河南省	河南省群艺馆、图书馆文化志愿者服务队	2012
吉林省	吉林省文化志愿者中心	2012
浙江省	浙江省义化志愿者联合会	2012
辽宁省	辽宁省文化志愿者工作管理办公室	2012
天津市	天津市公共文化志愿服务总队	2012
宁夏回族自治区	文化志愿服务工作部	2013
广西壮族自治区	文化志愿者广西中心	2013
山西省	山西文化志愿者办公室	2013
湖南省	湖南省文化厅文化志愿服务总队	2013
黑龙江省	黑龙江省文化志愿服务总队	2013

续表

地区或部门	省级文化志愿服务组织机构名称	组建年份
江西省	江西省文化志愿者工作领导小组	2014
海南省	海南省文化志愿服务活动办公室	2014
重庆市	重庆市文化志愿者服务总队	2014
河北省	河北省文化志愿者协会	2014
贵州省	贵州省文化志愿服务队	2014
青海省	青海省文化志愿者工作管理办公室	2014
山东省	山东省文化志愿服务协会（筹）	2014
文化部全国公共文化发展中心	文化共享志愿者小组	2012
中国东方演艺集团	中国东方演艺集团文化志愿服务工作组	2013

资料来源：根据各地文化部门上报材料整理，截至2014年底。

（二）文化志愿服务的规范管理不断加强

各地蓬勃发展的文化志愿服务活动，促发许多地方文化行政单位、公共文化机构和文化类社会组织制定了各自工作领域内的管理规章。根据各地上报文化部的材料，截至2015年底，国内已有12个省级层面的文化志愿服务的规章制度先后制定或颁布，分别是广东省、辽宁省、北京市、云南省、重庆市、河南省、天津市、贵州省、青海省、河北省、湖南省、黑龙江省；出台市级层面的管理办法或章程30余个。在此带动下，许多市、县、镇等各级各类文化志愿服务组织或队伍也纷纷出台了相关规章制度、工作手册等，以健全管理工作机制，为促进志愿服务队伍建设的规范化、常态化和制度化奠定基础。

2014年3月，文化部发布了"中国文化志愿者"标识，推出了"文化志愿者注册服务证"。2014年4月，以文化部办公厅名义印发了《关于推行使用"中国文化志愿者"标识和"文化志愿者注册服务证"有关事宜的通知》，要求在全国统一推行使用标识和服务证，推动建立文化志愿者服务记录制度。2015年，为促进文化志愿服务规范化建设，文化部组织起草了《文化志愿服务管理办法》，公共图书馆、文化馆文化志愿服务工作规范等制度性文件，进一步加强对文化志愿者的规范管理和组织引导，推进了文化志愿服务制度建设。

表3　部分省份发布的文化志愿服务管理文件

出台省份	发布时间（年）	（文件）名称
广东省	2011 2015	《广东省文化志愿者管理办法（试行）》（2011年） 《广东省文化志愿者管理办法（修订版）》（2015年） 《广东省文化志愿服务规范指引》（2015年）
辽宁省	2012	《辽宁省文化厅文化志愿者管理办法（暂行）》（2012年）
北京市	2012	《北京文化志愿者招募管理办法》（2012年）
云南省	2012	《云南省文化志愿者协会会员章程》（2012年） 《云南省文化志愿者协会管理办法》（2012年）
重庆市	2012	《重庆市文化志愿者管理暂行办法》（2012年）
河南省	2013	《河南省文化志愿者管理办法（征求意见稿）》（2013年）
天津市	2013	《天津市公共文化志愿服务总队章程》（2013年）
安徽省	2013	《安徽省群众文化辅导员等级标准（试行）》（2013年） 《安徽省群众文化辅导员工作管理暂行办法》（2013年）
贵州省	2014	《贵州省文化志愿服务制度》（2014年） 《贵州省文化志愿者管理制度》（2014年）
青海省	2014	《青海省文化志愿者管理办法》（2014年）
河北省	2014	《河北省文化志愿者协会章程》（2014年）
湖南省	2015	《湖南省文化志愿者管理办法（暂行）》（2015年）
黑龙江省	2015	《黑龙江省文化志愿者管理办法（试行）》（2015年）

资料来源：根据各省份文化部门上报材料整理，截至2015年。

（三）文化志愿服务项目的特色化、品牌化建设成就突出

5年来，文化志愿服务不断以项目化方式推进，向特色化、品牌化发展。其中，在全国最具影响力的文化志愿服务品牌是由文化部、中央文明办指导实施的"春雨工程"——全国文化志愿者边疆行和"大地情深"——国家艺术院团志愿服务走基层两项示范活动，以及各级文化部门依托公共图书馆、文化馆（站）、博物馆、美术馆等公共文化机构组织开展的9个主题的基层文化志愿服务活动（见表4）。全国基层文化志愿服务活动依托公共

文化设施、文化惠民工程、节日纪念日等，以"扎根基层，服务群众"为主要内容，广泛招募志愿者为群众提供了大量身边的、日常性的文化志愿服务。在此基础上，2015年文化部又研究策划了"阳光工程——中西部农村文化志愿服务行动计划"，并于2016年正式启动。

5年来，"春雨工程"和"大地情深"两项示范活动共实施了500多个项目，1.5万多名文化志愿者深入边疆民族地区和城乡基层，举办各类演出、讲座和展览1500多场，受益群众数百万人次。其中，2015年两项示范性活动共实施项目134个，其中内地20个省（市）文化厅（局）和文化部5个直属单位以及11个国家艺术院团与边疆民族地区开展了双向文化志愿服务交流活动，5000多名文化志愿者赴11个边疆民族省/区和38个国家公共文化服务体系示范区（创建）城市，举办各类文艺演出、辅导讲座、展览展示500多场，服务群众超过百万人次。除了两项示范性活动外，各地文化志愿者还开展各类基层文化志愿服务活动近30万场（次），服务群众近8000万人次。①

表4 全国性文化志愿服务品牌项目

项目类型	启动年份	项目名称
示范活动	2010	"春雨工程"——全国文化志愿者边疆行（试点）
	2011	"春雨工程"——全国文化志愿者边疆行（正式推动）
示范活动	2013	"大地情深"——国家艺术院团志愿服务走基层
全国基层文化志愿服务活动	2013	"传递书香 见证成长"公共图书馆志愿服务活动
		"精彩生活 幸福使者"文化馆（站）志愿服务活动
		"共享历史 感受快乐"博物馆志愿服务活动
		"感受艺术 美丽心灵"美术馆志愿服务活动
		"文化惠民 为您服务"文化惠民工程志愿服务活动
		"文化暖心 点亮生活"关爱特殊群体文化志愿服务活动
		"欢乐节日 爱我中华"节日纪念日文化志愿服务活动
		"文化公益 社会责任"企业文化志愿服务活动
		"关爱成长 快乐生活"乡村学校少年宫志愿服务活动

① 资料来源：文化部2015年文化志愿服务工作总结报告。

为发挥典型的示范带动作用，2012～2015年，文化部先后通报表彰了459个全国文化志愿服务示范项目，以促进各地文化志愿服务品质提升和文化志愿服务品牌建设，有效带动了文化志愿服务活动在全国蓬勃开展。

2012年"'送福到家'文化志愿服务项目"等38个全国基层文化志愿服务活动优秀项目，以及"新疆维吾尔自治区洛浦县文工团赴京培训演出"等30个"春雨工程"——全国文化志愿者边疆行示范项目受到文化部的通报表扬。2013年"肩并肩农民工志愿工程"等119个"文化志愿者基层服务年"示范项目、2014年"文化志愿者流动戏院"等117个"文化志愿服务推进年"示范项目也先后得到表彰。2015年中央宣传部、中央组织部、中央文明办等部门联合在全国开展推选志愿服务"四个100"先进典型活动，文化部系统的中国美术馆文化志愿服务队、国家博物馆志愿者协会入选最佳志愿服务组织，北京、河南、江苏、湖南的4项文化志愿服务活动被评为"最佳志愿服务项目"，河南、湖南的3名文化志愿者被评为"最美志愿者"。文化部评选出的2015年文化志愿服务典型案例有155个，其中包括40个"春雨工程"项目、15个"大地情深"项目以及100个基层文化志愿服务活动项目（见表5）。

表5　文化部通报的文化志愿服务优秀示范项目/典型案例

单位：个

年份	"春雨工程"项目	"大地情深"项目	基层文化志愿服务项目	合计
2012	30	38	—	68
2013	21	14	84	119
2014	30	15	72	117
2015	40	15	100	155
合计	121	82	256	459

资料来源：根据文化部2012～2015年的通报表彰文件汇集整理。

（四）服务形式和手段不断创新和丰富，服务水平和服务效能不断提升

自2010年以来，各级文化行政部门、公共文化机构和文化志愿服务组

织不断创新和丰富服务手段，服务水平和服务效能不断提升。第一，在活动形式和服务手段创新方面，通过"春雨工程"——全国文化志愿者边疆行活动，探索了内地与边疆的横向文化交流；通过"大地情深"——国家艺术院团志愿服务走基层活动，探索了中央院团对地方的纵向文化服务；通过"大舞台""大讲堂""大展台"以及到馆服务、流动服务、定点服务等，不断创新服务载体和服务形式。此外，许多省市初步探索建立了文化志愿服务数字网络对接平台，通过菜单服务、双向选择的服务模式，实现供需双方信息同时发布、动态更新和准确对接。这些活动和创新有效地缓解了东西部发展不平衡、基层公共文化服务人员不足和公共文化服务供给短缺的情况，提高了服务水平和服务效能。第二，在服务形式创新方面，很多地方和单位考虑到京剧、话剧、芭蕾舞剧、歌剧等高雅艺术形式在基层普及率不高的现实情况，创新性地把演出、辅导和展示结合起来，提供组合式的套餐服务，寓艺术教育于惠民服务之中，以促进群众艺术欣赏水平和文化生活品质的提升，让普通老百姓享受到国家艺术发展的成果。第三，在服务组织形式方面，一些地区积极探索文化志愿服务在推动公益性文化事业单位改革工作中发挥作用的途径和方式，如河北省推动省级文化馆、公共图书馆、博物馆、美术馆、艺术职业学校和演艺集团联合组建了全国首个在民政部门注册的省级文化志愿者协会，山东、云南等地也积极筹建文化志愿者协会，适应文化志愿服务社会化发展的趋势。

（五）服务领域和服务范围不断扩展

自2010年试点开展"春雨工程"——全国文化志愿者边疆行活动以来，各级文化部门不断拓展文化志愿服务地域和服务领域，服务范围不断扩展。首先，服务地域不断扩展，文化志愿服务活动从最初服务于边疆民族地区，不断推进到服务于全国的老少边穷地区、广大的基层社会，从城市地区推进到农村地区，实现了文化志愿服务的全国发展。其次，服务领域和服务对象不断拓展，文化志愿服务活动努力促进优质文化资源在城乡之间、地区之间的均衡配置，将农村和城市社区作为拓展基层文化志愿服务活动的重点区域,重视保障空巢老人、留守妇女儿童、农民工和残疾人等弱势群体、特殊群体的文化权益。此外,文化部门还积极探索吸引社会各界人员参与文化志愿服务活动的路径,将文化志愿服务引入文化产业、文化市场和非遗保护等领域。

三 中国文化志愿服务事业发展中存在的突出问题

我国文化志愿服务活动蓬勃开展,为群众共享文化发展成果做出了积极的贡献,有力地促进了现代公共文化服务的发展。但是当前中国文化志愿服务事业在发展中也存在一些突出问题。

(一)文化志愿者总体规模较小,工作网络需要进一步完善

相较于其他类别的志愿服务,中国文化志愿服务起步较晚,虽然在文化部和中央文明办主导推动下初步建立了以文化行政部门和公共文化机构为主体的文化志愿服务组织和志愿服务团队,但相较于其他类型的志愿者队伍,如青年志愿者队伍、社区志愿者队伍等,其参与人数总体上规模较小[1],在社会的广泛参与、志愿服务与政府服务和市场服务的衔接等方面还处于初步发展阶段,文化志愿服务的工作网络需要进一步拓展。

(二)管理制度不够完善,工作机制和运行机制不够成熟

文化志愿服务的政策和规章制度的体系化建设还不够完善。目前,指导全国文化志愿服务的管理办法刚刚出台,一半以上的地方没有省级层面文化志愿服务的管理章程,分级分类管理文化志愿服务活动的服务规范的制定亟须提上工作日程。

---

[1] 如到2013年底,经过规范注册的青年志愿者人数已达到4043万。中国志愿行动实施20周年,志愿者人数已达4043万,参见尚阳《中国志愿行动实施20周年 志愿者人数已达4043万》,中国青年网,http://news.youth.cn/gn/201312/t20131202_4316041.htm。

（三）地区之间、城乡之间发展不均衡

文化志愿服务的发展在地区之间、城乡之间还不均衡。一些地区，特别是东部地区已经构建了完整的网络组织体系，在品牌打造、服务质量与服务效能以及制度化和社会化建设等方面进行了积极探索，文化志愿者队伍已经成为这些地方公共文化服务的重要力量。但有些地方，特别是一些偏远的农村、贫困地区和边疆地区，还未将文化志愿服务纳入现代公共文化服务体系建设，文化志愿服务队伍的组建也刚刚起步或者还未起步。

（四）需进一步厘清公共文化服务日常工作与文化志愿服务的区别

一些公共文化服务机构和文化志愿服务组织对文化志愿服务的理解和认识尚不到位，没有厘清公共文化服务日常工作和文化志愿服务的区别，以及群众文化活动与文化志愿服务活动的区别，重视和支持文化志愿服务的意识有待提高。

四 新时期中国文化志愿服务事业发展面临的机遇和发展任务

（一）当前我国文化志愿服务事业发展面临的机遇

1. 推进社会主义精神文明建设、培育和践行社会主义核心价值观的要求

中共十二届六中全会提出了在建设物质文明的同时努力建设社会主义精神文明的战略决策。党的十八大报告进一步指出了推动社会主义精神文明和物质文明全面发展对于建设社会主义文化强国的重要意义，提出了培育以"三个倡导"为基本内容的社会主义核心价值观。志愿服务是现代社会文明程度的重要标志，是新形势下提高公民思想道德素质、推进社会主义精神文明建设、培育和践行社会主义核心价值观的重要载体。中央高度重视志愿服务工作，党的十八大和十八届三中、四中、五中全会都对开展志愿服务活动

提出明确要求。文化志愿服务是志愿服务以及公共文化服务体系建设的重要组成部分，文化志愿者在奉献爱心、传播文化和服务社会的过程中，对于引领社会风尚、改善文化民生、促进社会参与、更好地满足基层群众精神文化需求发挥了重要作用。

2. 推进基层文化队伍建设的要求

在深化改革开放的背景下，党的十七届六中全会通过的《关于深化文化体制改革推动社会主义文化大发展大繁荣若干重大问题的决定》明确提出"壮大文化志愿者队伍，鼓励专业文化工作者和社会各界人士参与基层文化建设和群众文化活动，形成专兼结合的基层文化工作队伍"。建设文化志愿者队伍成为加强基层文化人才队伍建设的重要途径。目前，制约我国基层文化发展的瓶颈之一是基层公共文化人才队伍数量总体不足、结构不合理等问题没有得到根本解决。开展文化志愿服务，壮大志愿者队伍，能够动员更多的社会力量参与基层文化活动，推动形成专兼结合的基层公共文化人才队伍，帮助公共文化机构提高公共文化设施的利用率和服务水平，吸引更多高端文化人才服务基层。

3. 构建现代公共文化服务体系的要求

自十六届五中全会正式提出"构建公共文化服务体系"以来，文化志愿服务对于公共文化事业发展的重要作用日益受到重视。2012年文化部、中央文明办联合印发了《关于广泛开展基层文化志愿服务活动的意见》，标志着文化志愿服务被正式纳入公共文化服务体系建设和国家文化发展总体战略。2015年中共中央办公厅、国务院办公厅印发的《关于加快构建现代公共文化服务体系的意见》明确提出大力发展文化志愿服务，构建参与广泛、内容丰富、形式多样、机制健全的文化志愿服务体系的目标和任务。

4. 满足人民群众日益增长的精神文化需求

在当前迈向小康社会的进程中，人民群众更加重视自己的文化生活品质，对于精神文化生活的需求日益增长，对于公共文化服务提出了更高的要求。2015年中共中央办公厅、国务院办公厅联合出台的《关于加快构建现代公共文化服务体系的意见》提出要"建立群众文化需求反馈机制，及时准确了解和掌握群众文化需求，制定公共文化服务提供目录，开展'菜单式'、'订单式'服务。"因此，如何通过创新文化志愿服务模式，在推进公共文化服务标准化、均等化的同时，满足人民群众日益增长的多方面、多层次、多样性的精神文化需求，促进人的全面发展，是全面建成小康社会和时代发展的重要任务。

5. 现代服务型政府职能转变的趋势

发展文化志愿服务是在改革开放不断深入的过程中，伴随着政府职能的转变和建设服务型政府而提出的。作为有别于政府和市场的第三部门的行动，文化志愿服务成为弥补公共文化服务领域中政府服务和市场服务不足的一种重要方式。2015年国务院办公厅转发的《关于做好政府向社会力量购买公共文化服务工作的意见》明确要求各级政府向社会力量购买公共文化服务，促使深化改革政府行政方式，这将有利于探索社会力量如何参与公共文化服务，探索以社会化、市场化方式创新文化志愿服务形式和内容的途径。

6. 数字化和网络化提供了有效的资源整合和管理平台

数字化、网络化技术在深刻改变当代社会生产方式、生活方式的同时，也提供了有效的资源整合和管理平台。借助数字化网络平台，可以推进志愿者和志愿服务的信息化管理，精准了解群众需求，促进资源整合，提高文化志愿服务的效能，加强文化志愿服务的统一化管理。

（二）新时期文化志愿服务发展的目标与任务

2015年1月，中共中央办公厅、国务院办公厅正式印发了《关于加快构建现代公共文化服务体系的意见》（中共中央办公厅发〔2015〕2号），提出了新时期发展文化志愿服务的基本任务和目标，要"大力弘扬志愿服务精神，坚持志愿服务与政府服务、市场服务相衔接，奉献社会与自我发展相统一，社会倡导和自愿参与相结合，构建参与广泛、内容丰富、形式多样、机制健全的文化志愿服务体系"；提出了新时期发展文化志愿服务的具体要求，包括要"创新服务内容、工作方式和活动载体，探索具有地方或

行业特色的文化志愿服务模式。完善文化志愿者注册招募、服务记录、管理评价和激励保障机制。动员组织专家学者、艺术家、优秀运动员等社会知名人士参加志愿服务，提高社会影响力。要建立'结对子、种文化'工作机制，推动专业艺术院团、体育运动队和艺术体育院校等到基层教、学、帮、带，建立志愿服务下基层制度。加强对文化志愿队伍的培训，提升文化志愿者的服务意识、服务能力和服务水平。"[1] 这一意见明确了新时期文化志愿服务发展的方向和重点任务，为推进文化志愿服务事业提供了基本遵循。"十三五"时期，文化志愿服务工作将继续围绕现代公共文化服务体系建设的任务，以培育和弘扬社会主义核心价值观为根本，完善服务网络，发展壮大文化志愿服务队伍；加强能力建设，不断提升文化志愿服务科学化专业化水平；围绕现代公共文化服务体系建设重点任务，发挥文化志愿服务的作用；组织开展示范性导向性活动，建立基层文化志愿服务活动长效机制；加强规范管理，促进文化志愿服务健康发展。同时，将加强组织推动、强化服务保障，营造良好的社会氛围，通过加大保障力度进一步推动文化志愿服务的发展。[2]

---

[1] 中共中央办公厅、国务院办公厅《关于加快构建现代公共文化服务体系的意见》（中共中央办公厅发〔2015〕2号），2015年1月印发。
[2] 文化部党组副书记、副部长杨志今2016年7月21日《在全国文化志愿服务工作现场经验交流会上的讲话》。

专题研究报告
Special Subject Reports

B.2
文化志愿服务与示范区（项目）创建

李国新 冯 佳*

摘　要： 文化志愿服务被纳入示范区（项目）创建标准，推动示范区（项目）在创新文化志愿服务内容、工作方式和活动载体方面率先实践，形成了百花齐放、亮点纷呈的工作局面。马鞍山市文化志愿者队伍建设、厦门市"青年民族乐团"专业化志愿服务、肥城市公共文化服务志愿者递进培育以及宁波市鄞州区文化志愿者制度化建设等典型经验，是公共文化示范区（项目）创建过程中创新文化志愿服务的缩影。示范区（项目）创建探索了文化志愿服务跨越发展的经验，对普及和深化文化志愿服务具有借鉴意义。

关键词： 文化志愿服务　公共文化示范区　公共文化示范项目

---

* 李国新，北京大学教授，国家公共文化服务体系建设专家委员会主任；冯佳，上海社会科学院助理研究员。

自党的十七届六中全会将文化志愿服务纳入加强基层文化队伍建设的重要内容,明确提出"壮大文化志愿者队伍"以来,全国文化志愿服务活动在丰富群众精神文化生活、推进基层文化建设等方面发挥了重要作用。从2011年开始的国家公共文化服务体系示范区(项目)创建工作,也把文化志愿服务作为重要创建内容之一,各地通过强化顶层设计,积极创新实践,涌现出了一批具有创新性和示范意义的文化志愿服务典型,展现了近年来我国文化志愿服务蓬勃发展的生动画面。

一 文化志愿服务纳入示范区(项目)创建标准

2011年初,文化部、财政部联合制定《国家公共文化服务体系示范区(项目)创建工作方案》,出台了覆盖东、中、西部的《国家公共文化服务体系示范区(项目)创建标准》,开展示范区(项目)创建工作。截至目前,共有3批93个地级市人民政府(含省直辖的县级人民政府、副省级城市所辖区人民政府)获得创建资格,其中第一批28个城市(区)已经获得"国家公共文化服务体系示范区"称号。

文化志愿服务作为公共文化服务体系建设的重要内容之一被纳入了示范区创建标准。2013年5月出台的第二批示范区(项目)创建标准,明确要求"加强文化志愿者队伍建设"。党的十八届三中全会提出支持和发展志愿服务组织、创新社会管理体制的要求,中共中央办公厅国务院办公厅印发的《关于加快构建现代公共文化服务体系的意见》将大力推动文化志愿服务提升到增强公共文化服务发展动力的高度,提出了构建参与广泛、内容丰富、形式多样、机制健全的文化志愿服务体系的目标任务,要求创新服务内容、工作方式和活动载体,探索具有地方或行业特色的文化志愿服务模式。为落实十八届三中全会和《意见》的精神,2015年4月出台的《第三批国家公共文化服务体系示范区(项目)创建标准》进一步强化和细化了对文化志愿服务工作的要求,主要集中在两大方面:一是"公共文化服务社会化建设"部分,明确要求发展文化志愿服务,结合本地实际,建立和完善文化志愿者注册招募、服务记录、管理评价和激励保障机制。创新服务内容、工作方式和活动载体,探索具有地方或行业特色的文化志愿服务模式;二是"公共文化服务保障"部分,提出了加强业余文化骨干、文化志愿者队伍建设的任务。

示范区创建标准是创建工作的规定动作、刚性要求。文化志愿服务被明确纳入示范区创建标准,既是现代公共文化服务体系建设的必然要求,又推动示范区在创新文化志愿服务内容、工作方式和活动载体方面率先实践、积累经验、形成示范。

二 示范区(项目)创建推动文化志愿服务百花齐放

示范区(项目)是公共文化服务体系建设的先行区,是公共文化服务创新的实践区。在创建标准的引导下,各地在创建实践中加强领导,勇于创新,涌现出了一大批文化志愿服务的品牌活动和示范项目,形成了百花齐放、亮点纷呈的工作局面。

云南省保山市、宁夏银川市、上海市徐汇区、河北省邯郸市等地通过积极发展文化志愿者队伍,促进了民间文化队伍快速发展[1]。北京市朝阳区推广奥运志愿模式,扩大朝阳区文化志愿者协会的影响,完善文化志愿活动管理服务的长效机制[2]。山东省青岛市鼓励和引导各方人才,特别是有文化专长者成为文化义工,充分发挥文化义工在公共文化服务领域的重要作用[3]。广东省东莞市启动"文化志愿者服务计划",鼓励和引导离退休文化工作

---

[1] 《国家公共文化服务体系示范区(项目)创建工作领导小组关于第一批创建国家公共文化服务体系示范区督查情况的通报》,http://www.ndcnc.gov.cn/gjszwhw/sfqtzgg/201212/3f7c2444afe84c229a4edf8c22d5e1df.shtml,2012年12月29日。
[2] 文化部公共文化司:《北京市朝阳区创建国家公共文化服务体系示范区评审材料(东部)》,2011年3月印行:第1~26页。
[3] 《青岛市人民政府办公厅关于印发〈青岛市创建国家公共文化服务体系示范区建设规划〉的通知》,http://www.fsou.com/html/text/lar/173498/17349853_5.html,2012年10月29日。

者、艺术院校学生以及其他热心公益事业的人员作为志愿者进入公共文化服务领域①。安徽省马鞍山市在市级文化场馆建立了文化志愿者队伍，成立了市文化志愿者协会和服务总队，协会挂靠市文化馆②。广东省佛山市南海区成立区文化义工服务总队和文化义工分队，发展注册文化义工3500多人。文化义工在引导、辅助村居开展群众文化活动的同时，还在重大节庆活动、文化共享工程中承担了引领、解说、秩序维持等工作。为推动文化义工的制度化、专业化建设，南海区还制定了《南海区文化义工管理办法》《南海区文化义工奖励方案》，建立"星级义工"服务制度，全面推广文化义工服务，积极发展文联会员、学校文艺教师、业余文艺爱好者成为"文化义工"，在各村居、社区组建一支3人以上的"文化义工"分队，使其成为带领社区群众开展文化活动、协助群文作者进行文艺培训和科普教育的重要力量③。甘肃省金昌市组建了直属市青年志愿者协会的青年文化志愿者服务队，志愿者保证每周有1小时（全年不少于48小时）的时间参与文化志愿服务工作，促进文化志愿服务制度化、长效化。安徽省淮南市在高等院校、中小学校、文化部门、机关厂矿、社会组织中选拔优秀文艺骨干和热心少儿艺术的人员，组建少儿艺术工作志愿者队伍，有组织、有计划地开展少儿文化艺术服务活动。他们还实施"文化银发人才工程"，组织文化系统退休老专家老演员，建立少儿艺术文化辅导员人才库，开展少儿文化艺术人才培养和少儿文化艺术服务工作④。公共文化示范区（项目）普遍开展的文化志愿服务工作，受重视程度提升，参与范围广泛，目标一致，各具特色，推动文化志愿服务跃上了新的高度。

---

① 《广东省东莞市公共文化服务体系建设概况》，http：//www.cpcss.org/_d271541097.htm，2012年9月28日。
② 文化部公共文化司：《安徽省马鞍山市创建国家公共文化服务体系示范区评审材料（中部）》，2011年3月印行：第175~205页。
③ 文化部公共文化司：《广东省佛山市创建国家公共文化服务体系示范项目评审材料（东部）》，2011年3月印行：第421~454页。
④ 文化部公共文化司：《安徽省淮南市创建国家公共文化服务体系示范项目评审材料（中部）》，2011年3月印行：第172~190页。

三 示范区（项目）创建创造文化志愿服务典型经验

在示范区（项目）创建进程中，各地将制度设计研究与创建实践紧密结合，创造出了一批具有示范、引领价值的文化志愿服务典型经验。

（一）马鞍山市文化志愿者队伍建设

目前，马鞍山市文化志愿者队伍总数超过3000人，涉及领域包括曲艺、歌舞、书法美术、场馆、文化宣讲、艺术培训与辅导、重大节庆活动、文化市场监督服务等方面，每年服务大型文艺活动50场以上，小型文艺活动100场以上。马鞍山市的文化志愿者队伍建设具有如下特点。

1. 队伍专兼结合

马鞍山市文化志愿者的招募方式主要通过新闻通知、驻点（以文化馆为驻点）招募的形式吸纳文化志愿者，并组织文化馆、图书馆的业务人员作为志愿者下基层服务，满足群众的文化需求，将文化志愿服务渗透到志愿服务的其他工作中。在此基础上，马鞍山市文化委按照分类指导、因地制宜的原则，将志愿者队伍分为各个门类，按照群众需求分别开展文化服务。每年按照"供需搭配，按需供给"的原则，组织志愿者到基层演出，真正做到群众需要什么、缺什么，就提供什么。①

2. 培训专辅并重

按照培育与引进并举、专业与辅业并重的原则，马鞍山市培育了一批理论、新闻、文艺、文化产业经营管理等方面的专业人才，造就了一些扎根本地、享誉全国的名家大师，如国家工艺美术大师袁洪滨等。在专业人才培养方面，马鞍山市对业余文化团体、文化人才给予足够的重视，文化主管部门

---

① 胡本春：《对文化志愿者队伍建设的调查与思考》，《长春工业大学学报》（社会科学版）2012年第3期，第39~42页。

定期组织参观学习活动20场,自发组织参观学习交流活动10场以上。①

3. 重视组织化、制度化建设

马鞍山市级文化场馆均建立了文化志愿者队伍,三个城区已分别组建了文化志愿者服务队,成立了市文化志愿者协会和服务总队,协会挂靠市文化馆。文化志愿者团队、社会组织的成立为文化志愿服务统筹协调和规模化、体系化运作提供了有力的组织支撑。同时,马鞍山市还制定了《马鞍山市文化志愿者招募、培训与管理规划》,形成了《马鞍山市文化志愿者建设情况调研报告》《马鞍山市文化指导员管理办法(草案)》等②,为马鞍山市文化志愿服务的长效发展提供了政策保障。

(二)厦门市"青年民族乐团"

2001年,厦门青年民族乐团由厦门文化馆创建、文化志愿者组成。该乐团凭着对中国传统文化的热爱,秉承"奉献社会,提升自我"的团队核心理念,致力于推广、普及中国民族音乐,十多年来不断发展壮大,由最初的14名团员发展至现在的近70名团员,成为厦门市发展繁荣民族音乐、整合社会人才的重要平台,社会反响强烈。

1. 团队方式组建

厦门青年民族乐团以团队的方式组建文化志愿者队伍,集体开展文化志愿活动,并始终以整体的力量而存在。团队在"服务社会、成就自我"的核心理念下,"自愿、利他、无偿"的志愿服务活动不断得以提升。乐团在用高雅艺术服务社会的同时,广泛传播了志愿服务理念,创新了志愿服务组织方式。

2. 专业水准服务

厦门青年民族乐团主要由厦门市各艺术院校的教师、学生及社会各界民

---

① "马鞍山市文化志愿者队伍建设研究"课题组:《马鞍山市文化志愿者队伍建设研究》,2013年4月印行:第1~20页。
② "马鞍山市文化志愿者队伍建设研究"课题组:《马鞍山市文化志愿者队伍建设研究》,2013年4月印行:第1~20页。

乐爱好者组成。其中，95%左右是高校艺术专业师生，担任主要演奏员的多为各艺术院校专业教师。在这些专业教师队伍中，有的是教授，有的是教研室主任；有的师从名师、崭露头角，有的多次成功举办过个人独奏音乐会，蜚声海内外。正是由于拥有这样一支高水平的骨干队伍，再加上每周一次的固定排练，才确保了乐团演出的专业水平，确保了民族音乐的精华得以传承。

3. 政府搭建平台

作为政府性质的公共文化机构，厦门市文化馆在厦门青年民族乐团的组建与发展过程中起到了重要作用。文化馆专门辟有乐团排练用房，保障乐团每周一次的排练与交流；努力争取重要的演出机会，开展对外、对台交流，打响了志愿服务品牌；积极筹划乐团进社区、进校园、进厂矿、进乡村、进军营活动，为民族音乐的普及、传播搭建平台。乐团用自己的音乐为群众提供文化精品，不仅极大地丰富了厦门市的公共文化资源，而且使志愿者在志愿服务中赢得人生出彩的机会，享受梦想成真的喜悦。

4. 多方经费赞助

志愿者提供的服务是免费的，但志愿活动的组织是有成本的。厦门青年民族乐团建团之初只有40万元专项资助，但随着志愿服务的深入和品牌效应的形成，厦门市的国庆晚会、国际投资贸易洽谈会等重大活动都引入了乐团的志愿服务，通过购买服务的方式支持乐团持续发展。同时，政府有关部门牵线搭桥，一些企业以专项资金的形式每年赞助乐团部分经费，用于乐团进社区、进校园以及每年举办新年音乐会和其他专场音乐会的场地租赁、乐器更新等开支，解除了乐团开展文化志愿活动的后顾之忧[1]。

（三）肥城市公共文化服务志愿者递进培育工程

山东省肥城市委、市政府高度重视文化志愿服务工作。他们创建实施了

---

[1] "厦门市文化志愿者队伍建设研究"课题组：《厦门市文化志愿者队伍建设研究报告》，2013年4月印行：第25~73页。

公共文化服务志愿者递进培育工程,加强文化志愿服务理论研究,探索基层文化志愿者服务的特点与规律,有针对性地、持续不断地开展文化志愿者培训,促进了文化志愿服务常态化发展。

1. 建立志愿者递进培育机制

所谓志愿者递进培育机制,是指通过有计划、有组织的、持续不断的素质养成和专业技能培训,造就合格的文化志愿者队伍。具体做法是:首先,对县域内文化爱好者开展摸底调查,逐一登记,建立业余文化人才库。其次,根据文化爱好者个人特长,组织他们参加各类文化活动,展示才艺,逐步成长为文化骨干。再次,组织文化骨干根据自身需求参加不同专业的培训,成为一专多能的公共文化辅导员。最后,按照职业特长和业务能力对公共文化辅导员评定星级,培育其志愿服务精神,最终使其成为合格的公共文化服务志愿者。为了推动文化志愿者递进培育,市文化馆成立了公共文化服务志愿者俱乐部,负责全市文化服务志愿者注册登记、日常管理、活动规划和协调运作。目前,根据地域分布、工作单位分组,全市已经成立36支文化志愿者服务队。①

2. 开展"菜单式"志愿培训服务

培训是提升志愿者能力素质的孵化器,肥城市努力在培训内容、形式和效果上谋求创新和突破。他们实施了农村文化队伍建设培育工程,组建了文化志愿者讲师团,对基层志愿者进行"菜单式"培训。掌握了秧歌、腰鼓、健身球(操)、太极拳(剑)、书画、戏曲等一技之长的文化志愿者根据群众需求"驻镇进村",进行手把手培训,面对面交流,为群众提供定向培训服务。

3. 拓展表彰激励手段

肥城市充分运用教育、管理、政策等多种手段,抓好公共文化服务志愿者激励。开展公共文化服务志愿者标识评选,推出体现肥城特色的文化志愿

---

① 国家公共文化服务体系示范区(项目)创建工作领导小组办公室:《第一批创建国家公共文化示范项目验收工作材料(东部)》,2013年5月印行:第196~201页。

者标识。组织开展志愿者宣誓、授旗、送鲜花等活动,增强志愿者对志愿服务的认同感和归属感。① 在广播电视、报刊网站等开设专题栏目,开通热线电话,开展以"你做好事我送鲜花"为主题的"鲜花送文明"活动,定期把文化志愿者事迹进行汇总,选出典型案例,集中编排节目宣传。开展"十佳优秀文化服务志愿者""十佳优秀业余文化团队"评选,加大表彰奖励力度,扩大其影响力和知名度,增强其荣誉感,激发其参与志愿活动的热情。

4. 开拓广泛参与机制

肥城市在全市的 14 个乡镇综合文化站、510 多个文化大院、485 个农家书屋、220 多个文化广场制作了文化志愿者队伍分布图,将队伍性质、人数、活动场所、联系电话在全市公示,方便社区居民就近或根据个人喜好参与文化志愿服务活动。经常组织文艺会演、才艺大赛等系列活动,为文化志愿者搭建展示平台,使文化志愿者们能够自编自演、自娱自乐,演身边人,唱身边事,从教育对象转变为活动主体,从台下观众转变为舞台主角②。

(四)宁波市鄞州区文化志愿者制度建设

2008 年 10 月,鄞州区首支文化义工队伍在邱隘镇正式成立,拉开了"文化志愿服务鄞州实践"的序幕。为规范文化志愿者组织的管理机制、活动方式、项目评估等,鄞州区制定了《鄞州区文化志愿者管理办法》和《文化志愿者章程》,建立健全文化志愿者招募、培训、考核、评估、表彰等制度,确保文化志愿服务长效发展。

1. 计划招募制度引领

(1)需求对接。通过鄞州区公共文化相关网站,及时发布各地、各单位文化志愿者需求的数量规模、基本要求和联系方式。各文化场馆在网站显

---

① 国家公共文化服务体系示范区(项目)创建工作领导小组办公室:《第一批创建国家公共文化示范项目验收工作材料(东部)》,2013 年 5 月印行:第 196~201 页。
② 国家公共文化服务体系示范区(项目)创建工作领导小组办公室:《第一批创建国家公共文化示范项目验收工作材料(东部)》,2013 年 5 月印行:第 196~201 页。

要位置设立文化志愿者的专栏,定期发布文化志愿者的相关信息。各文化单位在各高校、科研院所、文化单位等建立文化志愿者培养阵地,形成长效机制。鉴于文化志愿服务对专业性的要求,他们把社会动员的重点放在发动公益性文化机构、各类文化企业以及社会各界有一定文化专长的组织和人士参与上。

(2)面试协议。对申请者的专业水平、基本文化素质、文字表达能力、人际交往沟通、自控能力等进行考核,进一步了解申请对象与服务岗位的契合度。在此基础上,为保证志愿服务的稳定性,通过签订协议规范志愿服务的时间和内容,要求志愿服务时间一般在半年以上。同时,还建立了文化志愿者人才库或台账制度,并按照专业、特长分为不同类别,结合志愿者的个人意愿与服务要求,合理分工搭配,将志愿者派送到最需要的地方去。

2. 培训上岗制度支撑

(1)上岗培训。文化部门和各文化志愿服务单位根据本地文化建设实际,提出文化志愿者的培训计划,组织编写《鄞州区文化志愿者服务手册》作为培训教材。开展多种形式的上岗培训活动,重点做好与文化志愿者服务相关的知识培训、专业技能培训和职业道德培训,提升文化志愿者的服务能力和服务水平。[①]

(2)学习制度和重点培训。通过加大学习培训力度,提升文化志愿者综合文化素质。邀请文化专家普及文化知识,每年定期开展集中学习5~10次,每年轮训文化志愿者队伍2~4次。重点加强对志愿者管理人才队伍、骨干人才队伍、专业志愿者队伍的培养。[②]

(3)持证上岗和标识制度。按照志愿者精神和地方特色,制定全区统一的文化志愿者队伍标识、徽章和上岗证。文化志愿者需持上岗证上岗服务。条件具备的单位和部门,为文化志愿者配备区别于一般公共文化服务人

[①] 宁波市鄞州区文化广电新闻出版局、宁波市人民政府发展研究中心:《宁波市鄞州区创建国家公共文化服务体系示范区制度设计研究成果汇报文本》,2013年4月印行:第37页。

[②] 宁波市鄞州区文化广电新闻出版局、宁波市人民政府发展研究中心:《宁波市鄞州区创建国家公共文化服务体系示范区制度设计研究成果汇报文本》,2013年4月印行:第37页。

员的着装或标识。

3. 评价激励制度推进

（1）评价机制和反馈机制。推行"小时制"志愿服务认证制度，以完成志愿服务的小时数作为考核注册志愿者的基本标准，倡导文化志愿者每年至少参加50小时的志愿服务，建立科学规范的量化评价标准和考评办法。做好文化志愿者活动的内容、时间、成效等服务记录工作，并由服务对象或社区文化志愿者服务小队确认后反馈给志愿者本人。①

（2）表彰激励机制。首先，将对志愿者的表彰纳入政府的表彰序列，建立星级志愿者制度或者授予荣誉称号，根据贡献评定等级，建立以服务时数为主要依据的奖章授予和以服务业绩为主要依据的评选相结合的表彰奖励机制，同时在鄞州电视台、报纸杂志等媒体上予以公布宣传；其次，促进单位重视，定期向优秀文化志愿者所在单位、社区反馈志愿者服务信息；最后，建立"志愿互动"机制（或称"志愿者服务偿还制度"），志愿者可以优先享受部分免费文化服务，如免费参加文化馆、图书馆活动，免费观看文化部门组织的文艺演出。②

4. 综合保障机制创新

（1）组织保障机制。政府及文化行政部门、文化志愿服务工作机构为文化志愿服务提供坚实可靠的组织支撑。立足鄞州现实，由文化行政部门负责推动文化志愿者队伍的建设、日常管理和指导工作。文化行政部门依托各乡镇街道文化站和公共文化服务机构建立健全文化志愿者队伍。

（2）资金保障机制。为推进文化志愿服务的顺利开展，除了由区财政每年足额安排和落实必要的项目资金外，应畅通民间资金进入文化志愿服务的渠道。借鉴民营企业经验，采用"留本挂名"的方式设立志愿服务基金，使更多的民间资金以基金方式进入文化志愿服务领域。

---

① 宁波市鄞州区文化广电新闻出版局、宁波市人民政府发展研究中心：《宁波市鄞州区创建国家公共文化服务体系示范区制度设计研究成果汇报文本》，2013年4月印行：第38页。
② 宁波市鄞州区文化广电新闻出版局、宁波市人民政府发展研究中心：《宁波市鄞州区创建国家公共文化服务体系示范区制度设计研究成果汇报文本》，2013年4月印行：第38~39页。

（3）安全保障机制。文化志愿者组织和文化行政管理部门除了加强文化志愿者安全意识教育外，还按规定为文化志愿者购买相关保险。相关的开支由区文化局协调区财政解决。

四 结语

公共文化示范区（项目）创建有力地推动了文化志愿服务的普及和深入、继承和创新。它带给我们的启迪和经验主要是：示范区（项目）创建作为一项政府主导的全面推进区域公共文化服务体系建设的重要工作抓手，为文化志愿服务注入了强大动力，提供了创新发展机遇；文化志愿服务被纳入示范区（项目）创建标准，为文化志愿服务广泛开展、百花齐放提供了制度要求、政策保障和实践平台；示范区（项目）所具有的引领示范责任，为文化志愿服务完善机制、追求创新、持续发展带来了内在驱动力。示范区（项目）创建推动文化志愿服务跨越发展的经验，对进一步普及和深化文化志愿服务具有借鉴意义。

B.3
文化志愿服务的组织分层分类及发展趋势

谭建光 良警宇[*]

摘 要: 文化志愿服务是志愿服务的重要组成部分。从服务功能角度来看,目前中国的志愿服务组织主要包括统筹型组织、支持型组织、实施型组织、传播型组织和网络型组织等几种类型。目前我国的文化志愿服务发展了大量地方层面的文化类统筹型组织和实施型组织,但缺乏全国层面的统筹型组织和基于服务功能分类的组织类型。建立在优化组织的服务功能基础上的组织分层分类发展是一种新的发展趋势。

关键词: 文化志愿服务 组织分层分类 发展趋势

经过三十多年的探索和实践,志愿服务经历了"从青年到社会、从社区到社会"的发展壮大过程,进入了快速发展和普及服务的新阶段。目前文化志愿服务开始从公共文化机构进入社区、农村、学校、企业等领域开展多种多样的服务项目,受到了群众的认可和欢迎。但是,与加快社会建设、城乡社会治理的形势要求相比较,与人民群众日趋多样的需求相比较,我国的文化志愿组织及其服务仍然存在较多的困难与问题。其中,组织形态单一

---

[*] 谭建光,中国青年志愿者协会副会长,广东省社工与志愿者合作促进会会长,广东青年职业学院教授;良警宇,中央民族大学教授,国家公共文化服务体系建设专家委员会委员。

是突出问题。本文基于与我国志愿服务组织分层分类状况的对比分析，对文化志愿服务的组织分层分类发展趋势进行讨论，以探讨使文化志愿服务更好地服务于社会的途径。

一 社会组织中的志愿服务组织类型

志愿组织是指成员在不求利益报酬的前提下，从事帮助社会人群和促进社会进步等公益服务的组织。在国外，志愿组织大多数是融合在各类非营利机构之中的，即在合法正式注册的非营利机构内建立志愿服务的团队。如童子军的志愿团、救世军的志愿团等；也有部分注册的专门志愿组织。从我国的情况看，之前仅局限于专门注册的志愿组织，如中国青年志愿者协会、中华志愿者协会、中国志愿服务联合会等，以及各省市、县区的志愿者协会。近年来，伴随四类社会组织放开登记注册以及对外开放并借鉴外国社会组织的发展经验，我国出现了越来越多各类社会组织建立志愿服务团队的情形。

表1 社会组织中的志愿服务组织类型

社会组织中的志愿组织	组织名称	组成人员	发挥功能	所占比例
志愿组织名称注册	中国志愿服务联合会、深圳义务工作联合会等	绝大多数成员是志愿者，极少比例专职人员	联合各类志愿者、开展志愿服务	15%
其他公益组织名称注册	"麦田计划""多背一公斤""灯塔计划"等	绝大多数成员是志愿者，极少比例专职人员	有些活动称为公益服务，有些活动称为志愿服务，都是志愿者参与并开展服务活动	15%
专业社团与机构志愿者队伍	社会工作服务中心、心理咨询中心、老人服务中心等	以专业与专职人员为主体，但是吸收很多志愿者从事服务	分出专门的志愿服务活动项目	25%

续表

社会组织中的志愿组织	组织名称	组成人员	发挥功能	所占比例
行业与兴趣社团及其他各类社会组织（宗教、权益）志愿者队伍	企业家协会、地方商会、律师协会、作家协会等	原来与志愿组织没有直接关系,但是近年来纷纷建立志愿者队伍	鼓励社团成员参与志愿服务活动	43%
基金会联系的志愿组织	商业基金会、公益基金会等	本身不是志愿服务组织,但是主动联系和支持志愿者队伍的服务	资助各类志愿组织的服务活动	2%

资料来源：根据"志愿组织与志愿服务发展状况"课题调查资料汇总，课题负责人为谭建光。

目前，专门的志愿组织、以志愿服务为主的社会组织与其他类型社会组织建立的志愿服务团队，构成了"百花齐放""各有魅力"的志愿组织类型。与此同时，按照志愿组织发挥功能的差异，出现分层分类组织序列，即在原来仅仅集中在"关爱行为"组织类型的基础上，拓展出许多不同功能的志愿组织。但是，这些志愿组织的分层分类并非意味着等级高低、价值大小，而是体现功能区别，各有特色，差异发展。从服务功能角度来看，目前中国的志愿服务组织主要包括统筹型组织、支持型组织、实施型组织、传播型组织和网络型组织等几种类型。从分层的角度看，统筹型组织又可分为统筹所有服务类型的组织，如中国志愿者联合会以及具有特定服务功能的统筹型组织及其分层序列，如"中国文艺志愿者协会"及其之下的各层级的分会。① 以下将通过与我国志愿服务组织分层分类状况进行对比分析，讨论文化志愿服务组织分层分类的发展趋势。

---

① 中国文艺志愿者协会是由文艺志愿者、文艺志愿服务组织以及关心支持文艺志愿服务的相关单位自愿组成，按照章程开展活动的全国性、联合性、非营利性社会团体组织，接受中国文联和民政部的指导。文艺志愿者组织，是指各级文联、文艺家协会成立的及其授权各类文艺机构、文艺组织成立的文艺志愿者协会、文艺志愿者团（队）等。参见：中国文联印发《中国文艺志愿者管理办法（试行）》。

二 统筹型组织建设

在中国原有的社会组织管理体制下,各地区仅能够注册一个同一类型的组织。这样,正式志愿组织几乎成为天然的统筹型组织,具有这一服务领域的垄断地位,文化志愿者组织也包含在其中。如20世纪90年代,主要是各级共青团成立"中国青年志愿者协会",协会不仅统筹青年志愿者的服务,而且往往接受党和政府的委托,统筹该地区的志愿服务事项。随后,民政系统陆续注册成立"义工联""社区志愿者协会""志愿者协会"等,也力图统筹本地区的志愿服务事项。2008年中央文明委关于深化志愿服务的《意见》颁发以后,"文明委统筹、文明办牵头,民政与团委协调推进志愿服务"成为新的格局。国家及地区的文明办,或牵头成立"志愿服务联合会",或在原来共青团系统志愿者协会基础上重组"志愿服务联合会",发挥统筹协调作用,党政不同部门越来越多地介入到志愿组织发展的推动工作中。

从国家层面看,有中国志愿服务联合会(中央文明办)、中华志愿者协会(民政部)、中国青年志愿者协会(共青团中央)等主要社会组织,或者曾经发挥统筹协调作用,或者如今发挥统筹协调作用。但是,经过中央和国家的政策调整,让中国志愿服务联合会在全国范围内发挥对各类志愿组织的统筹协调作用逐渐成为社会共识,其他的如中华志愿者协会则在社区领域、中国青年志愿者协会在青年领域发挥统筹协调作用。此外,中国文艺志愿者协会、中国教育志愿者协会、中国助残志愿者协会等越来越多的专门领域志愿组织成立,在本专门服务领域发挥统筹协调作用。省市、县区也呈现"志愿服务联合会综合统筹、专门领域志愿者协会分类统筹"的状况。为了有效支持和帮助具体的志愿服务组织,避免"资源分散",应培育"小领域配合大统筹、小行业配合大社会",志愿者协会有效统筹协调本领域的志愿服务,并且为国家与地区的志愿服务联合会战略发展提供支持,构建"全民参与、全面共享"的志愿服务发展格局。

当前在文化志愿服务领域还缺乏全面协调全国性文化志愿服务工作的统筹型组织。2013年文联成立的"中国文艺志愿者协会"主要是以文艺家、文艺工作者和文艺爱好者以及文艺志愿服务组织为主体，是以统筹协调开展各类文艺志愿服务活动为主的统筹型组织，虽与文化志愿服务的服务领域和志愿人员来源有所重叠，但并不能涵盖文化志愿服务的广泛领域。当前全国的文化志愿服务工作主要是由文化部和中央文明办牵头，以行政资源作为推动发展的主要动力和组织运行框架。在当前深化改革、加大政府职能转变背景下，推动成立统筹型的、在全国范围发挥对各类文化志愿服务组织协调作用的协会组织，将有利于创新公共文化服务供给方式，提高服务水平和效率，并有利于推动整合利用社会资源，激发社会发展活力。

三 支持型组织建设

志愿服务支持型组织是为从事志愿服务的各类具体团队提供智力、资金、信息等资源，致力于提高服务团队能力的组织。如果说统筹型组织把握志愿服务战略方向，推动志愿组织发展壮大，那么支持型组织则把握志愿服务发展趋势，促进志愿组织成长成熟。内地很多机构都羡慕"香港义发局"的重要作用，认为其是统筹型组织。但是，香港义发局李泽培主席和钟媛梵女士更倾向于将其定位为支持型组织。20世纪60年代，香港义发局前身"香港义务工作人员协会"成立的时候，也承担很多功能，包括服务、培训、中介、督导等。但是，随着时间的推移，很多非营利组织的义工团队专门开展具体服务，该协会就更名为"香港义工发展局"（简称"义发局"），集中从事专业培训和转介服务的工作。久而久之，越来越多的公益机构、非营利组织、义工团队与香港义发局建立合作关系，充分发挥其政策功能。再如"广东省社工与志愿者合作促进会"，作为志愿服务支持型组织，其不仅在广东省及市县区提供智力支持、资源支持，而且积极参与调查研究，提供专业贡献。在广东的率先探索和影响下，北京市成立"北京社会工作与志愿服务促进会"、浙江省成立"浙江省社工与志愿者协会"，其他地区陆续

成立"社会工作与志愿服务中心",将专业社工资源与志愿者爱心资源相结合,并获得发展。

目前,文化志愿服务领域缺少专门的支持型组织。以教育培训为例,文化志愿服务的培训多由志愿服务组织单位自行负责,或者由政府委托给地方文化行政单位、学校或公共文化机构负责承担。其中,中央文化干部管理学院是政府设立的专门对高级文化干部进行教育培训的机构,但文化志愿服务的教育培训只是其工作内容的一部分。虽然有的地方设立的文化志愿服务中心也负责组织对一线文化志愿者进行教育培训,但资金来源基本是依托政府拨款,工作人员、师资和培训内容也不稳定,未形成常态化服务机制。总之,文化志愿服务领域当前整体上缺少为从事文化志愿服务的各类实施型团队提供智力、资金、信息等资源并致力于提高服务团队能力的支持型组织,而随着文化志愿者队伍的扩大,支持型组织的发展将成为趋势。

四 实施型组织建设

实施型志愿服务组织是具体针对城乡居民、外来人口等基层群众的需求,提供关爱和扶助的组织。我国绝大多数的志愿组织是实施服务的类型,已经从原来的"扫大街、看老人、做表演"等简单服务,发展出越来越多样化的分类服务,包括:①志愿组织推进基层民主的服务。如志愿者配合社会选举服务,发挥引导理性参与、促进和提高民主选举的效率和效益的作用。②志愿组织密切党群关系的服务。③志愿组织促进民生改善的服务。④志愿组织扶助弱势群体的服务。⑤志愿组织倡导低碳环保的服务。[①] 除以上几种类型外,在实施型组织中,还有志愿组织保护文化习俗传统村落、非物质文化遗产等服务类型,这种服务类型属于文化志愿服务领域。

---

① 谭建光:《中国社会建设与青年志愿服务创新》,《中国青年研究》2013年第2期。

自2013年由文化部、中央文明办联合推动"文化志愿者基层服务年"系列活动以来，我国面向基层、社区、弱势群体的服务不断推进。各级文化部门依托公共图书馆、文化馆（站）、博物馆、美术馆等公共文化机构组织开展了9个主题的文化志愿服务活动，活动依托公共文化设施、文化惠民工程、节日纪念日等，以"扎根基层，服务群众"为主要内容，广泛招募志愿者为群众提供大量身边的和日常性的文化志愿服务。这些活动主要是由公共文化机构推动实施的志愿服务活动。随着社会的发展，人们的精神文化诉求不断增长，文化实施型志愿服务活动也必然不断增加，相应的服务组织和服务内容趋向多样，服务范围不断扩大，这将有利于更好地帮助社会人群改善生活，促进城乡社会的和谐发展。

五 传播型组织建设

传播型志愿服务组织的功能是通过文化产品、艺术产品和信息产品等形式，弘扬志愿精神、推广志愿服务，形成全社会崇尚和参与志愿服务的热潮。文化志愿服务组织多属于传播型组织。传播型组织主要有以下几类：一是文化传播部门组建的志愿者组织。如文化部推动在各省市成立的文化志愿服务大队、总队以及其下分级成立的中队、小队等；中国文联发起成立"中国文艺志愿者协会"，各省市成立相应的协会或者服务总队，新闻机构也成立"公益联盟"或"传播志愿联盟"。这些组织在文化志愿者、文艺志愿者的服务内容中，包含传播志愿精神、弘扬志愿文化的项目。如《南方日报》传播集团成立"南方公益联盟"，一方面采访、收集志愿服务的案例故事，举办《南方公益志愿大讲堂》等，面向全省传播志愿服务及精神，也提供国内外分享。另一方面通过传播影响力，吸引工商企业、基金会等参与支持文化志愿服务项目，提高服务社会人群的成效。二是社会热心文化传播人士组建的志愿者组织。伴随社会文化水平的提高和文化休闲生活的普及，越来越多的城乡群众乐于参与文化活动、传播文化艺术，并组建了文化传播的艺术组织。如"深圳时代青工文化服务中心"等，每周在外来务工人员集中的工业区、生活区举办文化讲座、文艺活动，丰富务工人员的生活，传播文明习俗。三是在各类志愿服务组织中设立的文化传播组织。各类志愿者联合会、专门志愿者协会，陆续建立的"志愿者艺术团""志愿者文化传播总队"等，汇聚热爱文化和艺术的志愿者，开展文化志愿服务活动。如深圳宝安区志愿者联合会的"义工文化大讲堂"，既有志愿精神讲座，也有志愿服务体验，还有志愿文艺节目表演等，受到各类群众的欢迎。如今，中国社会经济大发展、文化生活丰富，需求越来越强烈，促进了更多传播型组织的发展壮大。

六　网络型组织建设

"网络改变世界""网络改变生活"不仅在日常生活领域得到验证，在志愿服务领域也获得验证。越来越多的志愿服务组织通过网络开发、网络传播获得新的空间、新的机遇。目前，网络型志愿服务组织包括：一是网络技术志愿服务组织。针对很多社区志愿组织、农村志愿组织的成员缺乏网络知识技术，难以借助网络发展志愿服务的状况，一些志愿者发挥自己的网络技术特长，为各类志愿者和志愿组织提供帮助。如中山大学毕业生注册的"米公益"公益机构，发挥网络技术特长，为由城乡群众组成的志愿组织进行技术提升和网络对接。二是网络推广型志愿服务组织。"麦田计划""多背一公斤"等网络志愿组织，通过网络的广泛推广，产生远远大于实体组织的社会影响力，不仅获得内地各省市志愿组织的参与，而且获得外国公益机构的支持。三是网络聚集型志愿服务组织。如"启智志愿服务总队"通过网络聚集8万多志愿者，"清风自游人"公益志愿组织通过网络聚集中山、江门、珠海的万名志愿者，以网络商议、网络策划、网络协议、网络协调，组织开展"三地联合""四地联合"的志愿服务活动，产生较大的社会影响力。四是网络连接型志愿服务组织。志愿组织中出现"网络组织实体化""实体组织网络化"的交叉趋势，即很多在网络聚集的志愿者陆续注册成为实体服务组织，实体志愿组织也开发网络服务渠道。目前，中国志愿服务联合会的"志愿云"系统、广州志愿者联合会的"志愿时"系统，就是通过网络平台，将原来分散的各类志愿组织、志愿项目连接起来，实现"供需对接"和"回馈激励"。此外，通过网络连接可以促进大中城市、沿海地区的志愿组织与山区农村的志愿组织合作，尽量利用网络传输城市志愿服务的资源，包括文化产品、项目资料等，提供给农村志愿组织参考使用，这将有效促进山区农村志愿服务的发展繁荣。

在公共文化服务领域中，可通过支持网络型和传播型文化志愿服务组织的发展，探索社会力量在传播和利用国家文化信息资源方面的作用。如国家数字文化网作为全国文化信息资源共享的主站成为共享先进科技、助力文化民生的重要阵地，但是如何使国家文化信息资源得到充分传播和利用，需要发挥社会的力量，通过支持网络型和传播型文化志愿服务组织的发展，可以使文化共享工程更好地发挥改善城乡基层文化服务和实现广大人民群众基本文化权益的作用。[1]

七 总结

志愿服务的组织分层分类是志愿服务新的发展趋势，对于加快社会建设、提升服务效能和服务水平、创新社会治理发挥了积极的作用。通过与我国志愿服务分层分类发展现状的对比，可以看出文化志愿服务同样面临着分层分类发展的趋势。目前文化志愿服务依靠行政资源发展了大量的地方层面的文化类"统筹型组织"和"实施型组织"，但缺乏全国的统筹型组织和基于服务功能分类的"支持型组织"和"网络型组织"。基于对志愿服务组织分层分类的分析可以看到，建立在优化组织的服务功能基础上的一种组织分层分类发展的趋势。为了顺应社会发展趋势，回应社会需求，更好地发挥文

---

[1] 2002年起，由文化部、财政部共同组织实施的"全国文化信息资源共享工程"作为一项国家重大文化惠民工程，应用现代信息技术，将中华优秀文化信息资源进行数字化加工与整合，依托各级公共图书馆、文化馆（站）等公共文化设施，通过互联网、广播电视网、无线通信网等新型传播载体，在全国范围内传播中华优秀文化资源，实现资源共享。

化志愿服务组织的功能，应延伸和拓展文化志愿组织的形式和服务领域，创新发展统筹型组织、支持型组织、网络型组织等组织类型，不断满足志愿者灵活化的参与需求，优化服务组织能力，提升服务效能和服务水平，开拓公益志愿服务的更多渠道，发挥志愿服务丰富多样的功能，不断满足人民群众多样化的服务需求，使文化志愿服务更好地发挥服务社会的作用。

B.4
中国公共图书馆文化志愿服务发展状况分析

王筱雯　王方园*

摘　要： 公共图书馆文化志愿服务是对公共图书馆精神与志愿者精神的弘扬，是对构建书香社会的推动，有助于优化人力资源、满足读者多元化需求，有助于打造互联网时代的服务创新媒介和载体。我国公共图书馆文化志愿服务起步于20世纪90年代，形成了社会参与面较广，服务内容和形式趋向多元化、社区化、常态化和品牌化发展，管理机制不断规范化等特点。今后应在继续加强公共图书馆文化志愿服务开展的常态化和规范化、服务内容的特色化和品牌化的同时，推动公共图书馆文化志愿服务组织方的合作化、网络化。

关键词： 公共图书馆　文化志愿服务　发展状况

一　开展公共图书馆文化志愿服务的意义与作用

当前志愿服务作为一项重要的社会公益事业，已成为个体服务社会和参与社会的有效载体。开展公共图书馆文化志愿服务活动，既是社会主义精神文明建设的要求，也是现代公共图书馆自身发展的需要和社会文明进步的标志。

---

* 王筱雯，辽宁省图书馆馆长、研究馆员，辽宁省图书馆学会理事长；王方园，辽宁省图书馆决策与信息部副主任、副研究馆员。

（一）是对公共图书馆精神的弘扬

公共图书馆的文化志愿服务是公共图书馆精神与志愿者精神的完美结合，志愿服务则倡导"奉献、友爱、互助、进步"的精神。联合国教科文组织《公共图书馆宣言》（1994年）中对"公共图书馆的服务精神"的阐述是：每一个人都有平等享受公共图书馆服务的权利，而不受年龄、种族、性别、宗教信仰、国际、语言或社会地位的限制。公共图书馆精神与志愿精神二者先天的精神共性，让公共图书馆具有吸引志愿者，使志愿精神发扬光大的现实土壤和客观优势；让志愿者可以依托图书馆的广阔平台和丰富资源，将志愿精神传播得更为广泛，将志愿服务推向更广大的人群。

（二）是对构建书香社会的推动

近些年，随着我国社会经济的高速发展和书香社会的大力建设，公众对于图书馆的服务要求不断增加、日益多元。图书馆除了开展图书借阅、资料查询等基本服务外，还肩负起开展社会教育、传播文化知识、传递科学情报、汇集信息资源乃至引领大众创新、加强技术培训、推动社会就业、服务经济发展等任务。公共图书馆在推动全民阅读、打造书香社会中担任极为重要的角色，但完全以编制内的有限人力去完成如此繁复而冗杂的工作，在实际操作中几乎是不可能的。可以说，引入文化志愿者这一新兴社会力量，是对图书馆现有人力资源的有效补充，是公共图书馆完成自身使命、推动文化发展、打造书香社会行之有效的方式和路径。

（三）有助于优化人力资源

在我国，公共图书馆主要是在政府主导下，由财政支撑发展起来的社会公益事业。由于服务对象的数量庞大，依靠公共图书馆现有的人力、物力、资源，难以实现服务效果和文化效能的最大化。而开展文化志愿服务是公共图书馆有效运用社会资源的一种重要方式，是将社会上有余力、有能力的人力资源进一步转移重组后,释放新的文化效能的有力举措,是提高公共图书馆文化服务质量、服务水平的有效途径。志愿者作为"提供者"和"需求者"双重角色,一方面能从读者的角度去发现图书馆在服务和管理方面的不足,将读者的诉求及时有效地反馈,提升改进图书馆的工作;一方面志愿者可以通过亲自参与具体的业务工作,深入了解图书馆的服务,关注与尊重图书馆员的付出,把图书馆的服务功能、服务精神、最新活动等诸多信息传达给读者或潜在读者,加强图书馆与读者之间的互动,让广大读者关心和理解图书馆,提高图书馆的社会效益。

(四)有助于满足读者多元化需求

作为社会公益性文化机构的公共图书馆,应当通过志愿服务,更多地关注老、幼、残等特殊群体,通过丰富的文献信息资源和特色服务,满足众多读者多元化的需求。目前,我国公共图书馆服务出现了一些瓶颈。在原有服务基础上,服务触角离基层用户还较远,服务空间相对狭隘,服务水平也有待提升,留守儿童、孤寡老人等弱势群体因自身和客观条件限制而无法正常、公平地享受到图书馆的各项服务,这部分群体属于图书馆基层用户,因而需要公共图书馆对其更加关注,但因为图书馆的资金、人力及其他条件所限,无法保证自身文化与知识服务能充分满足用户需求。随着志愿者队伍的加入,尤其是富有爱心、背景丰富、专业性强的志愿者的加入,已在较大程度上改变了传统主要以阵地服务为主的图书馆服务模式。在这些志愿者的参与下,公共图书馆逐渐将服务向基层用户、特殊用户倾斜,公共图书馆的文化服务体系逐渐得到完善和健全。

(五)有助于打造互联网时代的服务创新媒介和载体

当前网络、通信等现代信息技术的高速发展,为我国公共图书馆文化志愿服务延伸、升级提供了可能。早在20世纪90年代,国际一些志愿者组织就敏锐地发现了基于网络的志愿者服务优势,并不断加诸实践,如加拿大VOE组织专门提供在线或网络服务;美国的网络志愿者网站服务范围非常

广泛，涉及心理咨询、公共管理和写作交流等各个方面。①

我国的高校图书馆在利用网络提供志愿者服务方面走在了中国公共图书馆界的前面，如清华大学图书馆、南京师范大学图书馆和四川大学图书馆等，组织志愿者在人人网、开心网等知名 SNS 网站上构建网上图书馆并提供相关志愿服务。我国公共图书馆在利用物理空间提供志愿者服务已发展成熟、内容创新空间有限的背景下，越来越重视网络空间的文化志愿服务。一些公共图书馆已尝试与相关职能部门联合、协作，提供诸如知识咨询、在线培训、站点维护、数据挖掘、网络监管、数据分析等网络服务，将图书馆传统的文化志愿服务空间延伸至更广泛的网络空间，积极探索打造互联网时代的服务创新媒介和载体。②

总之，文化志愿服务所具有的公益性，不仅彰显出图书馆为社会公众服务的宗旨，也提升了图书馆在社会上的公众形象，体现了图书馆的综合效益和公益属性，是公众个体从"小我"走向"大我"、从"封闭"走向"开放"的具体体现和重要过程。文化志愿服务所具有的无偿性不仅弥补了当前我国公共图书馆所面临经费不足、人力资源短缺、服务质量不高等诸多问题，也可以成为热心社会公益事业的志愿者施展自身才能的恰当平台和有效载体，帮助其达到终身学习、提升素质、拓展视野、实现自我价值等目的。

二 中国公共图书馆文化志愿服务发展状况

（一）发展进程

20 世纪 90 年代我国出现了较具规模的志愿服务活动，一些志愿者组织相继成立，并在之后的十多年中逐步走进公共服务部门，走进公共图书馆，进

---

① 王红兵：《数字图书馆之教学参考书数据库建设》，《图书馆》2005 年第 6 期。
② 孙广成：《面向用户的公共图书馆志愿者服务延伸途径研究》，《图书与情报》2014 年第 5 期。

而成为我国公共文化建设中一支难以忽略的新兴力量。1993年共青团中央启动"中国青年志愿者行动",并随后成立了中国第一个志愿者服务组织——中国青年志愿者协会,该协会曾在国内多家公共图书馆内开展志愿服务活动。

表1 部分图书馆早期开展图书馆志愿服务活动的情况

年份	图书馆	开展情况
1995	广州少年儿童图书馆	尝试引进学生志愿者协助图书馆开展服务工作
1996	福建省图书馆	借鉴美国公共图书馆开展图书馆志愿者活动的成功经验,建立了一支专业化的志愿者队伍
2000	中山图书馆	向社会招聘图书馆社会义务工作者,并制定了《广东省中山图书馆义工管理细则》
2001	武汉图书馆	在社会上招募志愿者
2002	青岛市图书馆	开始引入义工机制
2002	辽宁省图书馆	成立志愿者协会,组织开展爱心援助、义务图书管理员、志愿者讲坛、义务讲解员等系列活动
2002	辽宁省图书馆	成立志愿者协会
2005	上海图书馆	成立志愿者团队,每周保持40~50人次的志愿者服务

与大陆相比,图书馆志愿服务在我国台湾地区开展得较早,并于2001年颁布了全球第二部《志愿服务法》。1990年1月份的调查结果显示,在受调查的台湾地区145个公共图书馆中,使用志愿者的就有43个,占29.66%。[1]

(二)人员构成状况

我国公共图书馆文化志愿者大致可以分为三种类型:由专家组成的志愿者团队,比如参与由中国图书馆学会发起"志愿者行动——基层图书馆馆长培训"活动的成员;由在校大学生组成的志愿者团队,这是目前公共图书馆文化志愿服务队伍的主要构成人员;由教师、企事业员工、退休人员等热心社会公益的人士组成的志愿者团队。[2]

---

[1] 汪海波、强小旎:《台湾地区公共图书馆志工制度研究》,《图书馆学研究》2009年第8期。
[2] 陆俊:《图书馆志愿者服务方案探讨》,《图书馆理论与实践》2013年第6期。

（三）主要发展特点

一是公共图书馆文化志愿服务的社会参与面较广，参与程度较高。我国最初的公共图书馆志愿者主要是由学生组成，构成成分比较简单，志愿服务参与者的活动范围也不够广泛。但随着时代的进步和社会的发展，志愿精神深入人心，社会各界人士都积极地参与到公共图书馆文化志愿服务中来。

二是公共图书馆文化志愿服务的内容和形式从单一性走向多元性，从集中性、短期性演变成深入化、社区化、持久化。以往，图书馆志愿者的工作比较简单，大多从事辅助图书馆的日常工作或者临时性任务；如今，志愿服务的工作形式更加多元化，内容更为丰富，志愿者活动的类型与层次不断深入演化，图书馆志愿者的研究领域也随之延伸和拓展。

三是公共图书馆的管理机制不断规范，组织发展建设已进入健康快速发展阶段。完备的管理体制、完善的规章制度是开展图书馆志愿活动的重要保证，许多省市图书馆经过深入实践，已经不断完善管理制度，拓宽志愿者的服务领域，不断创新志愿者服务内容，推动形式多样的志愿服务活动不断开展。①

（四）主要服务方式

综观国内公共图书馆发展，志愿者在公共图书馆可以服务的项目非常多，几乎囊括图书馆服务工作的各个部门和各个领域，如导览、咨询、阅览、视听、图书加工、信息收集、图书馆宣传推广及大型活动的支持等工作，其中比较重要的有五个方面。

1. 读者咨询导航服务

图书馆的结构与功能非常复杂，对于一些初来图书馆或者很少来图书馆的读者，需要志愿者为其引路。许多公共图书馆设置了志愿者咨询导航员，

---

① 汪海波、胡昌平：《近年来我国图书馆志愿者研究综述》，《图书馆》2012年第2期。

在服务大厅、借还书处、阅览室、参考咨询部门等公共区域解答读者的基本咨询，引导和协助读者使用查询机等。

2. 图书整理工作

该项工作是当前图书馆志愿者服务最多的工作内容，包括新书加工处理、修补图书、图书上架整架等基本工作。①新书加工处理：在采编部门进行图书验收、登录建档、贴制书标、图书加工。②修补图书：修补破损的图书及书标。③图书上架、整架：在总借还台预约书架整理，将归还的书刊分类并上架，整理书架上被放乱的书刊。④图书搜寻工作：帮助儿童和老年读者找书。⑤赠书和图书出版物图书整理。通过图书整理工作，志愿者可学到图书分类法等图书馆排架知识。

3. 科研服务

图书馆志愿者参与到的科研服务主要包括：①数字参考咨询及文献传递等服务。②数据制作及整理：纸质文献的数字化、数据库的建设。

4. 宣传推广工作

图书馆志愿者协助图书馆进行读者调查、资料搜集、信息反馈等相关活动，并取得良好的效果。①让组织能力强或美术功底好的志愿者，参与图书馆宣传活动策划和宣传中，让公众更加了解图书馆、走进图书馆、利用图书馆，进而在提高图书馆知名度的同时赢得社会的理解与支持，这是图书馆进行社会推广较为有效的方式。②志愿者向读者宣传良好的借阅习惯，倡导大家争做文明读者，并且向读者宣传普及图书馆学的知识，让读者全方面地了解图书馆的运行方式。③定期收集读者对图书馆的意见和建议，以及对图书、期刊、电子资源等的信息需求，协助完善馆藏建设。

5. 大型活动

主要是指讲座、展览和阅读推广活动。①讲座现场服务，会议服务或在展览项目中进行引导讲解等服务。②参与阅读推广活动，在大型主题性活动中担纲各项任务，协助工作人员完成各项服务工作。③参加各类培训活动，如志愿者为各类读者介绍便利的网络应用工具和使用方法。

（五）重大项目及活动状况

1. 全国基层图书馆馆长培训活动

2005年，中国科协学术年会、中国图书馆学会在首届"百县馆长论坛"提出：图书馆事业发展的关键因素在人，其中更为关键的是基层图书馆的管理者——馆长。有必要对全国县级图书馆馆长实施培训，培养出一批深刻理解和谐社会精神内涵、深刻理解现代图书馆理念和实现方式、有相应专业水平和管理能力的职业图书馆馆长。由此，2006年3月，中国图书馆学会发布了"基层图书馆培训"志愿者行动招募公告，并得到了全国图书馆界的积极响应。经过遴选，最终形成了由专家学者，国家省、市公共图书馆的馆长，图书馆管理人员等26人参加的志愿者团队。这些志愿者们自费赴中西部等艰苦地区为基层图书馆馆长、馆员无偿授课，普及现代图书馆理念，以唤起各级政府和全社会对贫困地区基层图书馆事业的关注和支持。

据不完全统计，自培训活动开展以来，有46个图书馆和相关机构、107位志愿者先后参与到这一行动中，对国内26个省、自治区的2258位基层图书馆馆长进行了培训，编写出参考教材4版128万字，制作课件光盘120种，发放教材2750册。此项培训活动的示范作用在陕西、山东、安徽、重庆等省市开花结果，极大地推动了我国基层公共图书馆的发展。

2. 文化志愿者基层服务年

文化部将2013年确定为"文化志愿者基层服务年"，将2014年确定为"文化志愿服务推进年"，连续两年以基层城乡社区为重点，推动文化志愿服务队伍进社区、服务进社区、制度进社区，带动全社会文化志愿服务活动广泛开展。①

在文化部的领导与指引下，我国各级公共图书馆积极地将文化志愿服务范围延伸到社区、学校、农村、厂矿等地，以展示、培训、演出、讲座等形

---

① 《2014年"文化志愿服务推进年"系列活动启动》，http：//news.xinhuanet.com/politics/2014-03/25/c_126314383.htm，2014年6月20日。

式,将进城务工人员、空巢老人、留守妇女儿童和残疾人等群体作为服务重点人群,在广大志愿者的大力协助下,或牵头组织社区文化活动,参与社区文化管理,或积极倡议参与开展捐书、读书活动等,有针对性地开展形式多样的文化服务活动。

在此项工作的开展中,志愿者或许不具备图书馆员专业信息素养和知识结构,但是却在与障碍人士交流、特殊专业知识等方面具有优势,特别是极具服务大众的热情和积极性。因此在此项工作中,广大志愿者能积极发扬自身优势,将图书馆文化服务延伸到基层,进而大力推动了我国公共文化服务事业的发展进程,掀起了我国公共图书馆基层文化志愿服务的热潮。如海南省图书馆文化志愿服务项目"故事妈妈"以推广早期阅读为主,将亲子阅读服务延伸到了社区,现已经逐渐成为一支专业的社区文化志愿服务队伍,接受社区、幼儿园以及福利机构的早期阅读指导活动预约。①

(六)典型品牌项目

随着文化志愿服务在我国的兴起,我国各地各级公共图书馆纷纷引入志愿者机制,开展文化志愿服务。在做好图书馆传统业务工作的基础上,一些公共图书馆结合实际情况和自身特点,借助来自社会各界、拥有不同知识背景、具备一定专业经验的志愿者群体的力量,不断丰富服务内容,创新服务形式,纷纷推出了极具品牌代表性的文化志愿服务项目,其服务内容呈现高端化、专业化、规范化、长期化、品牌化的喜人景象,进而打造出许多文化志愿服务品牌。

经过多年的建设,我国许多公共图书馆的文化志愿服务以公益性免费服务为主导,以品牌活动为载体,以在校大学生、图书馆工作人员、文化名人、媒体人、教师、退休人员、残障人士等各行业人士组成的志愿者队伍为骨干,立足本馆,深入基层,打造了各具特色的公共图书馆文化志愿服务品

---

① 《辽宁市少图"故事妈妈"荣获全国大奖》,http://epaper.taihainet.com/html/20131115/hxdb476223.html,2014 年 6 月 20 日。

牌项目，在面向全社会弘扬志愿精神的同时，也极大地提高了公共图书馆文化服务的质量和水平，惠及了包括基层群众、残疾人、农民工、老年人、未成年人等在内的广大人民群众。

1. "对面朗读"活动

2003年辽宁省图书馆启动了"对面朗读"服务，志愿者按预约时间到图书馆与盲人进行面对面的交流与沟通。此外，从2005年开始，辽宁省图书馆工作人员和志愿者定期走入盲校开设"社会实践课"，与盲童做游戏、聊天、讲故事。截至2015年，共举办700余期"对面朗读"活动，到沈阳盲校为盲童开设"社会实践课"305次，为盲人讲述电影27场，策划组织各种大型社会公益活动13次，直接参与服务的志愿者万余人，惠及盲人学生和读者3000余人。①

2. "真人图书馆"活动

2008年，"真人图书馆"引入我国以来，在上海交通大学图书馆等高校图书馆得到了推广与应用。随着其服务模式的不断成熟，邯郸市图书馆、重庆图书馆等一些公共图书馆也纷纷引进和采用了这种用户关注度高、阅读体验新颖、服务组织形式灵活的创新服务方式，且受到了读者的广泛欢迎。如邯郸市图书馆的"教育要从娃娃抓起——怎么抓"真人图书馆活动；黑龙江省图书馆的"世界读书日首秀"真人图书馆活动；等等。真人图书馆文化服务的核心吸引力来自于以文化志愿者身份参与活动的各位"真人图书"：一方面，"真人图书馆"通过自己的成就和地位形成的文化效应吸引了广大读者；一方面，也因为其阅读过程有别于传统纸质图书，在传递知识的过程中更具温度和吸引力，因而产生了良好的社会效益②。

3. "高考信息专题"系列文化活动

2012年开始，广东茂名市图书馆连续几年举办了"高考信息专题"系

---

① 辽宁省文化厅组编《走进多彩的梦——辽宁文化志愿服务巡礼》，辽宁人民出版社，2014，第2页。
② 孙广成：《面向用户的公共图书馆志愿者服务延伸途径研究》，《图书与情报》2014年第5期。

列活动,根据高考考生与家长的需求,围绕高考的相关信息接连举办了"高考心理调适""高考志愿填报"两个专题的讲座、咨询等活动。活动的讲师和咨询师均为有相关从业经历的文化志愿者。此外,由于参与群众较多,现场场面火爆,该项活动还招募了大量志愿者进行组织接待工作。该项活动一经推出即受到了当地群众的热烈欢迎,连续几年举办均取得了良好的社会效果,已成为该图书馆的特色品牌文化志愿服务活动,定期举办。①

当前,国内各大图书馆已广泛掀起打造品牌化文化志愿服务活动的热潮,各地图书馆结合馆内外实际情况和服务需求,根据图书馆自身业务,有针对性地选择文化志愿者,充分利用其专业知识,为读者提供家庭作业辅导、导读、特殊群体服务、外语志愿者、古籍整理与保护及其他特色服务。例如佛山市图书馆开展"同在蓝天下——阳光成长计划"志愿服务项目,目的在于帮扶弱势家庭中的小学生;茂名市图书馆开设"老年人电脑兴趣培训班",有计算机技能专长的志愿者通过"一对一"教学,帮助老年人学会利用互联网等现代技术,充实其晚年生活。

三 中国公共图书馆文化志愿服务的发展方向

目前,我国公共图书馆文化志愿者事业正在突飞猛进的发展当中,不过,我们也要清醒地意识到,我国公共图书馆行业的志愿服务事业仍然处于起步阶段。总体而言,我国图书馆界在引入志愿者、合理有效地管理志愿者、充分发挥志愿者作用方面还处于探索阶段,主要表现在以下几个方面:第一,对志愿精神的充分认知不够,需要进一步认识到志愿精神对于图书馆事业乃至推进文化大发展、大繁荣的重大意义;第二,志愿者的从业数量都没有达到一定规模,开展志愿服务的图书馆数量的规模也不够;第三,图书馆志愿服务的范围还很狭小,多限于图书整理、讲解、为残障读者服务等岗

---

① 张燕:《从志愿者岗位分配谈图书馆特色服务的开展》,《图书情报工作》(增刊) 2013 年第 1 期。

位；第四，图书馆志愿者组织、管理和服务的规范性不够，缺乏后续保障和发展。

因此，要形成立足现状的志愿者工作机制，使"短期化、事件化"的志愿者服务向"日常化、经常化"发展，以保证志愿者队伍的不断壮大和健康发展，保证志愿者事业的可持续发展。通常所说的机制，是指系统运行过程中各组织或部分之间相互作用的过程和方式，具体到图书馆志愿者管理，则需要建立一整套关于志愿者招募、培训、激励、评估、反馈等方面的工作制度，重点开展以下三方面工作。

第一，保证公共图书馆文化志愿服务开展的常态化、规范化。公共图书馆文化志愿服务不是一时之热、权宜之计，而应当是常态化并长期、稳定、广泛地开展。作为保障机制，图书馆志愿者活动应当更有序地开展规章制度、评估办法、表彰方式、培训指导、权益保障等方面的建设，全力保证图书馆志愿者活动所需要的人力、财力和物力。

第二，推进公共图书馆文化志愿服务内容的特色化、品牌化。目前，我国图书馆志愿者活动的内容尚需开拓创新，力求活动内容的特色化、品牌化。一是借鉴国外的特色服务内容，结合本馆的实际情况进行本土化的引进和改造，如少儿家庭作业服务、有声读物服务等；二是进行本土创新，如进行本土公益项目开发、特殊藏品的志愿服务、图书馆社会形象制作与宣传等。

第三，打造公共图书馆文化志愿服务组织方的合作化、网络化。全国图书馆系统是一个纵横交错、互有影响的复杂网络，建立图书馆志愿者联盟、志愿者的全国信息平台等，可以对各地零散的志愿者、活动进行统一管理和协调，进而能够形成品牌效应，可对志愿者服务起着宣传和保障作用。再下一步，有关部门、有意向的图书馆可进行合作研究，探讨图书馆志愿者联盟、全国信息平台等组织的合作原则、方式、规则、权责义务、协调等内容，促进图书馆志愿者合作组织的健康发展。

B.5
中国文化馆文化志愿服务发展状况分析

王全吉[*]

摘 要： 文化馆志愿服务是文化志愿服务的重要组成部分。我国文化馆志愿服务呈现运作的项目化、团队的专业化、服务对象的均等化、活动的常态化、管理的行政化等特征；形成了以"体系化和组织化"、"项目化"以及"自主化、社会化和民间性"为特征的三种文化馆志愿服务模式。面对发展中存在的问题，需要通过加强文化志愿服务的法制化、数字化、规范化、专业化、社会化和提升社会影响力来推进我国文化馆志愿服务的发展。

关键词： 文化馆 文化志愿服务 发展状况

文化馆志愿服务，是文化志愿服务的重要组成部分。文化馆文化志愿服务的开展，缓解了因文化馆业务人员编制有限带来的服务人员不足的问题，同时又营造了广大群众参与文化建设、展示文艺才华的良好文化氛围，丰富了基层群众文化生活，为群众文化发展和繁荣做出了贡献。

各级文化馆面向基层群众开展文化志愿服务，服务方式不断创新，服务范围不断拓展，在不断的实践和探索过程中，形成了鲜明的文化志愿服务特征和服务模式。

---

[*] 王全吉，浙江省文化馆党总支副书记、研究馆员。

一 文化馆文化志愿服务的基本特征

（一）文化志愿服务运作的项目化特征

文化馆文化志愿服务呈现鲜明的项目化的运作特征，即文化志愿服务大多以项目化组织运行。如北京朝阳区文化馆的"民工春晚"，就是文化志愿服务项目化运作的典型案例。"民工春晚"从策划创意，到节目的选拔、邀请央视著名主持人与民工合作主持，再到晚会节目的辅导与排练、节目的合成、舞美音响的设计，以及"民工春晚"的新闻宣传，朝阳区文化馆与文化志愿者周密策划，精心组织，取得了良好的效果。再如河南省群众艺术馆推出的"公益无限"文化志愿服务行动，北京市文化志愿者服务中心推出的"送福到家"文化志愿服务等项目，都以项目化组织运行。文化馆文化志愿服务以项目化方式组织运行，在志愿人员招募、经费保障、项目运行、成效评估等方面，具有可操作性，能有效地开展文化志愿服务。

（二）文化志愿服务团队的专业化特征

文化馆的文化志愿服务，主要涉及音乐、舞蹈、戏剧、美术、摄影、书法等文艺方面的专业服务，因此，往往根据志愿服务的项目与需求，要求文化志愿者具有奉献精神、服务热情和一定的艺术水平，能够承担起面向基层群众进行文艺辅导、文艺展演、文化活动策划等方面的志愿服务任务。文化馆在对文化志愿者进行培训的时候，除了进行志愿精神的培训教育外，通常也设计安排专业化、系统化的业务技能培训，以提升文化志愿者的专业水平与文化服务能力。文化馆文化志愿服务内容以及群众多样化的文化需求，决定了文化志愿服务团队专业化的特征。

（三）文化志愿服务对象的均等化特征

文化馆文化志愿服务的对象主要有两类：一是大众化、普及化的文化志愿服务，面向基层的广大群众，让群众普遍享受文化服务；二是特殊化、个性化的文化志愿服务，服务的主要对象是社会特殊群体，这类文化志愿服务的对象包括老年人、残疾人、农民工、留守儿童等。文化馆文化志愿服务的受惠对象，体现了文化志愿服务的均等化特征，也就是说通过这些有针对性的文化志愿服务，可以改善弱势群体的文化生活，努力让社会各个群体都享受文化，感受文化的温暖，丰富自己的精神文化生活。

（四）文化志愿服务活动的常态化特征

文化馆文化志愿服务具有常态化的活动特征，即依托文化馆的场所，开展艺术辅导培训、场馆管理咨询等文化志愿服务，或者依托文化馆组织的各类文艺演出、展览，参与演出、协助布展等，或是在城市广场组织开展广场舞的日常化指导，带动群众性文化团队的健康发展。文化馆文化志愿团队已经成为当前公共文化服务不可或缺的有生力量，活跃在基层，活跃在民间，推进志愿文化的普及，推动志愿精神深入人心、发扬光大，活跃基层群众的日常文化生活。全国各地文化馆文化志愿服务，大多围绕着公共文化建设进行公益文化服务，并成为当地公共文化服务的新常态。

（五）文化志愿服务管理的行政化特征

当前文化馆的文化志愿服务管理仍具有突出的行政化特征，在文化志愿服务团队组建、文化志愿服务项目策划、文化志愿服务资源提供等方面，其自主性、社会性相对不足。首先，文化馆文化志愿服务管理的行政化表现在文化志愿者组织的组建上，文化行政部门以及文化馆直接参与筹备的全过程，不少文化馆文化志愿者组织的负责人就是由文化馆馆长、副馆长担任；其次，表现在文化志愿服务的任务布置、提供文化志愿服务资源等方面，大多由文化馆直接确定文化志愿服务的对象，布置文化志愿服务的任务，并提供行政、后勤以及必要的经费支持；最后，表现在文化志愿服务绩效的评估激励上，大多由文化行政部门、文化馆进行评估激励。总体而言，文化馆文化志愿服务呈现行政化的特征，在自主性、社会性方面显得不足。当然，管

理行政化的特点使其能获得更多的组织支持、经费支持，但也容易受到行政权力的干扰，影响文化志愿服务的效率。如果能够充分发挥文化志愿者团队的自主性，文化馆的文化志愿服务会更加充满活力。

二 文化馆文化志愿服务的模式

从整体上梳理我国文化馆文化志愿服务的现状，大致可以分为三种比较典型的模式：具有体系化、组织化特征的文化馆文化志愿服务模式，以北京群众艺术馆、成都市文化馆为代表；具有项目化特征的文化馆文化志愿服务模式，以上海市群众艺术馆、河南省群众艺术馆为代表；具有自主化、社会化和民间性特征的文化志愿服务模式，以深圳市文化志愿者组织为代表。

（一）具有体系化、组织化特征的文化馆文化志愿服务模式

具有体系化、组织化特征的文化馆文化志愿服务模式，指的是文化志愿服务机构高度组织化、体系化，从上往下根据行政层级构建起多级文化志愿服务组织体系，每个层级之间具有密切的工作联系，上个层级担负起对下级的志愿服务工作培训、指导、评价激励等。具有体系化、组织化特征的文化馆文化志愿服务模式，其优势在于一方面可以运用行政的力量，强势推进所在省、市文化馆文化志愿服务，逐级推动，整体推进，取得显而易见的成效；另一方面，还能够运用体系化、组织化的力量，通过地方政府出台文化志愿服务的地方性法规，制订文化志愿服务管理办法，编写文化志愿服务培训教材，通过行之有效的手段与方法，促进文化馆文化志愿服务管理的规范化。

这一模式的典型案例是北京群众艺术馆的文化志愿服务组织体系。2008年，北京群众艺术馆成立文化志愿者服务中心，承担全市文化志愿者的服务与管理工作。在北京市文化志愿者服务中心的积极推进下，2008年以来，经过宣传招募、考核、输入备案、培训、选派、激励等工作流程，北京形成了以北京市文化志愿者服务中心为龙头，以全市16个区县18个分中心为基

础的全市性的文化志愿者队伍和相应的管理体系。其文化志愿服务涉及文艺演出、辅导培训、大型活动、展览展示四大类72个文化志愿服务项目。服务中心积极组织开展文化志愿服务活动，其中既有全市性的"送福到家""让文化感动生活"等主题活动，也有各分中心分别推出的文化志愿服务项目，如密云县"暖心工程"、怀柔区"基层文化辅导站"、房山区"5285"工程等示范性文化志愿服务活动。通过多年的服务实践，这些活动逐渐成为有影响力的文化志愿服务品牌项目。北京市文化志愿者服务体系从无到有，文化志愿者成为公共文化服务的重要力量，在实现文化志愿者的常态化服务、品牌化培育、项目化配置等方面，取得了可资学习借鉴的经验。

（二）具有项目化特征的文化馆文化志愿服务模式

此模式是以特定的文化馆文化志愿服务项目为抓手，通过有效的组织动员，招募文化志愿者，有序地实施文化志愿服务项目，为公众提供丰富多样的文化服务。具有项目化特征的文化馆文化志愿服务模式优势在于以项目为载体，根据项目的总体要求，分层级、有步骤地实施文化志愿服务。项目化特征的文化志愿服务模式具有明确的目的性，实施步骤明确，便于具体的实施。除此之外，其优势还在于便于动员全省、全市上下数以万计的文化志愿者，集中在某个时间段实施该项文化志愿服务，产生较大的社会反响，提升文化志愿服务项目的关注度和美誉度。

这类文化志愿服务模式最典型的是2008年上海市群众艺术馆推出的"百姓家门口的文化使者"——上海社区文化指导员志愿者服务项目。这一服务项目着力探索社区文化指导员志愿者指导和派送的途径与方法，经过三年多的探索实践，实现了文化指导员志愿者派送人次和辅导人次的倍增目标，共向社区派送文化指导员志愿者81627人次，辅导社区团队6378支，受辅导者189万人次；实现了三个覆盖：对全市已建的185家社区文化活动中心指导员志愿者配送的全覆盖、网上派送的全覆盖、市级专业艺术院团指导员志愿者的全覆盖。他们通过数字派送服务系统，将过去社区文化指导单向"给予"的配送机制，转变为志愿服务资源以"菜单"方式供基层选择，在提高绩效的同时，降低了运行成本，形成了文化志愿者派送从单向到多向、从被动到主动、从自发到品牌的转变；形成了资源整合、集约共享、双向互动、透明服务的文化志愿服务的全新模式；实现了从机制到载体、从理念到内容的创新；实现了对社区文化指导的跨越。[1]

（三）具有自主化、社会化和民间性特征的文化志愿服务模式

这一类型文化志愿服务组织在组建之初就具有一定程度的自主性。一群志同道合的人秉承服务社会、奉献自我的志愿服务精神，以文艺方面的一技之长，通过网络、媒体等平台自发地走到一起，自主地从事文化志愿服务。无论是文化志愿服务组织带头人的确定，还是文化志愿服务项目的策划实施，都具有社会化组织的特点。这一类型的文化志愿服务，与文化馆等公益性文化事业单位有着密切的联系，根据群众的文化需求、文化馆的工作要求，以及自身的文化志愿资源，组织开展文化志愿服务。

这一类型中比较典型的是深圳市义工联文化服务组。深圳与中国香港相邻，香港义务工作的成功经验，对深圳义务工作的发展产生显著的影响。深圳文化义工组织从属于深圳义工联，文化馆业务干部与群众文艺骨干若从事文化志愿服务都必须加入深圳义工联。深圳义工联文化服务组、文化义工艺术团以及数十个团体的义工、文化义工，根据群众的文化需求、文化馆的工作要求，进行文化志愿服务。这一文化志愿服务模式，具有民间组织的自身活力。

三 当前中国文化馆文化志愿服务模式面临的挑战

我国文化馆文化志愿服务活动蓬勃开展，领域不断拓展，内容不断丰富，取得了显著的成绩，为广大群众共享文化发展成果做出了积极的贡献。

---

[1] 王全吉：《整合专业社会资源，创新派送服务模式——上海市社区文化指导员派送工作简介》，《文化馆（站）工作案例选编》之"上海市社区文化指导员派送工作"，http://blog.sina.com.cn/s/blog_5d44184701015gxr.html。

但是我们应该清醒地认识到，当前文化馆文化志愿服务的进一步发展还面临着一些挑战。

（一）文化馆文化志愿服务的行政化倾向与社会化发展的要求不相适应

文化馆文化志愿服务是一项社会事业，文化志愿服务事业的发展繁荣，离不开社会化参与、社会化组织、社会化运作。文化馆文化志愿服务的社会化，要求我们在文化志愿者招募、服务等方面，广泛发动社会力量，参与到文化馆的文化志愿服务中来。在互联网时代，网络已经成为人们沟通交流的重要平台，是当前文化志愿者招募、文化志愿服务信息发布与宣传的有效平台。尤其在一些网民活跃的论坛上，进行社会化的宣传推广，能够扩大文化馆文化志愿服务的传播。

然而，当前文化馆文化志愿服务组织的社会化程度相对较低，具有明显的行政化、单位化倾向。文化馆的文化志愿服务组织，大多由文化行政管理部门或文化馆发起、组建，文化志愿服务项目的确定、文化志愿服务内容的安排，也大多由各级文化馆决定。文化馆在文化志愿服务中起着组织、协调和推进的作用。虽然行政化、单位化的文化馆文化志愿服务具有组织化的优势、资源上的优势，可以在短时间内迅速推进文化馆的文化志愿服务，但是相对社会化组织而言，也存在着自主性、发展活力不足的问题。社会化是发展趋势，但是目前来看，文化馆文化志愿服务的行政化倾向还十分显著，存在的问题也显而易见，与社会化的发展要求还不相适应。

（二）文化馆文化志愿服务的发展与志愿者事业发展的基本理念不相适应

志愿服务是公民社会的基石，具有自愿性、无偿性、社会性、可持续性、开放性的性质，实现社会公益、参与社会事务、促进社会进步，是每位志愿者鲜明的内在动机和思想特质。

当前文化馆文化志愿服务虽然也关注文化志愿者个体的服务意愿，但不可否认的是，基于文化志愿服务存在的行政化的倾向，其表现为习惯于指令性、运动式、号召式的方法组织开展文化志愿服务。[①] 这在项目化特征和体系化特征的文化馆文化志愿服务模式中，表现得更为明显。在项目化特征的服务中，根据文化馆安排的文化志愿服务整体要求，各级文化馆文化志愿组织参与其中，这类轰轰烈烈、声势浩大的文化志愿服务做得比较出色，但是细水长流的常态化的文化志愿服务相对较少，充分体现文化志愿者个人意愿与自愿性、自主性的志愿服务相对不足。如果将这种情形与社会化的志愿服务的基本理念进行对照，当前的文化馆文化志愿服务的发展与志愿者事业发展的基本理念还存在着不相适应的地方，并在一定程度上削弱了文化馆文化志愿服务活动的感召力、影响力和参与度。

（三）文化馆文化志愿服务的质量水平与当前人民群众日益增长的精神文化需求不相适应

全面小康社会不仅意味着富足的物质生活，也意味着全体人民享有丰富的精神文化生活。满足人民群众日益增长的精神文化需求一方面需要公益性的文化事业单位提供群众喜闻乐见、丰富多样的公共文化产品和公共文化服务，让群众成为文化的主角，展示群众的文艺才能与文化创造；另一方面，应该重视激发全社会的文化创造力，激发人民群众的文化参与热情，通过文化志愿服务等途径，服务社会，服务他人，让公共文化服务充满新的生机与活力。然而，文化馆文化志愿服务的质量水平与人民群众不断增长的精神文化需求还不相适应。首先表现为文化馆文化志愿者总体的数量规模与我国庞大的人口基数之间，存在不对称的问题；其次表现为人民群众精神文化需求的多样性与文化馆文化志愿服务的内容与形式有限之间的矛盾；再次表现为我国人民广袤的生活区域与文化馆文化志愿服务发展不均衡、覆盖范围有限之间的矛盾。文化馆文化志愿服务可以在一定程度上促进人们平等地享有参

[①] 上海市慈善基金会、上海慈善事业发展研究中心：《志愿服务与义工建设》，上海社会科学出版社，2007。

与文化活动、从事文化创造、享受文化福利的机会,但是要满足不同阶层、不同地域人民群众的精神文化需求,还有很长的路要走。

四 推进中国文化馆文化志愿服务的思考

(一)建章立制,进一步促进文化馆文化志愿服务制度化

推进文化志愿服务必须制定与完善文化志愿服务相关的规章制度,以保障文化志愿服务的健康发展。文化部层面新出台的《文化志愿服务管理办法》为地方相关规章和规范的制定提供了遵循,地方政府和文化馆需制定和完善相应的规章制度和管理规范,以提升文化馆文化志愿服务的制度保障力度。

(二)强化网络平台建设,进一步推动文化馆文化志愿服务数字化

在移动互联网时代,文化馆文化志愿服务必须推进文化志愿服务的数字化建设。通过文化志愿服务网站、手机等移动终端的微信公众号、微博等载体,实现文化馆文化志愿服务的现代传播。建立文化馆文化志愿服务网络平台,一方面实现了文化志愿者招募的现代化,通过网上文化志愿者注册系统,实现网上公开招募,使公众能便捷地报名参加文化志愿服务;另一方面,通过文化志愿服务网络平台建立了文化志愿服务的数据库,将文化馆文化志愿服务的资源与基层群众的文化需求进行有效的对接,提升了文化志愿服务的效能。

建立文化馆文化志愿服务网站,有助于文化志愿服务的日常管理与服务数据的处理。文化馆文化志愿服务的各个团队,可以将日常志愿服务呈现在专题网站上并进行科学管理。网站上可以展示各个文化志愿团队的服务动态、文化志愿者的风采,在网站上形成团结协作、比学赶超的良好局面。鉴于当前微信用户数量庞大的现状,可以建立文化馆志愿服务的微信公众号。文化志愿服务公众号有着区别于网站的优势,网站是被动地接受网民的访

问,而微信公众号是主动向用户推送文化志愿服务信息,缓解文化志愿服务信息传播不畅的问题,有效提高文化馆文化志愿服务的覆盖面,体现文化志愿者招募的即时性,提升志愿服务效率。

(三)完善管理机制,进一步促进文化馆文化志愿服务规范化

在文化馆文化志愿服务健康发展的过程中,完善管理机制是必不可少的,必须通过文化志愿服务的内部制度建设,促进文化馆文化志愿服务的规范化,保证文化志愿服务活动的常态化开展、文化志愿服务组织的健康发展。

强化文化馆文化志愿服务的机制建设,主要有两个层面的意思:第一个层面是要求建立和完善文化馆文化志愿服务的管理制度,如建立和完善文化志愿者注册招募、服务记录、服务评价与反馈、激励表彰制度,建立和完善文化志愿服务项目管理制度,有效推行登记注册管理、定期组织培训、提倡持证上岗、规范化服务。第二个层面是在文化馆文化志愿服务过程中,要按照文化志愿服务的章程和各项管理制度推进文化志愿组织建设,重点抓好招募注册、供需对接、培训管理、服务记录、激励保障等方面的规范化;保障文化志愿者的权利与义务需特别重视文化志愿服务的绩效评估,提高文化志愿服务效率,从机制层面确保有限的文化志愿服务资源能够得到优化的配置。建立和完善文化馆志愿服务的各项制度十分重要,在文化志愿服务实践中,将各项管理制度落到实处,有益于文化馆文化志愿服务事业的健康长效发展,应引起人们足够的重视。

(四)强化志愿服务培训,进一步促进文化馆文化志愿服务专业化

人民群众多样化的文化需求、专业化的服务要求,从客观上对我国文化馆文化志愿服务提出了专业化的要求。文化志愿服务者只有不断提升文艺专业水平,才能与人民群众日益增长的文化需求相适应。作为展示志愿者个人才能的平台,文化志愿服务的专业化可以更好地发挥文化志愿者文艺才能方面的服务优势,发挥文化馆文化志愿服务组织的作用。常态化、规范化的文

化志愿培训,可以全面提升文化馆文化志愿服务水平,促进文化志愿服务的专业化,这是文化馆文化志愿服务今后需要着力的工作重点之一。

对文化馆文化志愿服务的专业化培训,当前最缺乏的就是培训教材与培训师资。一方面,有必要组织该领域的专家、学者编写文化志愿服务培训教材,为文化志愿服务专业化做好培训教材方面的准备;另一方面,除了提升培训文化志愿者文艺专业能力外,当前十分紧迫的任务是发现和培养一批对此领域有研究的专家学者或有丰富文化志愿服务实践经验的培训师资,进一步增进文化志愿者对于文化志愿服务的认识,不断强化志愿服务和志愿奉献精神。

除了极少部分是作为文化馆阵地服务时的场地管理、大型文化活动的后勤服务外,文化馆文化志愿服务的绝大部分文化志愿团队从事面向公众的文艺演出、各类文艺辅导等方面的志愿服务。从专业化的文化志愿服务角度来看,要求文化志愿者除了具有志愿精神外,还必须具备与文化志愿服务相对应的文艺专业能力。但文化志愿者个体之间的艺术水平、文艺服务能力存在着一定的差异,这就意味着文化馆文化志愿者的专业化培训是长期的、常态化的过程,只有通过对文化志愿服务组织领头人、文化志愿者骨干和一般文化志愿者进行针对性的培训,才能全面推进文化志愿服务的专业化,不断增强文化志愿服务能力。

(五)强化社会组织理念,进一步推动文化馆文化志愿服务社会化

志愿服务体现的是人与人之间的社会关系,公共福利和社会公益是志愿服务的价值目标。作为公益性的社会组织,伴随着中国社会志愿服务的发展进程,文化志愿服务组织的社会化是必然的趋势,社会化具体表现在文化志愿服务组织的相对独立化、内容的社会化、筹资的多元化等方面。

当前我国文化馆文化志愿者组织,大多依附于各级文化馆。文化志愿者组织绝大多数是文化馆发起成立的,通过新闻媒体、网站发布招募文化志愿者的信息,文化馆人员担任文化志愿者组织的负责人;文化志愿服务项目从策划设计到召集文化志愿者团队具体实施志愿服务,基本上由文化馆干部带

领文化志愿者完成。文化志愿服务绩效的评估，也离不开文化馆干部的具体参与。

文化馆在文化志愿服务中的深度参与，固然可以有效地动员社会上富有爱心的文艺骨干参与文化志愿服务，并为文化志愿服务提供各种文化资源，将文化志愿服务与文化馆公共文化服务有机地结合起来，使文化志愿服务取得一定的成效，但是作为公益性的文化志愿者组织，文化馆文化志愿者组织的自主性、创造性不足，文化志愿服务的项目或内容更多的是从文化馆工作本位出发，而不一定是从文化志愿者内在的文化服务意愿出发，文化志愿服务所必要的经费，主要来自文化馆的公共文化服务经费，大多不是通过多元化的筹资渠道获得。因此，必须深化对文化志愿服务组织的社会化的认识，文化馆对于文化志愿服务组织，一方面要学会逐渐放手，减少文化志愿服务中的行政色彩，尊重志愿服务的发展规律，鼓励包括政府机构参与、法人参与、社会参与、个人参与等社会化参与，支持、推进文化志愿组织自主性、社会化，让文化志愿者组织成为真正意义上的"第三部门"；另一方面，要在逐渐放手的同时，加强与文化志愿组织的联系，为文化志愿服务提供专业培训、文化信息等方面的支持。只有当文化志愿服务逐步走向社会化，才能越来越充满勃勃的生机与活力。

（六）强化志愿服务宣传，进一步提升文化馆文化志愿服务影响力

志愿精神的兴起和志愿行动的产生，在社会运行层面上将发挥出其特有的作用，主要表现为具有社会教化、社会整合、社会动员、社会导向和社会参与等方面的功能[①]。志愿服务应该逐步成为全社会广泛参与的社会公益事业。

当前文化馆文化志愿服务的社会影响逐步扩大，逐渐为更多的社会公众所熟知。首先，要大力推进文化志愿服务，激发社会各界参与文化志愿服务的热情，要想提高文化志愿服务的社会认同，就必须强化文化志愿服务宣

---

① 沈杰：《志愿精神在中国社会的兴起》，《新华文摘》2010年第6期。

传,进一步弘扬志愿服务精神,让奉献、友爱、互助、进步的志愿精神深入人心。其次,动员组织艺术家、文化学者等社会知名人士参与文化志愿服务,提高文化志愿服务的社会影响力。公众人物、艺术家、文化学者都具有一定的社会影响力,他们参与文化志愿服务的行动将起到示范表率和引领作用,影响和带动人们参与到文化志愿服务活动中来。再次,要运用现代网络平台,创新文化志愿服务宣传方式。在充分利用报纸、期刊进行常规的文化志愿服务宣传外,必须根据移动互联网时代信息传播的特点,借助现代信息技术,有的放矢宣传文化志愿服务活动,扩大文化志愿服务的现代传播,让更多的群众了解文化志愿服务。最后,要强化品牌宣传,提升文化馆文化志愿服务的社会感召力。在多年的文化志愿服务实践中,各地形成了一些文化志愿服务品牌。每个文化志愿服务品牌的背后,都有着感人肺腑、温暖人心的品牌故事。要善于发现和挖掘文化志愿服务品牌故事,讲好品牌故事,传递正能量,进一步激发社会公众参与文化志愿服务的热情。

B.6
中国高校文化志愿者队伍建设状况分析

岑学贵*

摘　要： 高校文化志愿者是文化志愿服务的生力军。与其他志愿者相比，高校文化志愿者具有文化素质较高、专业涵盖面广、人员和服务归属跨系统、成员流动频繁等特点。加强高校文化志愿者队伍建设，应重点做好部门联动、弹性化管理、多层面支持高校文化志愿队伍的发展、加强高校文化志愿活动的统筹工作和加快高校文化志愿者管理的标准化建设进程等方面的工作。

关键词： 高等院校　文化志愿者　队伍建设状况

一　高校文化志愿者的主要特征

高校文化志愿者与其他志愿者相比具有其独特性，主要表现为如下几方面。

1. 文化素质较高

就学历层次而言，高校文化志愿者涵盖本科生、研究生；就人员构成而言，既有在校大学生，也有高校教师。这支队伍拥有较高的文化素养和专业知识技能，能够给公共文化志愿服务活动带来巨大的活力。

---

* 岑学贵，广西师范大学公共文化服务体系建设研究所所长、教授。

2. 专业涵盖面广

高校志愿群体具有多学科背景，几乎涵盖理、工、经、管、文、法、教育学、哲学和艺术学等所有学科门类。专业知识的深度和广度为高校志愿者做好公共文化志愿服务奠定了深厚的基础。

3. 人员和服务归属跨系统

在归属方面，高校文化志愿者具有交叉性和跨系统性的特征。因其管理归属于教育系统，其文化服务对象多属于文化系统，因此，高校志愿服务往往集中于乡村"支教"或福利院、养老院帮扶等活动，志愿服务于公共文化建设的主动性较弱。

4. 成员流动频繁

"铁打的营盘流水的兵"是高校学生志愿者流动性最为形象的描述。新生志愿者的加入与毕业生志愿者的离开是高校志愿者的常态。新生的加入为志愿者队伍带来新鲜的血液，为志愿者队伍注入了活力，但成员的频繁流动也带来了诸如培训成本提高以及管理难度增加等困难。

5. 志愿活动多为临时性

高校的主要任务是学习和科学研究，所以高校志愿者很难达到志愿服务长期性和定量性的要求，其志愿活动具有临时性、短期性的特征，通常是"招之即来""来去匆匆"。此外，这种临时的志愿活动还受经济因素影响。大学生无固定收入，难以经常自费参加志愿活动，特别是当志愿活动地点距离大学校园较远时，志愿的短期行为特征更为明显。

二 当前中国高校文化志愿者队伍建设概况

总体而言，目前对于高校文化志愿者队伍的建设情况缺乏有针对性的研究。据文化部统计，截至2015年1月，我国的文化志愿者超百万人[①]。但是，在这

---

① 周玮：《我国登记在册文化志愿者超百万》，新华网，http://news.xinhuanet.com/edu/2015-01/20/c_1114065881.htm，2015年4月20日。

百万志愿者大军中，高校文化志愿者所占的比例还没有确切的统计数据。根据中国志愿服务联合会志愿服务信息系统显示，截至2015年5月，我国登记注册的志愿者有812.6万人、志愿团体8.87万个、志愿项目6.83万个。①另据共青团中央志愿服务信息，目前登记注册的志愿者有6.3万人、志愿团体271万个、志愿项目87万个。北京市共青团"北京青年1%抽样调查"发现，截至2015年3月，在"志愿北京"信息平台实名注册的青年志愿者有近130万人。②但以上的调查统计均缺少直接反映高校文化志愿者的数据，对于高校文化志愿者队伍建设的内容也鲜有提及。尽管中国青年志愿者2015年工作安排中指出："要向高校、行业、新领域延伸组织网络，推动高校普遍建立由校团委领导的青年志愿者协会……争取年内使经过规范注册的志愿者人数达到5500万"③，但对于高校文化志愿者队伍的建设缺乏针对性内容。

此外，部分省市文化志愿者统计数据中也缺乏对高校文化志愿者人员、活动的统计分析。2012年6月由成都市文化馆牵头，市级文化单位和区县文化单位共同参与成立的"成都文化志愿者协会"加强了与四川师范大学、电子科技大学、成都大学、四川旅游学院等多所高校的合作，拟定了文化志愿服务的初步计划，同时也与省内某部队建立联系，以全面提升志愿服务队伍整体素质。④截至2013年5月，成都志愿者达到1382840人，其中文化志愿者15000多人，约占全市人口的3%，成员单位51家，分布在全市318个街道、乡镇，基本实现基层"全覆盖"。⑤截至2014年，全市4000多支基层文化队伍被纳入文化志愿者队伍，接受文化志愿者服务相关培训。全市4000多支服务队，约计超过十万人，但其中高校志愿者所占比例缺乏反映。

---

① 中国志愿服务联合会，http://www.cvf.org.cn/，2015年5月6日。
② 李玥：《130万青年志愿者的"北京范儿"》，《中国青年报》2015年5月8日。
③ 中国青年志愿者网，http://www.zgzyz.org.cn/，2015年5月6日。
④ 中国文明网，http://www.bjwmb.gov.cn/zxgc/sjjl/t20140515_573380.htm，2015年5月6日。
⑤ 王一平：《成都市文化馆创新理念推动全市文化志愿者队伍建设》，《成都日报》2013年5月15日。

2013年,浙江省文化厅组织成立省、市、县、乡、村五级文化志愿服务队伍,成员包括专家、医生、护士以及在校大学生群体。志愿队伍主要承担公共文化服务宣传推广、公益性展览的布置讲解和导览、参与组织公益性文化讲座和艺术培训与辅导、参与群众性文化活动演出服务以及其他公益性文化服务。[①] 但其中高校志愿者所占比例同样缺乏反映。2014年,马鞍山市文明委制定了"关于推进志愿服务制度化"工作方案,把志愿服务的要求融入各项经济、社会政策之中。其中强调把志愿服务纳入学校教育,将大学生志愿服务活动折算成高校社会实践学分,鼓励在校学生参加志愿服务。[②] 尽管这不是直接针对高校文化志愿者而设计的文件,但也应该算是关于高校志愿者队伍建设较为明确的工作方案。另据长沙市的统计,截至2014年5月,长沙市有文化志愿者注册会员达3万余人,参与各类文化活动的志愿者突破20万人。志愿队伍中包括具备文化艺术素养和热心提供公益服务的大学生团队,他们积极参与全市各级博物馆、文化馆、图书馆等文化场馆或大街小巷、田间地头的文化志愿服务活动。[③] 同样,高校志愿者所占比例也缺乏确切的数据。2014年8月,珠海市出台了《珠海市学生志愿服务管理办法》,规定"要求各高校根据本校实际,将大学生进行志愿服务纳入必修学分体系,并将学生参加志愿服务活动的情况列入对学生的考核评价体系之中。"[④] 对于该办法的出台,七成受访网友赞成将"志愿服务"列入高校必修学分。[⑤] 截至2015年5月,深圳志愿者服务网站公布有在册文化志愿者1196名[⑥],其中仍无法得知高校志愿者所占的比例。

以上的简单梳理可以发现,高校文化志愿者建设的情况和统计数据基本

[①] 浙江文化信息网,http://www.zjcnt.com/content/2013/07/09/200976.htm,2015年5月6日。
[②] 中国文明网,http://www.wenming.cn/zyfw_298/yw_zyfw/201405/t20140512_1931467.shtml。
[③] 张涛、田芳:《长沙:20万文化志愿者在行动》,《长沙晚报》2014年5月21日。
[④] 朱鹏景:《志愿服务将纳入高校必修学分体系》,《南方都市报》2014年8月13日。
[⑤] 朱鹏景、黄义、李京:《七成受访网友:赞成"志愿服务"列入高校必修学分》,《南方都市报》2014年8月15日。
[⑥] 马璇:《16900名文化志愿者:深圳文化建设的生力军》,《深圳特区报》2013年12月5日。

处于"零"的状态,志愿者队伍中有高校学生的影子,但却没有具体相关的数据和活动内容概述。从各级政府部门到高校内部,发现,当前全国高校中没有或很少有直接以文化志愿者或公共文化志愿者命名活动的协会,对其的统计分析更是不可能。我们只能通过有关的新闻报道捕捉到高校文化志愿者的零星信息。如2013年1月,上海大学、上海师范大学、上海戏剧学院、上海音乐学院等六所高校的文化志愿者在上海崇明为市民们举行文艺演出。① 2013年,郑州市中州大学音乐舞蹈学院三叶草艺术团成立,艺术团的文化志愿者除了参加每月三四次的志愿活动外,每周末还坚持到惠济区文化站做定向志愿服务,为学员们义务培训合唱,是基层文化建设的重要力量。② 2015年3月,浙江美术馆公开招聘高校文化志愿者,吸引了27名高校学生参加。③ 2015年4月,来自华东师范大学、上海财经大学、上海戏剧学院、上海音乐学院、上海电影艺术学院、上海体育学院6所高校的60余名大学生文化志愿者赴云南蒙自进行交流,并举办3场文艺演出。④

2014年6月,宁夏高校大学生志愿服务状况专项调查报告数据显示,高校志愿项目覆盖面窄、志愿服务内容单调,其志愿服务活动类型意愿主要为"体育赛事等大型活动志愿服务"(29%)、"科技下乡服务"(15%)、"扶贫济困活动"(14%)。从服务要求方面看,志愿服务的专业性要求将大学生志愿者与其他志愿人员区分开来,大学生志愿者社会角色定位层次较高。出于经费和安全考虑,活动范围主要在学校及附近地区;活动类型主要以义教、敬老院服务、义捐义卖为主。⑤。

综上所述,尽管高校文化志愿者以各种形式参与到公共文化志愿服务活

---

① 倪悠楚:《大学生文化志愿者走进崇明》,《崇明报》2013年1月2日。
② 中国高校之窗,http://www.gx211.com/news/2015120/n2355239093.html。
③ 吴孟婕:《浙江美术馆招募志愿者,策划文化礼堂公开课》,《浙江日报》2015年3月27日。
④ 吴孟婕:《浙江美术馆招募志愿者,策划文化礼堂公开课》,《浙江日报》2015年3月27日。
⑤ 马富春:《高校志愿服务需进一步满足大学生需求》,《中国青年报》2014年6月17日;倪悠楚:《大学生文化志愿者走进崇明》,《崇明报》2013年1月2日。

动中，但并没有成为文化志愿服务的主要群体，因此现有的统计基本没有其确切的数据，对于其建设情况也缺乏一定的定量化概述。

三 案例研究：广西高校文化志愿者队伍建设

（一）广西文化志愿者队伍建设概况

广西是全国较早通过文化厅成立文化志愿者组织的省区之一，已经建立了四级文化志愿者网络。截至 2014 年，登记在册的文化志愿者有 11622 人。广西师范大学"高校公共文化志愿者进'三馆'入社区"等 4 个志愿者活动被文化部评为 2013 年"文化志愿者基层服务年"示范项目。[①]

博物馆、图书馆与高校共建文化志愿者队伍是志愿服务工作的典型模式。2014 年 12 月，广西壮族自治区博物馆与广西大学、广西民族大学、广西艺术学院、广西师范学院、广西国际商务职业技术学院、广西大学行健文理学院、广西机电工业学校、南宁职业技术学院、广西物资学校等 10 所高校举行了"广西高校文化志愿者服务基地"共建仪式，其目的是通过与多所高校共建广西高校文化志愿者服务基地，与高校达成"优势互补、资源共享、有效合作、共同发展"的发展目标。[②]

广西壮族自治区图书馆设有南宁馆[③]和桂林馆[④]。调研发现，这两座图书馆都有较为明确的文化志愿者数据记录。截至 2015 年 4 月，南宁馆有 54 个社会实践团体，120 名左右大学生社会实践个人，385 名高中生社会实践个人。这些志愿者或团体都是长期的，其他临时的志愿者则没有详细的记录。桂林馆志愿者人数近 800 人，在册 500 人，团体志愿者 5 家，高校志愿者 300 人左右。

---

① 莫曲：《广西：万名文化志愿者服务在城乡》，《中国文化报》2014 年 3 月 27 日。
② 李丽：《广西高校文化志愿者服务基地落户广西博物馆》，《南国早报》2014 年 12 月 6 日。
③ 南宁馆被称为"广西壮族自治区图书馆"。
④ 桂林馆被称为"广西壮族自治区桂林图书馆"。

广西其他地级市文化志愿者建设的实际情况,目前没有得到较为准确的数据。钦州市2015年成立了文化志愿者艺术团,已有88人加入,其中年龄最大的60岁,是市博物馆的老党员;年龄最小的成员只有17岁,是市第一中学的在校高中生。① 这里也没有高校志愿者的相关数据。

总之,尽管有高校志愿者参与三馆的公共文化服务,但多处于分散状态,难以形成合力,高校志愿者所占比例偏低,志愿者所在院校所占的比例也偏低。

(二)桂林市高校公共文化服务志愿者体系建设概况

桂林市于2014年被确认为广西壮族自治区创建文化志愿者活动示范市。2014年8月底到9月初,广西师范大学研究所对该市文化志愿建设的调研发现,桂林市与地方高校文化志愿者团体的相互协作情况具有一定的典型性。

1. 公共文化服务志愿者具有一定规模,但志愿者人数总量偏少,高校志愿者比例低

截至2014年9月,全市各类社会志愿服务组织2000多个,注册志愿者达15万余人,其中公共文化服务志愿者人数达2500人以上,约占桂林市辖区总人口的0.18%,主要包括"周末爱心妈妈""爱在山水间——贫困留守儿童游桂林""中国—东盟青年营呵护漓江""让温暖一起回家"等协会组织。这些文化志愿者地域分布广泛,仅就市区情况来看,桂林市图书馆、群众艺术馆、各辖区文化馆均有一定数量的公共文化服务志愿者;从年龄结构看,多以离退休老人为主,其次是大中小学的青少年;从文化属性看,主要分为两个类型,一是专业文化志愿者,以文化局、市图书馆、群众艺术馆、各辖区文化馆工作人员为主,二是业余文化志愿者,以社会文化爱好者和民间文化志愿服务组织为主。根据具体志愿活动项目和志愿者文化特长可分为:歌舞志愿者、书法美术志愿者、场馆志愿者、文化宣讲志愿者和艺术培

---

① 敖帅昌:《钦州市文化志愿者艺术团成立 已有88人加入》,《钦州日报》2015年3月6日。

训与辅导志愿者。此外，志愿者的文化层次不一，既有只接受过小学教育的志愿者，也有研究生及以上的高学历志愿者，其中高中、大中专学历志愿者居多。但相比于桂林8所高校十万余名在校学生的规模而言，高校文化志愿者占桂林市志愿者的比例以及他们所在的高校所占的比例都偏低。

2. 高校文化志愿者参加公共文化志愿活动丰富多彩，基本实现常态化

桂林市图书馆、群众艺术馆及各辖区文化馆，均有一定数量的高校文化志愿者开展的公共文化服务志愿活动，且其特色品牌活动基本实现常态化。以桂林市图书馆为例，挂靠在该馆的读者协会、英语角共有志愿者500余人，每年开展读书活动、英语角活动达100场以上，一定程度上满足了市民的文化需求。其主要志愿活动是组织会员、读者、市民进行读书演讲，参观游览桂林历史文化古迹，聆听专家讲座，组织开展"最美的山水，最美的阅读"等活动，并制作协会刊物《书友》，为广大读者提供优质的精神食粮。"英语角"志愿者团队主要由高校志愿者和社会各界英语爱好者组成，每周日上午在桂林市图书馆榕湖分部围绕一个主题交流英语学习心得，举办英语演讲比赛、英语才艺表演等各种英语学习交流活动，并不定期邀请不同国家的国际友人到英语角来举办英语专题讲座、英文报告会等。

3. 公共文化服务志愿活动的基本经费保障机制亟须完善

调查发现，桂林市公共文化服务志愿活动没有专项经费保障机制。高校志愿者参加如群众艺术馆或图书馆志愿活动，服务人员往返的基本交通路费、工作餐费等需自行解决，相应的保障激励机制不完善。虽然志愿服务是无偿自愿的服务行为，但基本的运行经费需要得到解决，以保障学生参与志愿服务的常态化，提高其参与志愿活动的积极性。

4. 公共文化部门与高校的联系、合作深度和广度不足

桂林市公共文化服务志愿活动得到了高校大学生的广泛参与和支持，桂林市委宣传部也与桂林师范高等专科学校、桂林旅游高等专科学校等学校建立合作关系，桂林图书馆与广西师范大学、桂林理工大学、桂林医学院等建立了高校英语联盟。参与桂林市图书馆读者协会的大学生大多是桂林理工大学、桂林师范高等专科学校等院校的学生，但由于高校学生的时间被分割，

难以形成长期且有深度的志愿合作服务，因此很多志愿服务效果不显著，特别是有些艺术部门，如桂林市群众艺术馆、各辖区文化馆与高校的合作相对较少。

（三）广西师范大学公共文化服务志愿者协会的实践经验

"广西师范大学公共文化服务志愿者协会"是广西高校中最早且唯一的专门针对公共文化服务成立的志愿者协会。协会酝酿于2011年初，正式成立于2013年6月6日。该协会依托"广西师范大学公共文化服务体系建设研究所"，其服务的主要特色是：志愿活动进三馆（图书馆、艺术馆、博物馆）、入社区（文化站）。

1. 协会发展现状：内在管理运行机制较好

总体来看，协会内在管理运行机制良好，志愿活动工作基本常态化。突出表现为以下几方面。

一是有制度保障。协会在成立之前就制定了《广西师范大学公共文化服务志愿者协会章程与制度》，统一了会徽、标志、志愿服务手册。2014年底，更换为文化部统一使用的志愿者手册。二是有高素质保障。协会成员都是在校本科生或研究生。他们分别来自文学院、音乐学院、美术学院等，队伍素质高，知识面广，专业性强，保证了志愿活动的高起点和高质量。三是有专业指导保障。担任协会指导的教师都是"广西师范大学公共文化服务体系建设研究所"的成员，都具有博士学位，具有副教授或教授职称，对志愿活动具有丰富的理论与实践经验。四是服务面广。协会成立前后，先后到过全州民俗博物馆、来宾市示范区、罗城县乡镇文化站等地开展志愿活动。2013年暑期，协会成员先后分批次、分小组在广西壮族自治区图书馆、桂林图书馆、柳州市图书馆、桂林市象山区群众艺术馆等地开展一周或半个月的志愿活动。2015年3月，协会组织40多名会员到桂林市临桂县五通镇参与了文化部示范项目志愿活动。服务足迹遍布广西主要城市的"三馆"及社区。五是服务常态化。目前，志愿活动不限于寒暑假，在周末、重要节假日期间也开展志愿服务活动，基本实现常态化。六是服务创新。会员一方面参加志愿活动,另一方面也在志愿活动中展开文化调查研究,先后完成了《南宁市公共文化服务体系空间拓展的研究》《关于桂林图书馆发展现状的调查报告》《省级图书馆在公共文化服务体系中的定位与发展——以广西壮族自治区图书馆为例》《桂林市公共文化服务志愿者体系建设调研报告》等调研报告。七是影响深远。志愿活动得到社会肯定,受到师生欢迎。自成立起到 2015 年 9 月,先后有超过 500 名本科生或研究生加入协会,队伍还在不断壮大中,志愿服务活动获得校内外、政府以及社会各界人士的一致好评。

2. 主要存在的问题:外在支持机制欠缺

协会发展取得了一定的成绩,但也存在一些问题,突出表现为以下几个方面:一是基本管理经费来源缺乏保障。协会自创建以来,基本运行管理经费主要由广西师范大学公共文化服务体系建设研究所[①]支持。经费支出包括宣传资料、志愿手册、志愿学生往返交通费用、日常管理通信费用等,但是,随着队伍的不断壮大,团队难以长期支付相关运行费用。两年中,唯一得到的 1 笔资助来自 2013 年文化部表彰的 1 万元奖金。二是队伍管理归属不清晰。就直属关系而言,高校志愿者属于教育系统,但其志愿活动对象管理属于文化系统。文化部系统相关单位如文化厅、文化局等即使有支持高校志愿者发展的意愿,但多无法直接资助支持协会的活动。高校志愿者跨系统的性质使其"身份"不明,外在支持,特别是经费支持严重不足。

四 加强高校文化志愿者队伍建设的对策和建议

(一)部门联动,积极吸引高校文化志愿者

教育部出台了《学生志愿服务管理暂行办法》,对学生的志愿活动做

---

① 广西人文社会科学发展研究中心于 2012 年批准成立,团队于 2013 年组建成立"广西师范大学公共文化服务体系建设研究所"。

了较为详细的规定。其中关于高校的志愿活动的组织实施，特别强调指出"高校学生可由学校组织开展，鼓励学生自行开展""高校应给予自行开展志愿服务的学生全面支持，扶持志愿服务类学生社团建设，并将志愿服务纳入实践学分管理""学校工作机构按照规定程序对学生志愿服务进行认定记录""学生在本学段的志愿服务记录应如实完整归入学生综合素质档案"，要求"地方和学校应设立学生志愿服务工作专项经费，纳入学校预算管理"，学生的志愿活动"纳入大学生思想政治教育和未成年人思想道德建设工作评估体系"。[1] 该办法为高校学生参与志愿服务提供了依据，但欠缺与有关部门如文化部门、群体艺术部门等的联系合作机制，缺乏配套相关具体资金、人员招募等方面的规定等。因此，在具体志愿实践中需要积极发挥部门联动作用，从内在机制、外在活动等方面建立联系，形成制度化体系，从而达到吸引高校志愿者参与志愿服务，提升志愿活力及品位的目的。

（二）弹性化管理高校文化志愿者

高校志愿活动具有临时性和短期性特征，因此，在志愿服务活动中要根据具体情况实施灵活多样的弹性管理机制，确保志愿活动保质、有效。在志愿服务时间、频度等方面应根据不同内容制定不同的服务时限。目前不同的文化部门对志愿者要求不同，如《广西博物馆志愿者章程》[2] 要求，志愿服务"每月至少提供一次志愿服务，每年服务时间累积不少于50小时，能够参加广西博物馆的培训及相关活动"，并且要求志愿者是"长期在南宁居住、工作学习的人士"，这显然不利于在寒暑假吸引高校学生参与志愿活动。《广西壮族自治区图书馆招募文化志愿者公告》[3] 强调，志愿者"每个

---

[1] 教育部，http://www.moe.edu.cn/publicfiles/business/htmlfiles/moe/s7060/201503/185406.html，2015年3月20日。
[2] 广西民族博物馆，http://www.gxmn.org/news-2190.html，2015年12月10日。
[3] 广西壮族自治区图书馆，http://www.gxlib.org.cn/Announce.asp?ChannelID=0&ID=263，2015年12月10日。

季度至少到馆服务一次，每次服务时间不少于两个小时""志愿者的良好表现我们将及时反馈所属学校或单位"。再如，山东省博物馆的志愿者章程在时间上规定"志愿工作期限为一年，时间从注册之日起计算；期满后，如本人希望继续参加志愿服务工作，须提出申请并将工作手册交回注册部门重新进行注册。依据上一年度工作表现，可获准延长一年，延长次数不限"。志愿服务时间"一般每周工作两次，每次时间不少于两小时"[①]。全国其他公共文化单位也有类似的志愿服务规定，这些规定在一定程度上把高校志愿者拒之门外。

因此，针对目前公共文化服务志愿活动尚无法律、法规保障，管理尚无明确、硬性的规定，管理较为松散的现状，有关部门应尽快通过部门联动制定公共文化志愿者体系管理体制和工作机制，特别是针对高校文化志愿者的管理规定。

（三）多层面支持高校文化志愿队伍的发展

虽然文化志愿者的服务是自愿的、义务的，但是文化志愿者队伍的管理、培训、奖励、开展活动等都需要资金的投入与保障，培育和壮大高校文化志愿者队伍需要各级政府提供有效的资金保障和支持，志愿服务的开展离不开政府及相关部门的支持。因此，尽快建立完善的文化志愿服务经费筹措机制和管理监督机制非常必要。鉴于目前我国政府系统无法直接资助的现状，可以考虑通过以下四种方式进行资助：一是通过第三方志愿资助，如委托团委或各地的志愿管理协会，资助和支持高校文化志愿服务活动；二是成立文化志愿服务基金，资助和支持文化志愿活动；三是接受文化志愿活动的部门对志愿活动组织者提供基本运行经费，以此促进高校志愿活动的良性循环；四是文化部门通过"政府购买"的方式对高校文化志愿活动采购扶持，这样既能够提升文化志愿活动的品位，激发志愿活动的活力，又能促进高校文化志愿队伍的发展。

---

① 山东省博物馆，http://www.sdmuseum.com/xjzc_zc.aspx?cid=104，2015年4月20日。

（四）强化文化部门与高校志愿活动的刚性关联

当前，高校文化志愿活动大多是高校师生主动联系服务单位。如果能在文化部门与高校之间建立刚性关联，特别是把吸收高校志愿者参与志愿服务活动作为公共文化机构的考核内容，那么，一方面可以有效利用高校专业化的服务资源，另一方面也可调动公共文化部门吸纳高校志愿者的积极性和主动性，有助于文化志愿服务的快速发展。

（五）加强高校文化志愿活动的统筹工作

目前，政府关于高校文化志愿服务的管理体系尚不健全，严重影响了高校教师、学生参与公共文化志愿服务的积极性和参与性。因此，政府部门应积极完善高校志愿服务管理体系，成立高校文化志愿专门机构，整合资源，健全机制，加强统筹。

（六）加快高校文化志愿者管理的标准化建设进程

鉴于高校文化志愿者的特殊性，高等院校、教育部门以及相关部门要协同合作，加快推动文化志愿服务立法，尽快出台制定相应的管理标准，形成长效机制。

B.7
博物馆文化志愿服务：国家博物馆的管理模式与制度建设探索

黄 琛*

摘　要： 国家博物馆文化志愿服务管理模式和制度建设的发展历程可以分为三个阶段：2002~2006年"从开放服务到开放心态"的模式建立，2007~2010年"从完善个体到完善群体"的模式建立，以及2011年至今的"从人性管理到制度管理"的模式转换。新形势下国家博物馆志愿服务工作的重点是适应博物馆事业发展的需要，打造更加完善的志愿服务平台，建设一支国际一流的志愿者团队。

关键词： 国家博物馆　文化志愿服务　管理模式　制度建设

国家博物馆通过公开招募社会人员组成的志愿服务队伍成立于2002年3月，一直隶属于社会教育宣传部管理，至今已有14年。国家博物馆作为中国博物馆界的龙头，在志愿服务工作管理方面始终发挥了表率作用。本文在此将系统梳理国家博物馆文化志愿服务管理模式和制度建设发展的三个阶段，并基于国家博物馆的实践经验，对我国博物馆文化志愿服务管理工作中存在的主要问题和发展方向进行探讨。

---

* 黄琛，国家博物馆社会教育宣传部部长、教授，国家公共文化服务体系建设专家委员会委员。

文化志愿服务蓝皮书

一 2002~2006年:"从开放服务到开放心态"的模式建立

志愿服务是每个文明社会不可缺少的一部分,它是指任何人在不为物质报酬的前提下,贡献个人的时间和精力,为改善社会、促进社会进步提供自愿服务。志愿服务现象的存在意味着每个人都有参与社会事务的权利和促进社会进步的能力;同样,每个人都有促进社会繁荣进步的义务及责任。参与志愿服务是表达这种"权利"及"义务"的积极有效的形式。志愿者在服务他人、服务社会的同时,自身也得到提高、完善和发展,精神和心灵获得满足。因此,志愿者工作具备"助人"与"自助"、"乐人"与"乐己"的双重性。

招募志愿工作者在公益场所义务为社会、为他人服务,这是社会发展到一定阶段所产生的一种社会现象。作为社会公益性设施的博物馆,招募志愿工作者为观众提供服务的做法,在国际上是通行的。博物馆作为传播社会文化的载体,本身就以开放性为重要的主体特征,招募志愿者参与博物馆工作,既为志愿者提供了实现自身社会文化价值的平台,是博物馆开放性主体特征的多元化表现;同时也拓展了博物馆社会教育功能的途径,改变了传统的面对大众的文化传播方式,进行了以小范围受众——志愿者的专业化教育为第一阶梯、以大范围受众——普通参观者的普及型教育为第二阶梯的新模式的尝试。博物馆志愿者工作,既是基于博物馆的开放性主体特征展开的,又是博物馆开放性主体特征的凸显和发展。

国家博物馆从2002年开始招募志愿者,十余年的实践和研究使我们认识到:在开展志愿服务的工作中,必须牢牢把握住博物馆和志愿者工作的共同本质特征——开放性,围绕这一基本特征来开展工作。具体说来,可概括为四个方面:一是立足博物馆这一开放的平台,去除种种偏见和束缚,招募自身既具有一定文化素质,同时又有相对稳定的业余学习、服务时间的志愿者;二是对志愿者采取开放的管理方式,要明确志愿者"特殊观众"的身份，从二者共同的开放性这一基本特征出发来摸索独特的管理机制，建立互相尊重、相互信任的和谐关系，使之既不脱离志愿者的本色，又能行之有序地为博物馆及普通观众提供相应的服务；三是针对志愿者这一第一阶梯的小范围受众，要充分开放博物馆的资源，多途径实践博物馆的社会教育功能，以之为"点"，向社会大范围受众这一"面"多方辐射；四是博物馆与志愿者工作的结合在未来的日子里还有很大的开放性空间，要认识并致力于深入这一空间，开展后续工作。

（一）开放的平台

博物馆是一个开放的场所，是向社会展示人类文明和发展的平台；而志愿者是传播文化和文明的使者，通过自己的劳动为社会服务，他们的工作同样具有开放性。博物馆应该为这些无私奉献的使者提供一个深化学习、有序地为社会服务和展示自我的平台，与他们共同担负起为社会服务的责任，志愿者也需要这个平台，展示自我，实现社会价值。

共同的开放性质将博物馆与志愿者联系到一起。基于这一共识，2002年国家博物馆向社会招募第一批志愿者，得到了热烈的响应。2002～2006年，国家博物馆先后共招募了五批志愿讲解人员，先后有近3000人报名参与，有近400人为博物馆提供了志愿服务。

在最初的五年中，国家博物馆的志愿服务管理工作从零点起步，经历过曲折和彷徨，也尝到过成功的喜悦。2002年，由于对志愿者了解不够充分，对他们的年龄特征、工作性质、时间规律缺乏足够的认识和细致的研究，刚刚培训好的志愿者却在一段时间内出现了比较严重的人员流失的现象。为了保证队伍的稳定性，2003年国家博物馆又进行了第二次招募，但人员流失现象仍然没有改观。这种现象给队伍的管理和培训工作带来了很大的困难。为了改变这种现状，工作人员对志愿者的构成和工作规律进行了研究，将志愿者大致分为三类。

1. 在校大学生

这部分志愿者工作热情高，文化层次也比较高，但是在博物馆的服务时间相对较短,多集中于在校学习阶段,而且只能利用寒暑假时间完成志愿服务。大学毕业后,随着工作压力加大,时间相对紧张,无暇从事志愿服务。因此,这部分人群流失率最高,不能保证志愿服务的延续性。

2. 在职工作人员

这部分人也可再分成两类:一类有固定的工作时间,只能用周六日休息的时间前来服务;另一类工作时间弹性较大,在不坐班的情况下可以前来服务。这部分人的特点是服务时间相对较少,且不固定,但相对比较稳定。

3. 退休人员

这部分人是志愿者群体中最稳定的成员,他们时间充裕,可以保持固定的服务时间,如有临时需要还可以随时调整工作时间,且工作踏实,服务热情高,文化底蕴丰厚,对志愿者队伍的稳定起着中坚作用。

通过对志愿者的分析研究,为了保持志愿者队伍的稳定性和更有效地服务社会,国家博物馆在后续的志愿者招募工作中调整了招募要求,队伍逐渐显现稳定的趋势。

在对志愿者身份的认定上,国家博物馆也经历了一个摸索阶段。最初,大多数同志把社会志愿人员定位为"馆内工作人员",对他们"严格要求",但很快出现了问题:一方面,工作人员抱怨志愿人员业务水平提高慢,工作时间弹性大,布置的工作总不能按计划完成,参加培训时来的人多,为观众服务时来的人少;另一方面,志愿者也在抱怨,志愿工作本来就是义务的,很多同志还有本职工作要做,不可能把全部精力都投入志愿服务工作中来。于是,有的同志在服务一段时间后便退出了。这种情况下,我们对这一定位进行了反思,在重新明确志愿者和博物馆结合的基础出发点——"开放性"这一特点之后,也明确了博物馆"开放性平台"的这一自我定位,于是,对志愿人员的定位也就随之清晰了。我们最终把志愿人员定位为"观众",一群具有较高个人素养、热心社会公益事业、对文化活动表现出极大关注,同时还非常乐于并能够为博物馆承担一部分力所能及的工作的"特殊观众"。这一定位既避免了对志愿人员过于严苛的要求,同时又凸显了作为"特殊观众"所要遵循的基本规则规范。馆内工作人员和社会志愿人员的心态都变得平和了,彼此多了几分理解和支持,久而久之,大家相处得就像一家人,"亲情"和"友情"成为最基本的维系因素。到目前为止,工作人员与志愿者之间已经达到水乳交融、相濡以沫的境界。究其原因,明确博物馆"开放的平台"这一定位,既以开放的心态招募志愿工作人员,又以此为基础对志愿者进行定位,是顺利、持续开展博物馆志愿者工作的基础。

志愿者队伍稳定了,其作用也就凸显出来了。2002~2006 年,国家博物馆的志愿人员累计为观众提供了近 6 万小时的义务讲解服务,其中 6 名同志的服务时间超过 1000 小时,服务时间最长的已经达到 2000 小时。

招募志愿服务人员为观众义务讲解,这是基于博物馆开放性基础之上博物馆社会教育工作的新尝试,既实现了社会资源的有益整合,又最大限度地发挥出了各自的社会效益,形成了社会、博物馆,志愿者三重效益多赢的局面。

(二)开放的管理

基于对博物馆与志愿者工作结合的出发点——"开放性"的正确认识,我们理顺了博物馆与志愿者之间的关系:志愿者不是博物馆的员工,不存在劳动合同关系,双方均平等、自愿地为对方提供服务,不能以合同方式约定对方的责任和义务;但作为"特殊观众",志愿者又担负着一定的使命和任务,也不能对其放任自流。所以我们加大了感情和培训投入的力度,采取了一套全新的、开放的管理方式。

1. 日常管理的开放性

国家博物馆志愿服务管理的开放性首先表现在注册及讲解管理方面。志愿人员在通过考核成为志愿讲解员后,就要进行注册登记,领取工作手册。工作期限为一年,期满后如本人希望继续参加志愿讲解工作须提出申请并将工作手册交回注册部门重新注册,依上一年度工作表现可获准延长一年,延长次数不限,志愿讲解员也可根据本人实际情况随时提出中断志愿讲解工作。志愿讲解员通过上岗考核后,服务时间不足 50 小时的佩戴"临时卡",只能讲解基本陈列,服务满 50 小时后换领"正式卡",可以讲解专题展览。

正式卡上有五颗星，服务满 50 小时后，第一颗星被染成红色，服务满 150 小时后第二颗星被染成红色，满 300 小时后第三颗星被染成红色，满 600 小时后第四颗星被染成红色，当服务满 1000 小时后，不仅第五颗星被染成红色，同时将获得"中国国家博物馆荣誉馆员"称号。截至 2006 年底，我们已拥有 6 位"五星级"志愿讲解员。

在每年召开的年终总结会上，我们都会表彰优秀志愿讲解员，受到表彰的志愿者都会得到博物馆工作人员为他们精心挑选的专业书籍，以鼓励他们钻研业务，更好地为公众服务。总结会后工作人员和志愿者还会进行联欢活动，自己编导和演出文艺节目。每年的这个时候，志愿者与博物馆工作人员济济一堂，其乐融融，就像一个巨大的家族聚会，彼此都能感受到浓浓的家族气氛。

2. 服务平台的开放性

2006 年以后，为了让志愿者在闭馆施工期间不间断讲解实践，社教部领导还主动把他们介绍到兄弟博物馆做志愿者，为他们打开新的学习实践的大门。这种开放的胸怀让志愿者感受到家一般的温暖和兄弟般的信任，感情的纽带在这个一百多人的大家庭中维系得越发紧密。

在这种开放行为的示范和感召下，开放自我也成为国家博物馆志愿者的自觉行为，他们无私地将国家博物馆志愿者工作的成功经验和他们在讲解中的心得体会介绍到兄弟博物馆，带动其他博物馆的志愿者工作迅速发展。在馆内志愿者工作室中，也到处弥漫着开放的气息。他们无私地将自己收集到的所有资料、经验总结，都拷贝到一台公用电脑上并建立了"志愿讲解员文档""展览文档""志愿讲解员影集"等资料库，向所有前来服务的志愿人员开放，共享自己的研究成果。这种开放的意识已经融入所有从事志愿工作的人员当中，并成为一种自觉的行为。

实践证明，开放性的管理不仅不会使队伍涣散，相反，由于双方的互相尊重和理解，反而会凝聚人心，使队伍更加稳定。

未来的志愿者管理我们将采取志愿者自我管理制度，由志愿者自己选举出自主管理委员会，行使管理职能，制定发展规划、负责日常人员管理、编写会刊等，博物馆只从业务活动上提供指导，在经费上给予支持。

（三）开放的资源

博物馆招募志愿者工作，既是整合博物馆、社会和志愿者资源，实现三者效益最大化的尝试；同时也是拓展博物馆自身社会教育功能新形式的一种尝试。志愿者既是为博物馆和社会服务的群体，同时也兼具在博物馆接受专业文化培训的学习者身份，是博物馆社会教育功能一个特殊受众，承担着学习与传播、把知识文化从小范围的"点"向社会大范围的"面"辐射的特殊作用。这就意味着博物馆要对志愿者尽可能全面、细致、长期地开放资源，使博物馆拓展的新的教育途径的功能得到充分实现，使志愿者最大限度地发挥其双重作用。除了常规上岗培训和考核外，国家博物馆的做法是通过多种形式的培训、参观和交流，将博物馆的资源最大限度地向志愿者开放。

1. 展览培训

自 2002 年以来，志愿讲解员直接参与了 30 余个展览的讲解工作。在每个展览的筹展阶段，博物馆指导老师都会把相关的展览资料印发给志愿者，让他们了解展览主题、熟悉文物，并做讲解培训工作。例如在常设展的《珍藏特展》中，陶器、瓷器、青铜器占了很大比例，而这也是中国古代文物的主要门类，国家博物馆安排了几位具有多年讲解经验的副研究馆员，为志愿者开设文物常识课，集中进行中国古代陶器、瓷器、青铜器的基础知识培训。此外，国家博物馆每年还要推出一些具有浓郁民族特色和强烈异域文化特征的大型专题展览，如《文明的时光——良渚文化文物精品展》《瓯骆遗粹——广西百越文物精品展》等。每个新展览开幕之前或展览之初，展览项目负责人都会在百忙之中抽出时间为志愿者做现场辅导。对于引进的国际展览，国家博物馆则会邀请随展的外国专家为大家进行现场指导，如《走近金字塔——古埃及国宝展》《古代希腊：人与神展》《我们的家园——澳洲原住民生活展》等都进行了这种尝试，这种方式使大家有机会结合展览内容聆听异国专家学者的讲授，有机会接触到来自不同国度、不同地区、不同民族的各色文物，有机会近距离地去了解不同文化的精彩与伟大，从而

更好地将展览主题诠释给观众。

2. 讲座培训

每一个国家博物馆的志愿者都是从常设展览讲起的，随着服务时间的增多，大家接触到了多种文物门类，掌握了相关知识，在增长知识的同时，很多志愿者也提出了越来越有深度的专业问题，为此，国家博物馆以专题讲座的形式对志愿者进行了较高层次的业务培训。由于主讲人都是在某一学科或某一领域有很深造诣的国内外知名专家、学者，他们的讲座内容往往处在学术的前沿，起点更高、视野更广。如 2002 年，为配合《契丹王朝——内蒙古辽代文物精品展》，国家博物馆邀请了著名文物专家孙机先生做了《契丹精品文物赏析》的讲座；2003 年，在《天山·古道·东西风——新疆丝绸之路文物精品展》中，先后邀请到北京大学考古文博学院著名考古学家齐东方教授和林梅村教授做了《感受远逝的文明——我所经历的尼雅考古》和《新疆考古新发现与古代中外文化交流》的讲座；2006 年，在《大汉楚王——徐州西汉楚王陵墓文物精粹展》中，邀请到中国社会科学院考古研究所著名文物专家杨泓先生做了《从大汉楚王出土兵器看中国古代兵器的发展》的专题讲座；同年，结合《商代江南——江西新干大洋洲出土文物展》，邀请到青铜器研究专家李先登先生做了《新干青铜器鉴赏》的讲座。

2006 年开始，国家博物馆进行改扩建工程，志愿者工作转入学习培训阶段。在这期间虽然没有展览场地，但国家博物馆并没有停止对志愿者的培养。其开设了"国史讲堂"，请来国内文物界知名专家和北京师范大学教授为志愿者进行系统的历史、文物和文博知识培训，充分利用这段难得的"闲暇时间"提升志愿者的业务水平，为新馆重新开放打造国际一流的志愿者队伍做好充分的准备。如今，"国史讲堂"在国家博物馆志愿者群体中已经成为一个黄金品牌，其影响力也正在向博物馆专业人员和社会扩散，而"国家博物馆志愿者"也成为志愿者心中引以为豪的光荣称号。

3. 学习交流

每年，国家博物馆还组织志愿者进行有计划、有组织的外出参观学习和交流考察活动，以增长知识、开阔眼界、加强团队精神、提高凝聚力，不仅组织志愿者参观了北京的多家博物馆和名胜古迹,而且还多次组织大家赴外省市参观学习。2005年,国家博物馆组织志愿者赴西安参观学习。参观了陕西历史博物馆、西安碑林博物馆、半坡遗址博物馆、秦始皇兵马俑博物馆、法门寺地宫珍宝馆、咸阳博物馆、汉阳陵博物馆等,还参观了乾陵、茂陵及大雁塔、华清池等名胜古迹。2006年,国家博物馆组织志愿者远赴江西对古瓷窑址和明清建筑进行了学习考察,先后参观了御窑遗址、官窑博物馆、陶瓷博物馆、湖田民窑博物馆、古窑陶瓷博览区。几年间,志愿者的足迹遍及山西、陕西、天津、河北、河南、湖北、湖南等地。在一些条件有限的情况下,国家博物馆还把这类学习交流和对志愿者勤奋工作的奖励机制适当结合起来,以调动其积极性。组织志愿者交流考察,不但可以让志愿者享受更多的博物馆资源,增长知识开阔眼界,给予志愿者的工作以适当的鼓励,同时也增进了与各兄弟博物馆志愿者之间的交流,充分实现了资源的开放性。

（四）开放的发展空间

目前,国内博物馆的志愿者大都服务于讲解岗位,但他们还蕴藏着更多的能量有待发掘和施展,其自身也有着在更多领域为博物馆发挥才能的诉求,志愿服务的内容还有更大的发展空间;而博物馆也还有很多岗位有待于社会力量的补充和更新,还可以为志愿服务提供更为广阔的发展空间。中央文明委在印发的《关于深入开展志愿服务活动的意见》中提到,要"不断拓展志愿服务的领域,丰富志愿服务的内涵"。为谋求志愿服务事业健康、持续的发展,在未来的博物馆志愿者工作中,我们还需要增强开放意识和开拓精神,在更多的岗位上向志愿者敞开大门,给他们提供更多服务社会的机会,将开放的理念融入博物馆各项工作中。

博物馆是公益性设施,其主要作用是传播社会文化,承担独有的社会教育功能;志愿者服务也是随着社会的进步而兴起的公益性服务,二者的共通点是开放性这一本质特征。只有把握住开放性这一本质特征,在开放的平台上,探索对志愿者开放的管理模式、提供开放的资源、展望未来更大的开放

空间，博物馆志愿者工作才能实现既拓展博物馆本身社会教育新途径，又为志愿者提供更大程度、更多元化实现自我社会价值的机会，同时达到博物馆、志愿者、社会效益最大化的目标。

二 2007～2010年："从完善个体到完善群体"的模式建立

2002年3月6日，国家博物馆首次通过公共媒体向社会招募志愿服务人员，在此影响下，志愿讲解服务如雨后春笋般在全国各地的博物馆蓬勃发展。

笔者曾经接待过很多博物馆同行，在了解并接触过国家博物馆志愿者后他们总会这样询问，"总觉得国家博物馆的志愿者团队很特别，有一种与众不同的气质，感受得到却说不出来，这到底是什么呢……"不错，笔者也有这样的感受，国家博物馆志愿者团队确实有一种独特的"东西"。起初，笔者也认为这是一种"气质"，一种由众多志愿者个体共同构成的独特素质，一种蕴含着丰富内涵的文化风度。后来，笔者注意到国家博物馆志愿者团队的每个人其实都有着自己鲜明的特点，很多人的气质并不相同，甚至"大相径庭"，那么这种独特的"东西"到底是什么呢？细细想来，这应该是一种"气量"。在笔者看来，国家博物馆志愿者团队身上始终表现出了一种特别的气量，而且这种气量也永远来自这个集体。

时至今日，国家博物馆志愿者团队历时十余年的稳步发展，不仅在服务上赢得赞誉，同时也形成了一套独特的运行管理模式。国家博物馆志愿者团队组建之初，管理思路是构建以"爱"为主导的家庭式管理模式。国博志愿者团队不但属于国博，同样属于志愿者自己，它是在所有参与者精心培育和细心呵护下成长起来的，就像大家的孩子，就像人类养育下一代的过程一样。从志愿者个体角度看，对社会有所作为是值得自豪的，但这种自豪经过十年的磨砺，到今天更应该放在集体中。笔者觉得人在社会的成长中有两个层次，一个是完善自我，再一个是完善集体。完善自我已经很难了，完善集体就会更难,而要使两者统一更有几人能够做到呢?所以,在博物馆志愿服务管理工作中很多事没对错,只是所处的层次不同罢了。

博物馆志愿服务的管理者,必须在兼顾服务使命的同时呵护志愿者,让志愿服务产生最大的影响力。我们在注意到志愿服务管理的重要性和复杂性后,对专业化的志愿服务管理产生了新的认知。通过对志愿者流失问题的调查,我们发现志愿者流失的原因主要有以下几方面:没有很好地利用时间、没能很好地施展才华、志愿服务任务不清晰以及提供服务后志愿者未获得感谢。由此,我们认识到,好的志愿服务管理就是要确保志愿者能够有效地利用时间和施展才华,任务分配要清晰,同时要注意激励志愿者的志愿服务精神及其付出。

志愿者的招募实际是一种风险管理,而选用志愿者、分配适宜岗位就是风险管理过程。在志愿者招募前,必须先分析岗位要求,知道其可能带来的风险情况。对岗位的分析还应该包括:我们需要什么样的志愿者?志愿者需要具备哪些技能和需要做出哪些承诺?对志愿者的激励因素应该包括哪些?归属感?成就感?影响力?

对于专业化的志愿服务管理工作,在志愿者上岗服务之前还应明确服务岗位的工作职责和要求、明确志愿者本人所应具备的技能、年龄和教育背景等要求、提供上岗前的培训和必要的福利保障、明确每名志愿者的直属上级和服务时间、与志愿者签署岗位合约、约定服务承诺。

在对志愿者进行培训前要明确我们能提供什么培训、志愿者需要什么培训;要清晰界定志愿者的特定责任,确保志愿者接受相应培训、清楚岗位职责,这样做的同时也是对志愿服务管理机构的自我保护。在日常工作中,要充分注意平衡志愿服务与志愿者二者的关系,如果管理者只考虑志愿服务工作本身的需要,那么就极有可能损害志愿者的利益,产生志愿者快速流失的现象;如果只考虑志愿者,那么志愿服务工作就会受到影响。

目前国内博物馆开展志愿服务工作遇到的问题与困难主要有以下三点。

第一,许多博物馆对志愿服务管理不善,由此造成了对志愿者的使用"缺少可持续性"。

第二，志愿者上岗服务前没有签署岗位合约，也没有做出服务承诺，弱化了志愿者对其组织的认同感和责任感。如果不能做到让所有志愿者都签署岗位合约或做出服务承诺，至少应该对重要岗位志愿者和核心志愿者使用志愿者岗位合约。

第三，管理者对志愿者缺少必要的心灵抚慰，特别是缺乏对志愿者在归属感、成就感、专业性、影响力和自由度等方面的培养。管理者应该时常问问自己，你做志愿者为了什么？对你的志愿者，你能给予什么？

2007~2010年，国家博物馆闭馆进行改扩建施工，这给了我们充足的时间去重新思考和调整工作思路。

2011年1月15日召开的中国国家博物馆志愿者协会成立大会上表决通过了《中国国家博物馆志愿者协会章程》和《中国国家博物馆志愿者协会管理委员会选举办法》，确定了"学习、奉献、分享"的协会宗旨，完善了志愿者工作的各项细则，使得今后的工作变得更加有章可循，同时在组织管理、机构设置和管理人员的安排上也改变了原来那种只有博物馆工作人员的单一模式，吸纳部分志愿者进入管理团队，使得今后的志愿服务管理工作变得更加开放和民主。

三 2011年至今："从人性管理到制度管理"的模式转变

（一）建章立制，自主管理

国家博物馆的志愿者队伍凭着对文博事业的热爱，大家自觉加强学习，积极开展各种交流培训活动，将个人的文化积淀，通过交流传授给全体志愿者，达到相互学习、丰富知识和提高讲解水平的目的。相互交流学习是多年来国家博物馆志愿者的突出特点，有效地促进了国家博物馆志愿者队伍建设的不断发展。

长期以来，国家博物馆在志愿服务工作中始终倡导"学习、分享、奉献"的理念,并将这一理念贯穿于志愿服务工作的每一个环节。2011年,国家博物馆实行免费开放后,我们在志愿者组织管理、队伍建设和投入保障等方面做了大量的工作,尝试了许多新的做法,也取得了一些成绩。年初,成立了国家博物馆志愿者协会,由原来志愿者自主管理转型为由志愿者协会管委会管理,通过这种管理形式实现创新志愿者管理模式、增强志愿服务意识的目的,从而使博物馆与社会公众共享文化资源,为博物馆事业的可持续发展注入新的活力。在志愿者协会管委会的直接领导下,国家博物馆制定了志愿者管理的各项规章制度,组织了大量学习、培训和考核工作。特别是利用信息网络技术,在志愿服务管理方面尝试推行承诺制服务,通过网络公示志愿讲解员的服务时间和服务内容,使公众能够做到有备而来,提高参观效果,节省参观的时间,保证了观众定时、定点听讲解的文化权益。在保证社会志愿人员切身利益的前提下,我们还采取了"承诺制服务、履约率考核、积分制奖励"的激励奖励措施,不断提高志愿服务水平。

  为了适应博物馆的发展要求,促进博物馆志愿者队伍建设质量的全面提高,我们着重通过以下三个方面来改善志愿者队伍的管理。第一,不断总结志愿者队伍建设的成果与不足,进一步加强国家博物馆志愿者协会管委会在志愿服务工作管理上的主导作用,推动志愿服务管理工作的良性发展。第二,明确志愿者队伍建设的工作任务,制定有效的激励奖励政策;提高志愿者队伍的职业道德和敬业精神,完善志愿者业务培训、考核、监督检查等制度;主动接受社会监督,定期向社会通报志愿服务工作情况,向社会公示志愿服务标准、工作效率和工作作风等,让社会公众了解国家博物馆志愿者的性质,争取社会力量的支持。第三,把握四个原则,打造国家博物馆志愿者的特色品牌:一是目标性原则。明确以提升志愿者学习和工作能力、提高知识素养和不断完善服务功能为志愿者队伍建设目标和发展要求。二是适宜性原则。要因地制宜,因人而异,量力而行,使志愿者队伍建设贴近实际、贴近生活、贴近群众。三是综合性原则。要围绕中心工作,有效地组织志愿者队伍参与博物馆的各项工作,把志愿者队伍建设工作融入博物馆发展的大局中和公众社会文化生活中。四是时代性原则。要结合时代特点推进志愿者队伍结构调整与升级,形成特色,打造品牌团体。

1. 承诺服务,预约上岗

一直以来,文博界志愿服务的上岗制度主要包括自由上岗和排班上岗两种,各具特点,但同时也有自身的局限性。当今时代,公众的精神文化需求日益增长,而紧凑的生活节奏又要求人们将宝贵的时间高效地利用起来。观众们需要准确而实时的展厅讲解信息,而志愿者们,尤其是年轻的在职志愿者们希望将自己变化无常的业余时间与来馆上岗服务更好地结合起来。2011年1月,中国国家博物馆志愿者协会成立,对志愿服务上岗制度进行了突破性的变革,综合各方利益后推出了一种更为高效的上岗制度——承诺制服务。

承诺制服务,包括预约、公示和履约三个环节,是一种先预约后上岗的机制,其克服了自由上岗和排班上岗两种制度的弊端,既适应了志愿者服务时间的不确定性,也使将讲解服务的时间透明地公示给观众成为可能。国家博物馆承诺制服务的实际操作流程概括如下。

第一步:预约。

志愿者提前两天以上,通过电话、短信或现场预约等方式,向志愿者协会秘书处工作人员提出预约申请,申请内容包括其希望预约的展览名称,来服务的日期和场次。秘书处人员首先判断该志愿者是否满足该展览的上岗条件(是否通过该展览考核,年龄是否过大等),如该志愿者符合条件,便继续查看志愿者所要预约的场次是否已被别人预约,该展厅此时段可容纳讲解员的人数是否会超饱和。若该场次还有空余名额,秘书处人员会与志愿者确认预约信息;若该场次已被约满,秘书处人员会提供空余场次信息,并询问该志愿者是否愿意调整来服务的时间。此外,如果一周内的服务预约时间和日期分布过于集中,秘书处工作人员会在往后的预约中,根据志愿者实际情况,如是否退休、职业特点等进行建议性的引导,尽可能地将每周各日志愿讲解服务的量与票务统计经验上的观众流量相匹配。最后,秘书处人员会与志愿者确认预约信息,如果是新加入的志愿者,秘书处还会提醒他一些注意事项，以防违约情况的发生。

志愿者如遇突发情况无法按时履约，可以委托其他符合上岗要求的志愿者，在秘书处许可的情况下代替本人按时到岗服务。服务时长和履约情况记入被委托者名下。志愿者如需取消预约，需在履约日前一天的午前向秘书处提出取消预约，秘书处接到通知后立即取消该志愿者的服务时间公示。如果志愿者提出取消预约的时间过晚，则会记录该志愿者违约一次，违约会影响该志愿者年终考核时的履约率。

第二步：公示。

因为志愿者中有很大一部分中老年人自助完成在线预约和公示的流程比较困难，为了避免网上公示出现错误，国家博物馆采取了线下预约的方式，由秘书处工作人员统一公示，逐步地让志愿者适应这种新的上岗流程，并最大限度地保证公示内容的准确性。

志愿者秘书处每周日会将下一周周二到周日志愿者讲解服务的时间公示到中国国家博物馆官方网站上[①]，一周内如果有新增的预约，也会被实时地公示到网站上。观众可以在任何时间通过互联网获知详细的志愿讲解服务的时间。

第三步：履约。

按照中国国家博物馆志愿者协会章程，志愿者需要提前15分钟到达志愿者秘书处工作室进行签到。秘书处工作人员检查其是否佩戴上岗证件，着装是否符合要求，一切就绪后，志愿者便可到自己所预约的展览进行讲解服务。

此外，为了保证承诺制服务的有序进行，国家博物馆还制定了巡检和年终考核制度。首先，巡检制度。无规矩不成方圆，志愿者虽然是在提供着义务服务，但是如果在志愿服务过程中因为懈怠和认识上的不足出现一些不和谐的问题，就美中不足了。秘书处工作人员和一些自愿承担该项工作的志愿者，会不定期地到展厅对志愿者的讲解内容、服务态度、是否在所预约的展

---

① http://www.chnmuseum.cn/tabid/781/InfoID/67089/frtid/775/Default.aspx.

厅讲解等内容进行检查。如果发现违规行为，国家博物馆会依违规行为的严重性和违规次数，分别采取提醒、警告、书面警告和处分等严肃纪律的措施。令人欣慰的是，国家博物馆的志愿者都是有着较高觉悟、追求高尚的人。一位志愿者曾说过，"我们在这里工作，挂着国家博物馆给我们的工作证，一言一行就代表着中国国家博物馆的形象。我们对自己的要求和专职讲解员一样，最大的区别就是不要馆里的工资。"

承诺制服务得到了志愿者们的积极配合和广大观众的高度认同。参加《启蒙的艺术》展览志愿讲解服务的一名志愿者曾欣喜地告诉我们，今天又有一位观众是在看到网上的公示后慕名而来听她的讲解，而且已经不止来过一次了。这位志愿者表示她非常陶醉于这种分享、奉献与获得认同的生活中。而那位观众也称赞国家博物馆的这种上岗机制非常科学合理。

承诺制服务显示出其独特的优势。首先，相比排班上岗制度，承诺制适用于更多的志愿者人群。早期的排班上岗制度要求服务时间固定，而在职的年轻志愿者的空闲时间较不固定，很难长时间地与固定的班次相符合。遇到志愿者业余时间发生变化，班次调整的反应较慢，很容易出现某个场次一段时间内无人讲解的情况。

承诺制服务的实施，解决了这一问题。志愿者可以根据自己的情况，自由并合理地安排自己的上岗时间，这使得请假的情况减少到了最低的程度。同时我们又惊喜地发现，志愿者的上岗次数有了很大的提升。根据数据分析和访谈调查得知，很多志愿者会有意料外的闲暇时间，他们中很多人会选择将这部分时间用于自己喜爱的志愿服务事业上，承诺制服务给了他们一个充分利用自己业余时间的机会。

其次，对于志愿者团队的整体凝聚力而言，承诺制也有着其深远的积极影响。在早期的排班上岗制度下，很多志愿者一年下来，接触的都是同组上岗的志愿者，有些志愿者甚至叫不出团队内其他班次志愿者的名字来。这种情况看似没什么，但是在这样的上岗机制下，组织内拉帮结派、小团体丛生的情况十分严重。在承诺制服务下，大家上岗的时间较为随机，每次来几乎都会见到不同的人，结识到擅长不同领域的有志之士。现在国博志愿者协会内的学习交流气氛浓郁，团队的整体凝聚力十分强。当然，承诺制服务下，关系好的朋友也可以相约一起来服务，这也是承诺制服务又一人性化的地方。

再次，承诺制上岗具有的公开性和每个展览每周每个时间段讲解人员的不固定性，又是为广大观众所津津乐道的。有位观众表示周末时经常来国博看展览，同样是中国古代青铜器的展览，这周的志愿讲解员是一个风格，下一次来又会听到另一个讲解员妙趣横生的讲解。原本他计划看完所有的展览就过一段时间再来，但现在已经来馆二十余次，而每次他都会怀着好奇和求知欲来听不同的讲解员提供不同风格的讲解。他感叹，这样的经历让他感到每一件展品都仿佛具有了生命，充满未知，充满新奇，它们在展厅里每天都在绽放生命的活力。可以说承诺制服务在志愿者利益、观众利益和博物馆利益之间找到了一个和谐的平衡点，是文博行业探索志愿服务管理制度上的创新之举。

2. 履约考核，积分奖励

为更好地发挥志愿者潜能，激发其工作热情，2013年3月国博志愿者协会制定并颁布了《国家博物馆社会志愿人员激励奖励办法》《国家博物馆志愿服务工作积分记录核算标准》，具体内容包括：提供志愿讲解服务，每小时记录10个积分；提供公益讲座服务，个人原创的讲座内容第一次服务每小时记录30个积分，之后的服务每小时记录15个积分，非本人原创的讲座服务每小时记录15个积分；提供培训服务，志愿者按照管委会要求完成培训授课工作，每小时记录15个积分；提供文稿撰写服务，志愿者按照管委会要求提交文稿（定稿）后每千字记录20个积分；志愿者按照管委会要求完成文稿审核工作后每千字记录20个积分；提供招募、考核服务，志愿者按照管委会要求参与招募和上岗考核工作的，每小时记录10个积分；提供美术编辑、课件制作服务，志愿者按照管委会要求完成美术编辑、课件制作工作的每个项目记录20个积分。依据《章程》和相关《细则》的规定，中国国家博物馆志愿服务人员的考核包括"会员身份"和"上岗服务资格"的双重内容，单就志愿讲解服务而言两者并无矛盾，而随着志愿服务内容的

丰富，原来围绕做好志愿讲解工作而制定的管理规定已无法满足现在的管理要求，为此亟须增加相应的管理办法。

履约率考核与积分核算的奖励区别在于，履约率考核目前只针对志愿讲解服务，目的是为了通过主动公示服务内容、服务时间和服务人员，接受观众监督，督促大家提高服务质量。积分核算奖励目前只针对即将开始增加的讲座、培训、教育活动等内容，依据管委会公布的每项活动的积分核算标准进行核算并予以记录，国家博物馆定期（每年约1~2次）公布积分奖励的兑换办法。履约率考核将逐步定义为身份考核和精神奖励层面；积分核算奖励的推出，一是有强化物质奖励（激励）的性质，二是将不适合做志愿讲解服务的志愿人员逐步纳入积分奖励的范畴。

四　博物馆志愿服务管理工作面临的问题与未来的工作重点

志愿者是为博物馆这样具有公益性和公众型的事业单位服务的，志愿者的工作是建立在自愿放弃自己的时间、无偿奉献服务的基础上。由于志愿服务属于自愿行为，其工作积极性受主观因素影响较大，当学习兴趣和服务热情减弱，甚至消退后，志愿者队伍就会出现不稳定和人员流失的现象。为防止这种现象出现，志愿服务的管理机构就需要采取以情暖心、关怀鼓励的工作方法，针对不同年龄的志愿者，采取不同的关怀鼓励方式，让志愿者在良好的环境下，心情舒畅地投入到志愿服务工作中去。

目前，博物馆志愿服务管理工作存在的主要问题是建立志愿者队伍发展的综合协调机制不够深化，服务平台不够完善，志愿者的服务意识还有待提高，服务工作多层次、多渠道的设立还不够科学等，这些问题都有待我们研究解决。

随着博物馆志愿者服务工作的逐步深化，博物馆的开放程度也在加大，博物馆在开放自己的过程中不断汲取社会力量，不断提升与社会公众同时获得文化资源共享的和谐程度。深化博物馆志愿者服务工作的首要任务是要强化博物馆志愿者的服务意识，完善志愿服务体系，只有不断强化博物馆志愿者服务体系建设，才能最大限度地发挥博物馆教育功能的作用，实现现代博物馆以人为本、保障社会公民文化权益的目的。

展望未来，我们认为博物馆志愿服务管理要重点做好以下工作。

第一，打造成完备的志愿服务平台，不断开创志愿服务工作新局面，使志愿者队伍成为博物馆教育社会化的特色阵地。

现代博物馆的基本功能是社会教育、科学研究、实物收藏。其中，实物收藏和科学研究是方法和手段，社会教育才是博物馆文物研究的目的及博物馆存在的真正价值和意义。因此博物馆志愿者的服务应围绕博物馆的社会教育开展工作。今后在志愿者队伍建设中，应把如何结合社会教育功能、发挥博物馆社会教育在公众文化建设中的作用作为一项重要的研究内容。为了让志愿者更好地发挥作用，志愿服务的管理人员需采取以下措施打造志愿服务平台：一是建立科学有效的志愿者管理制度，加强对志愿者的管理，增强志愿者的服务意识；二是为志愿者学习培训提供方便，不断更新和提高志愿者的知识水平；三是为志愿者开放更多的服务领域，拓宽博物馆志愿者的服务范围，更好地发挥志愿者的作用；四是引入志愿服务考核、竞争、奖励机制，促进志愿者提高服务质量和服务水平；五是为志愿服务提供必要的物质保障，保证志愿者开展服务有必要的工作设备和工作条件；六是为志愿服务创造和谐宽松的环境，让志愿者的聪明才智能够得到更好的发挥；七是为志愿服务提供现代化的服务工具，以提高志愿服务工作的效率和服务质量。在实际工作中，要将"传统方式"与"现代方法"、"教育性"与"趣味性"结合起来，不断激发博物馆志愿者队伍的热情，探索形式活泼、特点和成效明显的新方式，吸引更多的群众走进博物馆。

第二，建设一支国际一流的志愿者团队，适应博物馆事业发展的需要，努力完成时代赋予博物馆志愿者的光荣使命。为了迎接博物馆事业发展与国际接轨提出的新任务，在研究完善志愿者队伍建设的思路和措施时，需要考虑以下原则：一是要符合国家博物馆发展的需要；二是要最大限度地利用好各种社会资源，使志愿者队伍逐步成为博物馆开展社会教育的主要力量；三是要处理好志愿者队伍建设与发展、规模与功能的关系；四是要充分调动系统内外、行业内外、馆内外各方面的积极性，提高博物馆公共文化产品的供给能力；五是要有建设具有国际品牌志愿者队伍的战略眼光。博物馆志愿者和志愿服务的管理人员都要抓住当前有利于博物馆队伍建设的良好机遇，根据博物馆事业发展的需要，面向世界、面向未来，认真研究提出志愿者队伍建设的长远规划，并采取积极措施，在实践中不断探索、不断创新，切实抓好志愿者队伍建设规划的落实，努力完成时代赋予博物馆志愿者的光荣使命，为促进社会进步和发展贡献自己的力量。

B.8
美术馆文化志愿服务：中国美术馆的管理模式与制度建设探索

杨应时　杨兰亭*

摘　要： 中国美术馆文化志愿服务的管理理念和工作方法具体体现为：快乐与分享、责任与权利、人性化管理、考核与激励、明确计划、致力培训、自我成就。新形势下加强美术馆文化志愿服务管理和制度建设的主要措施包括：从讲解到导赏的观念转变、从志愿者到教员身份的转变、建立制度化与标准化管理流程以及推进馆际交流及经验与理论研讨。

关键词： 中国美术馆　文化志愿服务　管理模式　制度建设

中国美术馆是文化部直属的公益性文化事业单位，是以收藏、研究和展示20世纪以来中国美术为重点的国家级视觉艺术博物馆。在中国美术馆，活跃着一支由公共教育部管理的、来自社会各界的文化志愿者队伍。这支队伍自2006年3月组建以来，发挥着日益重要的作用，在志愿服务工作方面取得令社会各界瞩目的成绩。目前志愿者队伍年龄跨越老中青三代，人数稳定在120余人，服务范围涉及展厅导赏、教育活动实施、新闻宣传、外语翻译、摄影设计、资料整理等美术馆工作的诸多方面，其中导赏服务占90%。这支队伍平均每年服务观众6万人次，充分体现了美术馆公共教育的公益

---

* 杨应时，中国美术馆公共教育部副主任、博士；杨兰亭，中国美术馆公共教育部志愿者项目负责人。

性，其服务专业化水平也不断得到提升。为使对志愿者的管理更加专业化和规范化，中国美术馆制定并推出了《中国美术馆志愿者章程》《中国美术馆志愿者管理办法》等，同时加大了对志愿者管理、志愿者素质与技能培训、志愿者义务导赏及其他服务方面的工作力度。[1]

近些年，社会各界高度重视并肯定了志愿者工作，政府也大力支持该项事业的发展。中国美术馆积极响应号召，配合形势，结合本馆重要展览，继续拓展和提升文化志愿服务，创新志愿者培训理念和方式，开展志愿者交流和招募，取得了较好的成绩。在中国美术馆志愿者观众满意度调查中显示，8个方面的观众满意度均超过93%。这一成绩的取得在很大程度上得益于中国美术馆近十年来在志愿者管理中所探索出的一套有效的管理理念和工作原则。

一 管理理念与工作方法

一个团队的管理，首先要有正确的管理理念，在此基础上才能建立立足自身实际的管理模式。2006年3月中国美术馆志愿者队伍自组建以来，就提出了一个统一的服务口号："共享艺术的快乐"。"共享艺术的快乐"奠定了这支队伍组建的初衷，也成就了文化志愿服务管理的理念和工作方法。以关键词的形式表述这种管理理念和工作方法就是："快乐与分享、责任与权利、人性化管理、考核与激励、明确计划、致力培训、自我成就"。[2]

1. 快乐与分享

中国美术馆的管理者始终在探索，怎样才能使志愿者快乐工作。多年的工作经验使我们认识到给志愿者以展现的平台和成长的幸福，即在美术馆得到自我内心的快乐和成就，是使志愿者快乐工作的关键。这既是志愿服务工作开展的初衷，也是志愿服务工作的目标。

2. 责任与权利

责任意味着义务和承诺，责任并不是无条件的奉献和服从，而是以任何

---

[1] 杨兰亭：《关于中国美术馆志愿服务和管理的思考》，《中国美术馆》2015年第5期。
[2] 杨兰亭：《关于中国美术馆志愿服务和管理的思考》，《中国美术馆》2015年第5期。

人都要尊重责任者的基本权利（人权、尊重、自由、平等）为基础和前提的。作为管理者，在行使权利时，我们强调要从所有人应获得的基本权利出发，强调真正具有社会价值的权利和义务是建立在普遍性原则之上的。我们所制定的规范及管理办法都要有与本原则相一致的体系和结构，要兼顾不同个体权利和机会平等。

3. 人性化管理

"人性化管理"不是松散管理，而是对单一化用制度管人的反思，是基于每个人都渴望得到满足、尊重、肯定和价值体现的基本理念的认知。以"人性化管理"为基点，我们正视志愿者有从事志愿服务工作的热情，但却只能在其有限的时间里进行服务的限制性条件。为此，根据艺术类博物馆公共服务特点，我们制定了给予志愿者弹性时间和根据自身条件选择服务岗位的制度，志愿者可根据自己的兴趣爱好选择不同类型的工作项目。在全年完成一定量的工作时间后，可延续志愿者资格，而且可以选择集中服务或者后期补齐服务时间。

4. 考核与激励

"考核与激励"关联到"价值评估"，即以何种价值要素进行评估。中国美术馆在志愿者的管理实践中形成了一套自有的"价值评估体系"。这套评估机制参考了马斯洛所提出的需求层次的差异性的理论，以及人们对于高层次需求的心理诉求，即人对于爱与归属、受人尊重和自我实现的需求，以及人们心中会被激发出的超越性灵性需求。[①] 在实际管理中，我们通过应用"价值评估体系"，尊重志愿者的付出、分享、得到的尊重、需求的满足等价值创造，并以此为依据进行考核评价，通过对其贡献价值的肯定，达到其"实现自我成就"的目标。他们在这里实现自我、成就自我的同时，也会给

---

① 美国心理学家马斯洛（A. H. Maslow）1943年提出一种关于人的需要结构的理论，把人的需要分为五个层次，可归纳为三个次理论，即"X理论"（1. 生理的需求、2. 安全的需求）、"Y理论"（3. 爱与归属的需求、4. 受人尊重的需求、5. 自我实现的需求）及"Z理论"（最高需求：超越性灵性需求）。摘自马斯洛《动机与人格》，许金声译，华夏出版社，1987，第73页。

志愿服务团队带来整体的正向循环，最终达到持续发展的"良性循环"。

在价值评估的具体内容方面，第一，倡导志愿者热爱学习与教学。在这里，学习是指自我学习，教学是指通过运用博物馆资源进行的教学。中国美术馆从艺术类博物馆导赏工作的特点和需要出发，鼓励志愿者在导赏参观中进行自发性学习讨论，积极与参观者交流探讨以增强互动能力；第二，要求志愿者必须并具有博物馆的相关经验与知识；第三，倡导志愿者在团队中发挥特殊技能，如翻译、对外交流、设计等；第四，倡导志愿者要作为导赏人员而非单纯的讲解人员；第五，鼓励发展个人风格以更好地诠释艺术类博物馆教育的含义、教育人员理念及团队的风格；第六，如实记录和统计志愿服务时间；第七，定期进行检查督导。

以上这些价值评估管理体现在对志愿者的整个管理过程中。如在选择新志愿者时，从其申请注册起，我们就重视考察志愿者是否认同这些价值。如在报名表中，我们会重点询问：您报名参与志愿者服务的初衷是什么？您对艺术博物馆教育的理解是什么？您具有在美术馆、博物馆、学校等从事美术教育相关工作或志愿服务的经验吗？除了所学专业外，您还学习过什么？有何特长？等等。

这种考察并非是把志愿者视为被使用的工具，只是为了完成短期目标或短期工作规划而招募，而是将志愿者视为可以长期合作的伙伴，将之纳入规划发展的范畴。在这一目标下，两者拥有共同的价值观尤为重要。我们认为，志愿者"实用主义管理方式"尽管可能给工作带来明确、具体、易操作等益处，但这种管理方法会对个人的服务积极性造成伤害，对群体合作关系与情感活动造成消极影响，会使整个团队的目标和队伍的风气遭到破坏。

5.明确计划

首先，志愿者的管理应明确目标。当团队没有明确的目标时，就没有清晰的方向，看不到方向。因此，制定目标时目标要清晰。其次，要有明确的短期和长期团队建设计划。最后，明确实施方式，注意合作和计划制定过程中志愿者的参与。

6. 致力培训

培训的目的是提高志愿者专业技能、素质、观念，进而影响志愿者工作态度，完成工作目标，培训的目标是将志愿者培养成优秀的导赏员和博物馆教育人员。带有教育性质的导赏员的培训应该是一套能涵盖各方面责任和知识的完整的准备工作。导赏员需要接受博物馆领域的全面教育，包括对于博物馆展示、运作、学科知识等应该全面了解，同时要接受运用博物馆资源（馆藏、展览、建筑等）引导观众的整套技巧训练。中国美术馆的培训形成了其特有的模式。

①培训的系统性。培训是综合性很强的系统工作。第一，在培训开始之前，我们会以问卷调查的形式询问志愿者现阶段的需求，通过访谈了解他们的兴趣，以发现志愿者希望开展哪些方面的培训或是存在哪些有待解决的问题；第二，在调研的基础上制定培训计划；第三，关注培训中学习者的反应，及时进行培训的总结，为以后培训工作的有效开展提供经验。

②培训内容。第一是基础培训，包括了系列性的志愿者素质与技能培训课程。我们邀请专业培训师和专家学者讲授志愿者与志愿者精神、快乐志愿者、志愿者礼仪和志愿者心理等志愿服务的基础内容，也对朗读技巧与应用、讲解技巧、中外美术史、书法篆刻、艺术材料与创作等内容进行培训教授。第二是观念培养，包括导赏中的情感及情感把握（良好的情绪和情感）。第三是定向培养，鼓励志愿者根据自身的特质，形成自己的导赏风格。

③培训形式。第一，专场讲座培训，如在推出重要展览时，我们会结合展览，专门邀请相关领域的专家学者、中外策展人、艺术家举办系列培训和讲座，以增进志愿者对展览的了解和熟悉。此外，在结合展览举办各种面向公众的学术讲座和研讨交流活动时，也优先向志愿者开放。第二，展厅现场教学，我们会邀请策展人在展厅中进行现场教学，以使志愿者更好地服务于公众。第三，经验交流会，即志愿者之间就义务导赏服务展开深入的对话与交流，并对今后的志愿者相关工作进行探讨和展望。第四，外出教学，如以馆校结合的方式，走进大学进行学习交流，如赴北京大学赛克勒博物馆、中央美术学院各艺术专业工作室等进行学习。再如选择进行中国美术馆以外的

优秀精品展览和观摩活动，比如参观孔庙、国子监、中国世纪坛、故宫、中国国家博物馆、中央美术学院美术馆等。第五，鼓励自学，即鼓励志愿者通过自学来提高知识和导赏技巧。第六，小组学习，即通过小组讲解实际过程中遇到的问题的方式，为志愿者提供导赏的示范交流和观摩学习安排。除此之外，我们还注意将培训志愿者的培训目的与培训内容有机结合，比如安排志愿者接受不同类型作品和内容的培训。在教学方式上，我们建立了志愿者讲师制度，即安排老志愿者做新志愿者的导师，通过以老带新的方法有针对性地将专业知识、讲解技巧传授给新志愿者，同时又使新志愿者尽快了解团队并融入其中。

7. 自我成就

中国美术馆对"自我成就"的界定为：在学习、分享与研究中获得快乐、满足和成就感。

二 新形势下艺术类博物馆志愿者管理的发展方向

根据国家文物局2014年的资料统计，全国博物馆数量已经达到4165所。截至2013年底，全国已有2780家博物馆实现免费开放，全年接待观众数量超过6亿人次，同比增长13.1%。这个数字还以每年5%的速度增长。在这种形势下，我们面临两个重要的问题：一是如何发挥博物馆的教育功能，或者博物馆的教育功能应怎样实现？二是如何解决博物馆人力资源不足的问题，并培养出一支合格的"教育人员"队伍。结合中国美术馆近10年以来的志愿服务管理工作的实践经验，我们认为新形势下艺术类博物馆志愿者管理的发展方向应关注以下几方面问题。

1. 从讲解到导赏的观念转变

"讲解"一般多为由上而下的、带有灌输式的讲授教育方式，讲解内容上也多为以博物馆专家的研究理论来诠释展览和藏品。"导赏"是从博物馆导向转变为观众导向，是从观众需求出发。导赏人员有效地与观众互动可以使观众能够更多地参与其中，主动参与，促进观众学习。导赏与观众互动程度的高低会直接影响到观众的观展感受。如何提高志愿者与观众的互动能力,未来还将会有很多值得我们探讨和拓展的空间。

2. 从志愿者到教员身份的转变

通过近10年的努力,中国美术馆逐步培养了一批热爱艺术博物馆事业、理解艺术博物馆教育意义、懂得策划实施艺术类公共教育活动的志愿者。同时,也组建了一支专业化的"志愿者教员"队伍,成为部门工作有力的补充,并完成部分教育活动的策划与实施。"教员"们可以选择自己特别感兴趣的方向发挥所长,展示自己的研究,也可以为不同类型和年龄层次的观众服务。① 中国美术馆志愿者导赏员承担了部分专业人才的职责和角色,他们在志愿者工作中学习,也丰富了自己的人生。正如一些研究者所指出的,"博物馆的导赏员,并非教师亦非研究员,也不是行政人员或带领大家玩乐的人,而是将以上各个角色集其大成的人"。②"导赏是一种教育服务,一种具有探索性的服务。一名称职的导赏员就像一位让人着迷的花衣魔笛手,带领观众轻松地进入一个新奇又迷人的世界,一个他们的感官过去从未穿透的地方。导赏员需要具备三种基本的态度:知识、热忱以及亲和力。"③

3. 建立制度化与标准化管理流程

根据经验,在处理志愿者各工作事项的时候我们应遵循以下一些管理原则:标准化,即把重要事项形成标准化的管理制度和管理流程,有效提高工作效率和工作准确性;书面化,即将标准化的制度、流程和方法,通过书面形式形成模板,便于记忆和沟通;透明化,即形成各工作项,各责任人的工作透明制度。达到相互知晓工作信息,以便更好地相互配合的目的;简单化,即把复杂事务和各管理制度流程简单化,便于实施和操作。使得各方面人员清晰明确,了解自己所负责的工作内容。

在具体的工作方法上,更注意以下一些工作方法:①建立机构内部工作手

---

① 杨兰亭:《关于中国美术馆志愿服务和管理的思考》,《中国美术馆》2015年第5期。
② Moore, E. M., Youth in Museums. Philadelphia: University of Pennsylvania Press, 1941, P. 24.
③ Edwards. Y., In G. W. Sharpe Interpreting the Environment, New York: John Wiley and Sons, 1976, P. 4.

册。制定详细的工作流程和明确各工作项负责人及工作职责。②征求有志愿者服务工作需求的同事，倾听他们提出的问题，了解他们的需求，合理安排落实志愿者具体工作的承担和实施，并做好及时反馈、及时调整的工作环节。③撰写志愿者管理工作流程，包括招募、面试、活动项目的安排准备工作等。④科学分工。做到各工作项之间的合理分工，完善部门内部各项工作的对接。

4. 推进馆际交流及经验与理论研讨

中国美术馆非常重视与国内外业界开展志愿者服务与管理方面的交流与分享。由中国美术馆策划并主办的2013年"志愿者与美术馆公共文化服务"年会暨"美术馆志愿者管理"工作坊是我国美术馆界首次举办的志愿者服务与管理相关的交流研讨活动。结合此次会议的筹组，中国美术馆公共教育部还对国内美术馆志愿者工作开展了调研并形成《国内美术馆志愿者工作调研报告》发表。再如与台湾美术馆等中国台湾地区场馆开展志愿者工作双向交流探讨时，我们分别在中国台湾和北京开展了志愿者工作的双向馆际交流活动，分享彼此的工作经验，讨论面临的共同问题。除此之外，中国美术馆与中央民族大学等机构的专家学者合作，积极开展文化志愿者服务与管理相关研究，对中国美术馆志愿者开展相关调查访谈，整理中国美术馆志愿者工作10周年文献资料。中国美术馆还和中央文化管理干部学院合作开展关于公共文化机构志愿者服务与管理创新等方面的现场教学，对来自江西、广东、青海、云南等省份的文化管理干部进行培训，分享相关工作经验和成果。2015年，在中国美术馆领导和广大志愿者朋友的支持下，中国美术馆公共教育部推出了《中国美术馆志愿者园地》季刊，旨在交流志愿者工作，展示志愿者风采，弘扬志愿者精神，搭建美术馆与社会公众之间沟通的桥梁。该刊物每期免费寄赠给国内各主要的美术馆、博物馆、文化管理部门、高等院校等，以期引起各界对志愿者工作的进一步关注和支持。今后，中国美术馆将继续加强馆际交流、与学术界和社会各界的交流，包括院校、社区、中小学等，同时，更要加强国内外业界的交流互动，如通过召开全国性的、国际性的研讨会等方式，开展相应的学习、调研和交流，以提高美术馆志愿者工作水平，提升对于博物馆志愿者管理的理论认识。

B.9
图书馆文化志愿服务：首都图书馆的管理模式与制度建设探索

杨芳怀*

摘　要： 首都图书馆的文化志愿服务自2001年新馆投入使用时开始起步，现已逐步建立起一支结构稳定的志愿者服务队伍作为首图职工队伍的有益补充，打造了图书馆事业发展的人力资源保障新渠道。近年来，首都图书馆进一步加强志愿服务的组织建设、制度建设，积极探索工作新模式，创新图书馆业务与文化志愿服务的工作结合点，推动了文化志愿者工作的稳步和纵深发展。

关键词： 首都图书馆　文化志愿服务　管理模式　制度建设

作为公共文化普及的重要窗口，现代公共文化建设和精神文明建设对图书馆提出了新要求，但图书馆现有的公共文化资源提供形式远远不能满足人们日益增长的多样化的服务需求，为了弥补图书馆人力资源的不足，依托志愿者专业优势，综合提高图书馆服务质量成为必然选择。

2012年5月1日起颁布实施的《公共图书馆服务规范》（GB/T28220－2011）中明确提出：志愿者队伍是图书馆人力资源之一，公共图书馆应导入志愿者服务机制，吸引更多图书馆工作人员和社会公众加入志愿者队伍。

---

* 杨芳怀，首都图书馆组织人事部馆员。

2013年1月30日文化部印发了《全国公共图书馆事业发展"十二五"规划》，要求积极探索志愿者队伍建设，吸引社会人力资源以志愿者形式参与图书馆服务，成为专业队伍的有益补充。在图书馆引入文化志愿服务成为必然趋势的背景下，对图书馆志愿服务的管理模式与制度建设问题的探讨也成为图书馆管理的重要内容之一。

新加坡、欧美、中国港台地区的各类图书馆很早就已经启用志愿者在图书馆内协助或作为主体开展图书馆的业务职能工作，并且已经形成了非常成熟的志愿者的服务管理机制。随着我国图书馆，尤其是公共图书馆近年来的快速发展，不论是从图书馆的读者服务面积、服务读者类型的多元化，还是服务范畴的新颖化等方面，都对图书馆和图书馆工作者提出了更高的要求。图书馆中的志愿者的引入，无疑成为补充图书馆基础服务人员不足、专业化读者服务和推广公共文化新领域服务的一支有力生力军。本文即以首都图书馆近十年的志愿服务历程为例，探讨图书馆文化志愿服务管理模式和制度建设的经验。

一 首都图书馆文化志愿服务的基本情况

首都图书馆是由1913年鲁迅先生亲自参与创建的京师图书分馆、京师通俗图书馆和中央公园图书阅览三馆几经合并发展而成。北京市委市政府于2001年、2012年两度建设新馆，给市民提供了更大的学习空间。首都图书馆作为北京市属大型公共图书馆，秉承"以人为本、读者至上"的宗旨，全年365天面向全体社会大众开馆，提供文献借阅、信息咨询、讲座论坛、展览交流、文化休闲等全方位、多层次的文化信息服务。遵循"大开放、大服务"的服务理念，首图已经连续两届在全国公共图书馆评估定级工作中获第一名，2014年获"全国扶残助残先进单位"，并成立了"首都图书馆联盟"，打造了"首图讲坛""北京记忆"等十余个知名文化品牌，成为全国开放度最高、融合度最好的一级公共图书馆。

首都图书馆的文化志愿服务工作以"奉献、友爱、互助、进步"志愿服务精神为理念，以首都图书馆党委为领导，以组织人事部为组织依托，以促进公共文化事业的发展为目标,组织开展了文化志愿者活动。在人才队伍建设和人力资源保障方面,首都图书馆已逐步建立起一支结构稳定的志愿者服务队伍作为首图职工队伍的有益补充,由此打造了图书馆事业发展的人力资源保障新渠道。首都图书馆一直致力于把志愿服务作为加强精神文明建设的重要载体、作为践行社会主义核心价值观的公益平台,有效激发了崇德向善的正能量。近年来,在各级领导的高度重视下,首都图书馆进一步加强志愿服务的组织建设、制度建设,积极探索工作新模式,创新图书馆业务与文化志愿服务的工作结合点,推动了文化志愿者工作的稳步发展和纵深发展。

二 首都图书馆文化志愿服务的发展阶段

(一)文化志愿服务的初期运行阶段

首都图书馆的文化志愿服务是从 2001 年新馆投入使用时开始起步的。最初主要是为了补充新馆面积倍增后图书馆工作人员基础服务的不足。当时的志愿服务内容主要涉及文献流通、文化讲座服务、少儿阅读推广等方面。志愿者管理粗放地采用"用什么,招什么"和"谁来用,谁来招;谁来招,谁来管"这样的多头管理、简单管理的方法。志愿者在图书馆服务时没有统一标识、统一培训,志愿服务计时以及回馈机制也没有相应的规范化管理流程和机制,志愿者往往是随来随走,服务项目设置比较基础且多为短期项目,志愿者参与服务深度不足,持久性服务和为读者深度服务欠缺。

(二)专项文化志愿服务的实践探索阶段

2006 年,首都图书馆注册成为北京市志愿服务联合会正式会员,这标志着首图正式开始与全市志愿服务工作对接。首图以推广青少年阅读为目标,创设了"播撒幸福的种子"讲故事志愿者项目,招募了社会各界热心公益事业、热爱亲子阅读推广的志愿者近百人。为此,首图专门聘请了国内外青少年阅读推广专家来推广青少年阅读理念,利用首都图书馆的服务平台,创设了"红红姐姐讲故事"项目,至今这个公益项目在首图坚持每周开展两次。不仅如此,近十年时间里首图还完成了8期志愿者的培训,本着"宽进严出"的原则,培养出近百名合格志愿者,同时在西城区第一图书馆、通州区图书馆等多家公共图书馆和多个社区开展服务。志愿者们自发地在自己的居住半径、生活半径大声为孩子们阅读,让阅读走进了每一个家庭,走进了每一个孩子的心灵。"播撒幸福的种子"讲故事志愿服务项目在运作之初就有着比较健全的招募、培训、管理,以及计时、考核、实践、推广与交流等志愿者管理的基本机制。这个项目持续性的良性运行,为之后的志愿者科学管理与制度建设项目提供了很好的参照模式。首都图书馆作为北京市的中心图书馆,带动了全市公共图书馆文化志愿服务工作的开展。

(三)规范化文化志愿服务的发展阶段

自2012年新馆开馆以来,首都图书馆文化志愿服务工作得到了飞速发展。北京市文化志愿服务中心首都图书馆分中心成立,首都图书馆文化志愿者之家设立,并建立了文化志愿服务工作室,成为第一批"首都学雷锋志愿服务示范站"。此外,创建和完善了"心阅书香"助盲有声阅读志愿服务、"语你相通"手语志愿服务、"图书交换"志愿服务、"播撒幸福的种子"讲故事志愿服务、法律专家志愿者咨询、成人自助借还设备使用与引导志愿服务、少儿自助借还设备使用与导读志愿服务、会展服务志愿服务以及咨询导航志愿服务9个特色品牌项目;组建了专家志愿者、普通志愿者、青少年志愿者三类服务团队,共有注册志愿服务队40余支,注册志愿者4000余人,累计服务时长近6.5万小时。此外北京市领导连续三年来到首图参加志愿服务,通过首图及全市公共图书馆的公益平台,首图志愿者们的志愿行动、道德榜样作用,影响到广大读者、市民,为在全社会营造学雷锋志愿服务"人人可为、处处可为"的社会文明新风气发挥了作用。

(四)志愿服务常态化的推进阶段

为了实现文化志愿服务的常态化、制度化及文化志愿者队伍和项目管理的规范化，首都图书馆进一步加强了文化志愿服务的组织建设、制度建设，积极探索文化志愿服务工作的新模式，创新图书馆业务与文化志愿服务的工作结合点，推动首图文化志愿者工作向纵深发展，充分挖掘资源，结合实际，抓亮点促实效，围绕"创建全国文明单位、建设世界一流公共图书馆"等中心工作，精心组织、蓬勃开展全方位、多层次、有特色的学雷锋志愿服务活动。

在京津冀协同发展的大背景下，首都图书馆还继续通过拓展服务地域来积极推进图书馆的文化志愿服务工作。首图以常态化的"图书交换"服务项目作为推进手段，通过实行负责人制度，全面统筹项目实施工作，对项目的管理、保障、宣传进行明确分工；建立健全了《首都图书馆文化志愿者管理办法》、规章制度、工作手册以保障项目的可持续性发展；加强吸纳有专业特色的志愿者团队加入专业志愿服务岗。

首都图书馆推行的"图书交换"项目在全市的公共图书馆设立了三个常态化志愿服务换书点，2015年1~7月，开展志愿服务131次，图书交换量达到3万余册，解答咨询14515人次，志愿者参与人次近700人，服务时长达5552小时，并得到了图书馆业内人士的关注和认同。让更多的人感受到交换阅读的快乐，不仅是市民们的心愿，也是公共图书馆的责任和义务。首图未来将与更多图书馆联手，复制实施首图的工作模式。通过文化志愿服务，积极培育和践行社会主义核心价值观，为构建社会主义和谐社会、提升全民整体素质、弘扬社会正能量发挥积极作用。

三 首都图书馆文化志愿服务的管理模式与制度建设

通过积极探索，首都图书馆形成了一种行之有效的文化志愿服务管理模式。

（一）建立了规范化的日常管理机制

主要包括：①利用新媒体广泛招募志愿者；②面试培训考核通过后上

岗；③提前发布志愿服务岗位以供预约；④规范服务流程、统一登记、统一服装、统一管理；⑤初步建立了志愿者的反馈机制。

（二）形成了全覆盖的志愿服务管理模式

1.完善工作机制

首都图书馆构建了以党组织为核心、以党员为骨干、社会力量共同参与的文化志愿服务工作格局；重新修订了《首都图书馆党支部和党员量化考评管理办法》，把党员参与文化志愿服务的情况列为考评指标；建立了文化志愿服务工作联席会制度，定期召开会议，审议表决议案，研究讨论文化志愿服务工作重点事项，推广文化志愿服务项目，收集与反馈志愿者意见和建议，推动志愿服务的规范化科学化管理水平；制定了《首都图书馆文化志愿者管理办法》，进一步完善了志愿者招募注册、培训管理、服务记录、激励保障等工作制度，实现了文化志愿服务的制度化、规范化和常态化。

2.搭建沟通交流平台

设立了首都图书馆文化志愿者之家，使用面积为220平方米，接待志愿服务咨询，为各志愿者之间、各志愿团体之间、各志愿群体之间提供沟通交流的平台；成立了文化志愿服务工作室，集中管理志愿服务日常工作；设立"心阅影院"活动室，配备电影播放的音响设备；开辟"图书交换"志愿服务项目工作场地；成立"法律专家咨询"志愿服务项目法律咨询服务室。志愿服务场所的建立和完善，增强了志愿者的归属感和认同感，进而增强了志愿者队伍的活力和凝聚力，为志愿者团队的有序发展和活动开展提供了全方位的服务。

3.建立了志愿者自我管理制度

首都图书馆特别招募2名志愿者管理员在志愿者之家接待前来服务的志愿者们，开展日常咨询服务工作，并负责统筹管理9个志愿项目。各个志愿项目设立一至两名组长，实行组长负责人参与日常管理的志愿者自主管理模式，切实调动志愿者的工作积极性，保障志愿者队伍的工作和服务效果，逐步完善项目管理。

4. 完善激励机制

首都图书馆对志愿者采取多种激励方式。包括物质奖励，按标准为志愿者提供午餐；优惠借书服务，志愿者可优先参与各种活动等；安全保障，如为志愿者在工作期间提供人身意外伤害保险；表彰奖励，如评选优秀志愿者并颁发荣誉证书，制作胸卡、手环等纪念品。

5. 应用网络管理平台"志愿北京"

北京市志愿服务联合会建立了"志愿北京"信息平台，将全市志愿服务团队和志愿者进行数据库统一管理，既保证了实名注册志愿者身份的可靠性，又为各个志愿团体之间服务资源供需进行了对接。为此，首图制定了《首都图书馆志愿服务计时（志愿北京）平台管理办法》，安排了工作人员进行项目的发布和时长的统一录入，确保志愿者在服务过程中享受保险和获得时长。

四 图书馆文化志愿服务面临的问题

（一）使用志愿者时存在的问题

在我国目前志愿者工作多数还属于政府行为。志愿服务组织自主性弱，一般的志愿服务组织主要是配合上级政府的任务要求，或配合社会性的大型活动而开展活动，有的虽然已经开始开展志愿服务，但观念上并没有真正高度重视这项工作；有的则把志愿者看成是免费的劳动力，严重挫伤了志愿者的积极性。因此要使这一工作能够有效持久地开展，必须打破旧的观念，实现图书馆与志愿者的创新性结合。

（二）图书馆志愿者管理工作中遇到的瓶颈问题

近年来，虽然首都图书馆在志愿者建设和服务中做了不少工作，取得了一些成绩，但是，也清醒地认识到在工作中还有很多的不足和亟须解决的问题。这些不足和问题主要表现在：①公益培训志愿者教师队伍不够稳定、不够专业；②专家志愿者队伍建设有待加强；③志愿者管理方面的力量比较薄弱，公共图

书馆中基本没有专职志愿服务管理人员、管理部门，所以在建立科学、合理的管理团队时遇到实际困难；④志愿者考核、奖励、激励回馈机制尚不完善；⑤志愿服务内容和形式需进一步丰富、创新。对于首图而言，其面临的最主要的问题一是目前的服务形式和内容较为传统单调，二是服务的范围仅限于首图这个单一阵地，不能满足区县图书馆的需要，与中心馆的地位不相称。

五 图书馆文化志愿服务的发展建议

为了积极探索文化志愿者工作模式，提升志愿者队伍的水平，推动志愿者工作向纵深发展，笔者提出以下一些发展建议。

（一）加强组织建设，夯实工作基础

1. 设立志愿者管理机构，建立文化志愿者之家

以公共图书馆志愿者管理部为依托，强化志愿者自治机制，配备肯奉献、善管理、能服务、有专长的人员参与志愿之家的管理工作，从招募、培训等环节入手，吸引更多的优秀志愿者参与服务，增强志愿者组织的凝聚力、向心力。

2. 利用网络途径，打造优质高效宣传平台

通过公共图书馆外网增设宣传途径，利用微博、微信等新媒体平台及时发布志愿者服务资讯，建立和完善志愿者咨询QQ的流程与QQ群空间建设，不断发挥新媒体资源宣传功能，更好地促进志愿者队伍建设。

3. 强化志愿者团队建设，提升文化志愿者队伍水平

公共图书馆要把发展志愿者团队建设作为组织建设的一项重要工作，作为志愿者管理工作的一个重要抓手。积极地把团队领队和骨干推荐到志愿者管理岗位，使他们在实践中经受锻炼，增长才干，提升志愿服务水平。

（二）加强制度建设，规范志愿者管理工作

1. 完善志愿者管理办法，进一步规范志愿服务流程

认真落实相关志愿者管理要求，进一步完善志愿者管理办法，进一步规

范志愿服务流程。包括要进一步规范志愿者招募办法与报名流程，制定志愿岗位的需求发布、邀约服务、考核与评价系统流程；逐步推行志愿者意外保险制度，加强志愿者安全保障工作。

2. 科学设置岗位和服务内容，制定岗位细则

在充分调研的基础上，根据各馆实际情况编制专家志愿者、普通文化志愿者和青少年志愿者三类岗位管理办法，内容涉及志愿培训、安全管理、志愿者保障等与志愿者自身相关的管理制度。

3. 规范志愿者考评工作，设立星级志愿者制度

加大志愿者管理力度，调配有效人力资源，进一步完善与规范志愿者服务评价体系，服务绩效与工时及时录入，设立公平公正科学的文化志愿星级评定制度，稳固专家志愿者、普通志愿者、青少年志愿者三支文化志愿队伍，增强志愿者服务信念，激发志愿者参与服务的热情，弘扬志愿服务精神。

4. 建立文化志愿者联席会制度，保障全年活动有序进行

建立由志愿者管理部门、岗位需求部门、志愿者团队代表所组成的志愿者联席会制度，每个季度定期或不定期召开会议，针对文化志愿者的招募、培训、指导、服务、管理等工作进行沟通与协调，推广重点活动，收集与反馈志愿者需求，以利于有计划、有组织地开展文化志愿服务活动，为志愿者提供发挥才能的平台和空间。

（三）深入开展志愿服务，拓展服务范围，丰富服务内涵

1. 以图书馆为阵地，品牌活动长效开展

要使专家志愿者在敬老孝老、邻里互助、打工子弟帮扶、扶盲助残等特色志愿服务中发挥最大效能，发挥图书馆公益平台的独特优势。

2. 创新文化志愿者新品牌活动，确保文化志愿者活动常态化

可以利用公共图书馆创建市民图书交换志愿服务站，长年为广大读者提供一个自由交换图书的平台，通过阅读服务使文化志愿服务的成果惠及更多百姓，让志愿服务的理念深入人心。

3. 促进志愿服务走出去，建立区县图书馆服务项目

在立足本馆自助借还与读者导读服务的常规化志愿活动的同时，在有服务需求的分馆尝试设立志愿服务项目，统一招募、集中管理，让文化志愿者的服务区域更广泛。

4. 加强常规项目建设，充分利用资源优势，分时段进行特色服务

以图书馆服务宣传周、中国志愿者日、春节等重大节庆日、重要时点为契机，开展志愿服务系列活动，广泛开展特色志愿服务，加强志愿者宣传、推广、咨询、服务的规模，为志愿者提供锻炼、展示自我的舞台，让大家在丰富多彩的志愿活动中感受志愿服务的乐趣和意义。

（四）建立长效的志愿者回馈激励机制，调动志愿者服务热情

为长期开展制度化、规范化的志愿服务活动，必须把靠热情开展活动转变为靠规范的制度来促进活动开展，建立回馈激励机制，根据志愿者自身成长的需求，将培训纳入回馈机制中。此外，在志愿活动实践中，要对志愿者进行服务理念、服务技巧、团队建设以及合作沟通等方面的培训，以充分调动志愿者的服务热情，促进志愿服务工作的制度化和规范化。

（五）强化培训机制，加强能力建设

在原有文化志愿者通用、图书馆专业知识、安全急救知识等培训的基础上，增设能力建设培训专题课程。通过培训增强志愿者的沟通、人际交往和处事的能力，进一步提高志愿者的满足感。

总之，志愿精神是一种动人的时代精神，文化志愿者在为图书馆提供服务的同时，其本身无私奉献的精神和行动也时刻在熏陶和潜移默化地改变着周围人们的人生观和价值观。首都图书馆作为北京市文化志愿服务的重要力量，将继续积极探索常态化、规范化、可持续化的文化志愿者服务和管理模式，以文化志愿服务活动培育和践行社会主义核心价值观。

地方发展报告
Local Development Reports

B.10
北京市文化志愿服务发展报告

李 蓁*

摘 要： 北京市在全国率先建立了文化志愿服务体系，将文化志愿服务体系建设作为构建北京市公共文化服务体系的重要组成部分。经过5年的建设，以北京市文化志愿者服务中心为龙头，以全市21个分中心为基础，建立了市、区、街道三级网络体系，基本实现了文化志愿经常化储备、规范化管理、常态化服务、品牌化培育和项目化配置。通过积极开展文化志愿服务活动，为广大市民提供了高水平的公益性文化服务。

关键词： 北京市　文化志愿服务　发展报告

---

* 李蓁，北京市文化局文化志愿服务中心副研究员。

北京市高度重视文化志愿服务体系建设,把其作为构建北京市公共文化服务体系的重要组成部分,在全国率先建立了文化志愿服务体系。通过积极开展文化志愿服务活动,在为广大市民提供高水平的公益性文化服务的同时,建立了较为完善的文化志愿服务工作管理机制。

一 北京市文化志愿服务体系建设的源起与实践

(一)北京市文化志愿服务的源起

志愿者是指自愿利用自己的时间、精力和技能促进改变、改善周围环境并帮助他人的人们。在2008年北京奥运会、残奥会期间,各类志愿者在各类服务领域的服务确保了奥运会赛事的正常运行,展示了中华民族的文明风尚和时代风采。奥运会结束之后,后奥运时期北京志愿者组织的发展以及建立健全志愿者服务长效机制被提上理论与实践的日程。

文化志愿服务是志愿者服务中的重要组成部分。秉承奥运志愿精神,2008年北京市文化局下属的北京文化艺术活动中心成立了文化志愿者部,通过组建机构、建立制度、设立项目、搭建平台等举措,探索文化志愿服务体系建设与实践。

(二)北京市文化志愿服务体系建设实践

1. 组建专门机构,推动文化志愿服务体系建立

根据《北京市志愿服务促进条例》《关于进一步加强和改进志愿者工作的意见》的有关要求,在北京市文化局领导和推动下,经京编办事〔2009〕28号文件批准,2009年北京市文化志愿者服务中心正式成立。这是市级层面成立的专门机构,负责全市文化志愿者工作政策、人员招募和服务项目管理等工作。之后在区县层面,陆续成立了19个文化志愿者服务分中心,负责制定本地区文化志愿者的工作计划、发布服务项目、组织服务活动等。在街道、社区和镇、村层面组建文化志愿服务站,负责服务对象、服务项目的选拔等。2011年北京市首都图书馆文化志愿者服务分中心与民族文化志愿者服务分中心也相继成立。与此同时，一些文化单位也积极参与志愿者队伍建设，比如，北京歌剧舞剧院、中国杂技团等单位分别成立了文化志愿服务团（队）。

经过5年的建设，以北京市文化志愿者服务中心为龙头，以全市21个分中心为基础，建立了市、区、街道三级网络体系，基本形成了全市性的文化志愿者队伍和相应的管理体系。同时，北京市文化志愿者队伍日渐发展壮大，已发展了13378名专业文化志愿者以及333个志愿者团队，总人数达到33035名。经过5年的建设，基本实现文化志愿经常化储备、规范化管理、常态化服务、品牌化培育和项目化配置。志愿服务重点围绕农村社区、弱势群体等开展活动。2010年，北京市文化志愿者体系建设荣获文化部第十五届群星奖项目奖。

组织机构体系的建立完善，促进了文化志愿者的供给与群众需求的对接，有效地保证了服务的专业性、持久性和广泛性，为开展文化志愿服务活动奠定了扎实的基础。首先，通过积极推动文化志愿服务的理论研究，推动了文化志愿服务机制和工作制度的建设。中心通过实地调研、走访取经、召开座谈会、与有关机构交流等渠道，形成了一系列符合公共文化服务和志愿服务规律的规范性文件，具体包括《北京文化志愿招募管理办法》《关于加快推动北京市文化志愿服务工作的意见》和《北京市文化志愿者服务中心工作三年规划》等。其次，通过与中国群文学会、中国文化报社联合举办全国文化志愿服务工作论文征集活动，促进了文化志愿服务理论及工作经验的深入研究。最后，建立了北京文化志愿服务网站和数据库，利用互联网等现代技术手段助力文化志愿服务工作，形成了市、区两级文化系统及各类志愿者协会之间的交互式网络管理机制，为有效推动志愿服务搭建了一个良好的服务平台。

2. 加强文化志愿者队伍建设，做到规范化管理

文化志愿者队伍建设，是北京市文化服务体系建设的重中之重。为做好北京市文化志愿者队伍建设，北京市坚持从制度建设入手，有效规范文化志

愿服务。

首先,制定出台了文化志愿服务者招募制度。根据实际需求定期发布志愿服务项目招募信息,形成了文化志愿者常在与常来相结合的服务机制。通过发布招募启示、活动现场招募、各分中心分别招募等多种方式,吸纳文化志愿人才,同时对报名者进行考核录用。

其次,完善文化志愿者培训制度。通过举办文化志愿者工作培训班、项目带头人培训班、培训师队伍建设培训班,提升了队伍素质和服务管理水平。

再次,通过前期调查摸底,确立试点单位,开设"社区文化大讲堂",在街道文化志愿服务站建立"社区文化志愿者人才库"。

最后,健全完善文化志愿服务激励制度。逐年评选表彰表现优异的志愿者,设立奖章制等多种奖励举措,增强广大文化志愿者的工作成就感和社会荣誉感,形成多层次的表彰激励体系。坚持以精神为主的激励形式,开发志愿者标识系统,推广文化志愿者 logo 在各类文化志愿服务用品上的应用,增强了志愿者的团队归属感和文化认同感;塑造文化志愿者的媒体形象,广泛宣传志愿服务事迹,增强了广大文化志愿者的工作成就感和社会荣誉感。如,举办的"北京文化志愿者风采展示活动",在各区县选择 12 名具有特点和代表性的文化志愿者,以他们的先进志愿服务事迹为内容,拍摄 12 集《我身边的文化志愿者》专题系列宣传片,分别在移动电视、城市电视及千龙网播出;探索适度的物质激励形式,针对志愿服务工作特点,开发制作了印有文化志愿者标识的 T 恤、马甲等服装,制作了徽章等纪念品,对志愿者产生了良好的激励效果。

3. 重点推进示范志愿项目,开展品牌化服务

按照"服务对象所需、志愿者所能"的要求,积极策划服务项目,形成了各具特色的服务品牌。在市级层面,以北京文化志愿者服务中心为主体,策划并推动北京市文化志愿服务项目,形成了一系列品牌化项目。一是围绕农村文化建设,策划实施了"送福到家"主题志愿服务活动。这项活动已连续开展 6 届,共计 40 余万百姓享受到了为传统节日增添文化气息的服务成果。二是围绕丰富社区居民文化生活，策划开展了文化辅导、新春联谊、社区大讲堂培训、公园群众文化活动等服务项目，实现了社区文化志愿服务的经常化和多样化。三是围绕满足特殊人群的文化需求，策划实施了特色贴心服务项目。针对打工子弟学校，开展了艺术基础知识普及教育；专门组建了为残疾人服务的文化志愿者队伍，开展"助残月"活动；关爱特殊儿童艺术教育，开展了北京文化志愿者"关爱特殊儿童艺术教育志愿服务月"活动；开展"敬老爱老、共建共享"敬老月活动，组织"最美夕阳红"摄影活动，文化志愿者走进社区、走进远郊区、走进敬老院，寻找优秀退休职工、社区工作者、劳模、危困人员等，为这些老年人拍摄照片，并制作统一的镜框，赠送给老年人。四是围绕办好大型活动，组织提供专业性较强的文化志愿者服务，在新中国成立60周年庆祝活动中，组织广大文化志愿者积极参与游行、游园、联欢晚会等文化活动。五是文化志愿者援疆工作。"春雨工程"——北京市文化志愿者边疆行是响应文化部和市委市政府的文化援疆号召，北京志愿团作为试点服务团参加由文化部主办的"春雨工程——全国文化志愿者边疆行"活动，连续两年到新疆乌鲁木齐及和田地区开展文化志愿服务，受到了边疆各族同胞的欢迎，不仅在当地引起巨大的反响，更为探索文化援疆的新途径提供了宝贵的经验。六是"文化感动生活"北京文化志愿者主题宣传活动。借助"3月5日青年志愿者服务日""12月5日国际志愿者日"开展"文化感动生活"主题文化志愿服务活动。

  同时，北京市注重通过机制——"文化志愿者服务品牌项目评审"扶持和树立文化志愿服务品牌项目。实行项目评审制度，针对不同类别进行不同的资金扶持，并对项目进行跟踪、评估。建立了"示范项目"申报、评审制度，召开项目评审会，邀请公共文化服务领域及志愿服务领域的专家、学者作为评委，要求项目负责人现场陈述，保障了"示范项目"能够切实有效地服务基层百姓。通过出台《文化志愿者活动资金扶持办法》等文件、与项目实施单位签订《北京市文化志愿服务示范项目实施协议》、分次拨付支持资金等方式，保证了资金使用的安全。在项目的实施阶段，督促各分中心及时上报信息，掌握项目开展情况，及时发现、解决问题。在项目收尾阶段,中心通过实地调研、拍摄项目宣传片等方式,完成了对项目的验收。比如,北京市文化志愿者服务中心通过2014年文化志愿者服务品牌项目评审,从演出、展示、辅导、服务类品牌性项目中,评出一类扶持项目10个、二类扶持项目14个,并将入选项目纳入2014年北京市文化志愿服务品牌项目管理。其中密云分中心的"文化志愿服务走进弱势群体校园"、大兴分中心的"百名文化志愿者连百村"、怀柔分中心的"怀柔区文化志愿者义务辅导站网络建设"、房山分中心的"5285工程"等项目都被纳入北京市文化志愿服务品牌项目管理,逐步形成各具特色的示范性文化志愿服务品牌。通过上述机制,实现了文化志愿服务项目的长效化。"示范项目"具有较好的延续性,经过持续的开展,这些项目有着成熟的形式、稳定的志愿者队伍、广泛的服务人群。在此基础上,各分中心勇于创新,根据以往的经验,开发出了更具针对性、实施性更强的项目,建立起长效服务机制,让更多的基层百姓享受到实惠,达到了因地制宜、合理利用区域文化资源的目的。

4. 传播文化志愿服务理念,培育志愿文化

首先,拓宽文化志愿服务领域,塑造文化志愿者整体形象。针对典型志愿人物、主题活动、示范项目开展宣传工作,通过在北京各主流媒体、网站(如《中国文化报》、《北京日报》、千龙网)等宣传,吸引社会各界的关注,在社会上营造良好的舆论氛围,吸收更多的文化艺术人才投身志愿服务工作。其次,积极加强与工会、共青团、妇联等相关部门以及各类志愿者协会的业务交流与沟通,推进各区县间互相学习,进一步整合文艺人才、服务项目资源。最后,不断加强文化志愿服务活动理论研究,推动形成具有首都特色的文化志愿服务机制和工作制度。

二 北京市文化志愿服务项目的主要特征

(一)文化志愿服务内容多样化

近年来,北京市文化志愿服务从开始的单一文化服务,特别是文艺演出

提供，向多层次文化服务发展。目前文化志愿服务内容已涵盖文艺演出、文化艺术培训、文化展览、摄影服务、图书阅读、知识讲座等多个方面。从原来的送文化演变成现在的种文化，根据不同人群的需要给予不同的文化服务产品。同时，北京市文化局正在发起文化志愿服务配送模式，连续开展了6届"送福到家"文化志愿服务主题活动，最初只是送福字、送文艺演出，后来则逐渐发展出更丰富多彩的送电影、送拍摄全家福、送培训等多项内容。2014年，首都图书馆举办了"传递书香 见证成长"志愿服务活动，组织盲人朋友走进图书馆，享受面对面读书带来的快乐与心灵成长；利用辖区内民间民俗文化资源、非物质文化遗产、传统节庆日、博物馆和文化广场，开展了丰富多彩的"共享历史、感受快乐"展览展示等文化志愿服务活动；组织"文化公益——社会责任"企业文化志愿服务活动，鼓励文化志愿者深入企业，结合企业特点及文化需求，开展了包括演出、培训、展览展示在内的文化志愿服务。

（二）文化志愿服务趋于常态化

北京市文化志愿服务结合每年的重大节庆日等，已经走向了服务常态化。"敬老月"举办的"最美夕阳红"品牌服务项目最早是在北京市山区发起的，当地的志愿者上门为留守老人拍摄照片，留住珍贵的瞬间。由于交通不便、家庭条件和身体原因，留守老人很少离家出山，没有去镇上、到县里照相的机会。因此，照一张"全家福"或留一张纪念照就成了难能可贵的事情。从2010年开始，当地服务分中心便组织摄影志愿者深入山区走村入户，为这个特殊的群体开展摄影服务活动。目前，北京市文化志愿者服务中心已把这项活动在全市推广开来，连续两年组织"最美夕阳红"摄影活动，每年拍摄照片9999张。文化志愿者走进社区、走进远郊区、走进敬老院，寻找优秀退休职工、社区工作者、劳模、危困人员等，为这些老年人拍摄照片，并制作统一的镜框，赠送给老年人。截至2014年11月已举办了五届，该项文化志愿服务项目已成为北京市文化志愿服务品牌，成为常规服务项目。此外，每年春节前后全市范围内的送福到家活动、五月份的助残月等活动，借助"3月5日

青年志愿者服务日""12月5日国际志愿者日"开展以"文化感动生活"为主题的文化志愿服务活动等也趋于常态化。文化志愿服务项目成熟一批,固化一批,逐渐形成长期化服务品牌,极大地推进了文化志愿活动秩序化、常规化。

(三)文化志愿服务区域特色化

北京市作为全国政治经济文化中心,拥有范围较广、参差不齐的地理文化区域,每个区域都有其独特性。文化部门针对这种情况,开展了丰富多彩的区域文化服务。2013年,北京市组织了北京公园群众文化活动巡礼,活动以"唱响北京"为主题,以公园群众文艺活动及电视专题片展播为形式,在上千个群众业余团队中精选出42个各具特色的公园群众团队,有群众合唱队、京剧票友、群众秧歌、民间非物质文化遗产项目展示等。李光曦、陈爱莲等社会名人也参与了此次活动,名家名角和志愿服务者一起为群众放歌,为群众文化"代言"。社会名人的广泛参与提升了该活动的社会影响力,并通过他们的参与和示范,提高了群众团队的积极性和演出水平。2014年,朝阳区文化志愿者分中心实施了"肩并肩"农民工志愿工程,通过农民工信心工程、实事工程和自治工程三大工程,引导农民工的思想观念、生产生活方式融入现代社会。通过各项独具特色的区域文化志愿服务,极大地推动了北京市城市的和谐发展。

三 北京市文化志愿服务体系建设的一些思考

北京市文化志愿服务体系机制完备,制度规范,形成了优秀的团队,创立了具有首都特色的文化志愿服务品牌项目,对全国文化志愿服务建设都有借鉴意义。但与此同时,随着文化志愿服务的发展和时代的要求,文化志愿服务体系还有一些不足,需要在不断实践中逐步完善。

(一)健全机制建设,推进文化志愿服务体系完善

在市政府的主导下,市、区、街道组建了专门的机构(文化志愿者服

务中心/分中心)管理、组织、引导文化志愿服务工作,建立了文化志愿服务长效机制。今后要积极推动建立各类文化志愿团体建设,不断健全文化志愿者团体决策机构,通过成立董事会、理事会等机制使文化志愿者能够参与到与其自身利益相关的决策过程中,成为文化志愿组织的主体,健全文化志愿组织内部管理机构。

(二)整合各类资源,引导文化志愿服务走向自觉

文化志愿服务是社会公益事业,各级政府和相关部门有责任为其提供必要的支持和保障。要充分发挥政府投入的引导作用,鼓励社会力量积极参与、拓展社会筹资渠道、整合多种资源,逐渐形成政府引导下的文化志愿服务"百花齐放"的自觉局面。北京市整合各类资源推动文化志愿服务,努力使文化志愿服务在社会形成规模效应和示范效应。一方面,加强政府支持力度,在人、财、物等方面给予积极必要支持,扶持一批品牌志愿服务项目;另一方面,利用首都资源发展各类文化志愿服务团体。目前北京市已有333个文化志愿服务团队,这些团队既包括类似于北京歌剧舞剧院的专业文化志愿团队,也包括各类群众文化志愿服务团队。通过他们的示范效应,更多的人、更多的团队加入到了文化志愿服务中来。

(三)深化理论研究,为文化志愿服务提供政策支持

加强政策理论研究是推动文化志愿服务工作持续有效开展的重要基础。要结合实际,研究文化志愿服务工作的内在规律,逐步建立文化志愿服务政策理论体系,为推动工作开展和政策制定提供理论支撑。要吸纳相关部门、公共文化机构和高校科研院所的专家学者共同组建课题组,围绕文化志愿服务工作的典型经验、工作模式和突出问题等,在深入调研基础上,进行系统分析,形成研究成果,提出工作建议。

(四)梳理典型和品牌,发挥示范效用

培育、宣传一批品牌、示范性文化志愿服务项目,推动文化志愿服务社

会化和多元化是北京市文化志愿服务工作的重要目标。经过多年探索,北京文化志愿服务项目已经形成如"送福到家""最美夕阳红"等具有示范性意义的一系列文化志愿服务品牌项目。通过对在文化志愿活动中涌现出来的典型文化志愿者的宣传,可以吸引更多的文化艺术人才投身志愿服务工作。

北京市践行"人文北京"的发展理念,全面推进"人文北京"建设,文化志愿精神与"人文北京"在理念上高度契合。唯有不断发展文化志愿者服务,大力发展文化志愿服务事业,才能实现"人文北京""田园城市"的目标。

B.11 上海市文化志愿服务发展报告

沈宇翔*

摘　要： 2010年上海世博会以后，上海市志愿者队伍逐步扩大，服务主体进一步明确，服务方式不断丰富，服务内容进一步细化，文化志愿服务的理念逐步形成。2013年上海市首次从市级层面规划开展上海市文化志愿者工作，试点建立上海市文化志愿者服务基地。2015年上海市文化志愿者服务总队在上海市志愿者协会注册成立，上海文化志愿服务体系进入了整体规划和发展期。

关键词： 上海市　文化志愿服务　发展报告

一　上海市文化志愿服务发展历史

上海市志愿者服务工作由来已久，早在改革开放初期就初步形成志愿服务活动的萌芽，但当时的志愿服务活动分散于社会生活的各个层面，服务项目与形式较为单一，社会参与度较低。2010年上海世博会以后，上海市志愿者队伍逐步扩大，服务主体进一步明确、服务方式不断丰富、服务内容进一步细化，文化志愿服务的理念逐步形成。

（一）2010年前后的萌芽期

2010年上海世博志愿者的风采成功打造了上海的城市志愿服务名片，

---

* 沈宇翔，上海市文化广播影视管理局人才培训交流中心项目研发师。

也点燃了上海市民参与文化志愿服务的热情。世博会后，在上海的部分博物馆、图书馆、美术馆、社区文化活动中心等文化场所内初步形成了由社区居民和文化爱好者自发组建的文化志愿者服务队，通过戏剧表演、舞蹈、歌唱等方式进行文化志愿服务。这一时期的志愿者服务队规模小、影响力低，志愿者招募方式主要是熟人引荐，管理也较为松散，文化志愿者这一定义在当时也尚未明确。

（二）2012年的探索与实践期

世博会后文化志愿服务形态的初步形成引起了上海各级文化管理单位、各级文化场馆及志愿者管理组织的思考。市文广影视局在综合各方意见后，第一次在市级层面明确提出"文化志愿者"[①] 这一概念，并首先在中华艺术宫和上海当代艺术博物馆这两家知名文化场馆内进行了"两馆"志愿者招募活动。"两馆"文化志愿者吸取世博志愿者及其他重大活动志愿者的工作经验，建立了一整套科学的文化志愿者招募、培训、管理机制方案。"两馆"文化志愿者的形成为上海市众多美术馆、文化馆等文化艺术场馆提供了区域性文化志愿者管理的成功案例。各区县、街道（乡）镇内的基层文化单位参考借鉴"两馆"文化志愿者管理经验，陆续建立起各具特色的文化志愿者服务队伍。

（三）2013年的整体规划期

2013年6月起，为切实推进全市文化志愿者工作，完善文化志愿者工作方案及相关机制，上海市文化广播影视管理局牵手上海市精神文明建设委员会办公室，委托上海市文化广播影视管理局人才培训交流中心开展了上海市文化志愿服务工作调研，根据调研结果起草全市文化志愿者三年工作规划和试点工作相关机制。这是上海市首次从市级层面规划上海市文化志愿者工

---

① 这里所定义的文化志愿者是：年满18周岁以上，65周岁以下，自愿利用时间和技能为社会和他人提供文化艺术服务和帮助，能遵守国家的各项法律、法规和规章制度的个人。文化志愿者一般具有较强的专业技能。

作。2013年12月起试点建立上海市文化志愿者服务基地[①],吸引包括中华艺术宫、上海师范大学、天平街道社区文化活动中心等11家单位加入到首批试点基地中来。2014年底试点的11家文化志愿者基地中有7家被评为"文化部全国文化示范项目"。2015年,上海市文化志愿者服务总队正式在上海市志愿者协会注册成立,文化志愿服务体系进入整体规划和发展期。

二 上海市文化志愿服务现状

上海文化志愿者服务场所主要分布在各市、区(县)文化馆、图书馆、美术馆、博物馆、艺术馆、社区文化活动中心、文化活动室等单位中,在招募、培训、管理、激励等工作方面主要呈现如下特点和工作现状。

(一)招募工作现状

上海市文化志愿者岗位招募的特点是:需求量大、时间跨度大、专业性要求高。由于尚无全市的统一管理机构,各基层志愿者单位均依照各单位实际情况自主进行志愿者招募。

招募方式主要包括:楼宇宣传招募、临时招募、志愿者推荐、社区网络招募、发掘已有的组织、行政命令和临时招募等。招募流程分为宣传、报名、面试和录用。有些岗位招募量大、时间紧,一般报名就可成为志愿者。录用过程为看材料、过面试。面试考官一般由招募单位负责人担任。面试以个人素养和能提供的服务时间为主要依据。

(二)培训工作现状

目前,文化志愿者培训包括通识理论、岗位实操和专业交流三部分。由于服务项目量大面广、志愿者流动性大,多数单位对志愿者只做上岗前培训,不

---

① 文化志愿者服务基地是指:具有公共文化活动性质,能为文化志愿者提供长期服务岗位,支持并扶持志愿者开展志愿服务的场所。

安排考核作为统一衡量标准。随着观众要求的日益增长，很多单位开始开展志愿者专业知识的培训，如中华艺术宫的美术志愿者在上岗前开展了美术专业知识培训。

（三）管理工作现状

从整体角度来说，目前上海市尚未形成对基层文化志愿者的整体管理体系，现有的管理机制最高一级只在区县内部形成了局部的统筹管理机制，各志愿者服务内部主要是实行队长负责制的自主管理或志愿者召集人统筹制。

（四）激励工作现状

文化志愿者的激励机制一般只针对优秀文化志愿者个人及优秀团队。部分基层文化志愿者单位由于缺乏专项经费，只能通过上级的志愿者评比活动推荐优秀志愿者和团队参与评奖，自身无力对志愿者进行激励。针对优秀志愿者个人的激励，主要形式是对志愿者服务时间进行积分累计，依据评选标准对符合要求的优秀志愿者通过颁发荣誉证书或其他方式进行奖励，如长宁区志愿者组织依据已认定的志愿服务时间的长短，对志愿者授予不同的志愿者等级和荣誉证书。

针对优秀志愿者队伍的激励，主要是通过志愿服务项目评比、竞赛的方式选出并进行奖励，如嘉定区通过开展"百团大展""百团迎新""百团争秀""戏会龙潭""阿拉OK"① 等展出比赛，根据统一制定的评选标准，由巡访队对观众进行寻访调查，评选出优秀项目团队，评估结果公示无异议之后进行项目奖励，奖励资金作为项目专项成为获奖队伍今后活动开展的保障资金等。

---

① "阿拉"一词是上海方言中"我们"的意思。上海嘉定区组织的"阿拉ok"百团争秀活动主要包括戏曲、舞蹈、声乐等多种文化艺术表现形式，参与者都是来自嘉定区各界的文化志愿者。

三 上海市文化志愿者工作面临的问题

（一）招募机制中的五大难题

1. 志愿者项目设置不合理

主要体现在志愿者项目数量盲目增多，未从志愿者数量的实际情况出发。随着上海居民生活水平的不断提高，人们对于上海这座城市的文化生活要求也在不断提升。近年来新形式志愿者岗位不断增加，上海市志愿者协会数据显示，2010年志愿者项目数量为1100项，在册志愿者为60万人，2012年底志愿者项目数量为34000项，在册志愿者138万人。三年内虽然志愿者数量增长率高达130%，但仍远低于志愿者项目的增长率，项目岗位增长带来了更多的志愿服务机遇，但项目增长过快也导致志愿者供不应求。

2. 招募宣传地域局限性大

现有的招募方式往往只能局限在街道附近招募宣传。由于社区文化活动中心服务的地域化特点，其社会影响力有较大的局限性，而对于专业性志愿者的需求是一个街道自身无法解决的。从哪里招募足够数量的、专业的志愿者仍是困扰街道社区的一大难题。

3. 志愿者分配不均衡

主要表现在：热门地区、工作环境优越的岗位受青睐而部分偏远地区的岗位由于交通不便等原因难招募。目前在全市文化志愿者岗位中，文化场馆数低于街道社区文化活动中心数，但文化场馆志愿者总数远高于街道社区文化志愿者数。

4. 志愿者流失率高

调研显示，目前全市各文化场馆、街道社区文化活动中心均存在不同程度的志愿者流失，部分文化场馆如中华艺术宫76%的志愿者均为高校志愿者，流失率每年超过50%。全市50%的文化场馆志愿者流失率接近或超过40%。志愿者流失率居高的主要原因是已招募志愿者的年龄段、职业范围狭

窄。许多岗位需求时间跨度大、需要志愿者长期进行服务,如图书馆志愿者需要周一到周五每天上班,很多需要上课的学生和工作的白领因为时间冲突无法进行志愿者工作。

5. 志愿者专业素养不达标

随着文化志愿者项目、岗位的专业要求不断提高,很多志愿者难以满足文化志愿者的专业性招聘要求。目前各街道社区最为紧缺的就是艺术表演志愿者,这些志愿者要求有专业的艺术表演技能、水平,普通志愿者无法满足岗位要求。

(二)培训机制的过度宽松

培训机制的过度宽松主要表现在课程设置简单、培训方式单一、专业提升困难以及考核标准不健全。

1. 课程设置简单

调研发现,绝大多数志愿者只接受了岗位的基本技能培训,对于志愿者通识了解不多,如志愿者如何处理突发情况、怎样紧急疏散人流、怎样安抚受众情绪等课程培训几乎为零。

2. 培训方式单一

现有的培训方式多集中为讲座、视频、刊印资料等传统方式,这些方式并不能有效地激发志愿者们学习的兴趣,而缺乏互动的视频教学及需要死记硬背的刊印资料又会成为志愿者的一份"负担"。如何有效激发志愿者的学习兴趣,合理精简培训课程,增加其实用性趣味性,也是需要解决的一个难题。

3. 专业提升困难

专业师资不足,不仅是因为全市文化志愿者专业岗位多、专业导师数量不够,而且也因为部分街道居民文化层次太高,一般专业导师难以达到培训目的。如徐汇区湖南街道社区文化活动中心①辖区内的居民多为层次较高且

---

① 上海湖南路街道原为上海法租界西部的高级住宅区,至今仍保留700多幢花园住宅,上海越剧院、上海交响乐团、上海人民艺术剧院、青年话剧团以及上海市电影发行放映公司等文艺单位聚集于此。这也造成居住在此区域的居民中知名人士、离休干部和文艺爱好者居多。

拥有较高艺术品位的艺术家，针对由这类居民组建的志愿者服务队的培训困难在于一般专业导师水平不够，而邀请专业水平较高的艺术导师成本过高，难以为继。且部分志愿者拒绝进行专业培训，他们认为社区文化活动中心本身就是用来娱乐休闲的地方，参与志愿者活动的动机就是为了缓解工作压力，因此不想在休息之余增加学习压力。

4. 考核标准不健全

目前很多文化志愿者基层单位尚未将考核纳入培训体制中来。没有考核就难以考量培训质量，很多基层志愿者单位往往只是通过培训走个形式，志愿者听了几次讲座之后就直接上岗工作，没有一个标准来衡量他们对岗位信息、工作职责的了解是否合格，难以保证其服务质量。

（三）管理机制不统一，保障机制不健全

1. 缺乏统一机构规范管理

针对基层文化志愿者的管理仍主要依赖志愿者本身所属基层单位自主管理，尚无全市文化志愿者的统一管理组织和机构及规范化的管理标准。各基层文化志愿者组织缺乏横向沟通、交流，各行其道，很多针对文化志愿者的奖惩情况只在一个组织中被认可有效。各单位资源难以统一调控调配，对志愿者的组织把控力不强。文化志愿者的组成较为复杂，遍布各行业的志愿者工作时间波动较大，难以长期固定参与文化志愿者服务且艺术表演水平差距很大，怎样统一管理调配全市文化志愿者仍是必须解决的难题。

2. 保障机制不健全

由于缺乏统一的专项保障资金，志愿者保障工作陷入困境，主要表现在：项目活动经费不足、志愿者无人身保险、缺乏基本补贴、社会公益性支持少。志愿者活动经费不足。各基层文化志愿者组织无法申请到专项活动资金，好的项目难以开展。为节省成本而贸然选择成本较低或零成本的活动方式，往往导致了整体活动水平的下降，部分志愿者活动难以为继。部分志愿者单位甚至无法提供基本的志愿者补贴，而一些文化志愿者本身并不富裕，

每次参与志愿活动的车费、饭费都会额外增加其生活成本，进而导致文化志愿者活动稳定性、长效性、专业性受到影响。人身安全方面，由于文化志愿者活动时间周期短、服务场地多样化，目前市场尚无针对志愿者类别的特殊险种。同时因文化志愿者组织缺乏专项经费，无力为文化志愿者提供安全保险。社会公益性支持少。由于缺少宣传和统一管理，文化志愿者组织难以从社会公益性组织中申请物资支持和补充。

（四）公众认可度低的激励机制

1. 评价方式不科学

现有的志愿者评判机制主要是以志愿者个人的时间累计为唯一标准的评判机制和以比赛、投票形式为主的针对志愿服务项目、队伍的评判机制。但以服务时间为唯一标准的评价机制目前饱受争议，不少志愿者认为专业志愿者和普通志愿者在相同服务时间内的服务价值差别很大，不同岗位的志愿者工作量也大不相同，不能单一地用服务时间来评判志愿者的优劣。由于岗位设计分工不同，各岗位的工作量差距较大，此外高技术含量高专业水平的志愿者工作相同时间其工作效果、价值是不同的。还有志愿者认为老年志愿者与青年志愿者的服务时间计算也应有所不同，这些都需要进一步深化考虑。

2. 奖惩方式不健全

虽然上海市各基层志愿者单位拥有较丰富的激励手法，但由于受限于经费等多种原因，奖惩方式仍然很不健全。首先，现阶段的志愿者中普遍存在只奖不罚的情况。在调研中我们发现大多数志愿者组织都提及对于志愿者只评先进无法作惩罚的无奈，主要是因为志愿活动的参与者与组织者之间没有对等的权利义务关系，没有直接的利益交互关系。其次，现有的激励办法没有针对普通志愿者的激励办法，主要激励人群集中在优秀志愿者和优秀志愿者队伍上。最后，针对志愿者的常规激励方式包括颁发荣誉证书、举办表彰大会、交流座谈会、奖金、奖励旅游等形式，而一般的奖惩记录很难得到社会的普遍性认可，含金量大大下降。

四 发展方向与重点任务

（一）信息化管理和储备志愿者，打造社会文化发展新阵地

1. 加强思想重视，有效组织宣传

在我国，志愿者组织的宣传较少，组织形式也较为单一，市民对文化志愿者的认知和认同度还很有限。政府和社会对志愿者工作的重视程度仍显不足。美国、澳大利亚等地通过电视节目、广告宣传、学校在校教育等方式充分介绍志愿者的分类和内涵，使市民从小养成关注志愿者、理解尊重志愿者的基本素养。

在上海，对于文化志愿者的宣传工作首先就需要加强思想重视，建立有效的宣传机制。充分发挥新闻媒体的舆论优势，针对不同人群，通过多种形式对上海市文化志愿者服务活动进行全方位、多视角的报道，充分阐释文化志愿者的理念，突出文化内涵，营造良好的舆论氛围和社会环境，提升全社会对文化志愿服务的认同度，引导市民尊重文化志愿者的劳动，积极参与到上海市文化志愿者服务活动中来。同时注重对在校学生的志愿者文化教育，将志愿者精神带进校园，努力培养学生的志愿者意识。

2. 推进志愿者信息化管理，构建文化志愿者工作平台

随着志愿者事业的发展，信息化志愿者管理方式已在各国普遍流行。澳大利亚图书馆通过志愿者信息管理平台将媒体广告、网上申请、岗位安排及志愿者联系等方面内容紧密结合，不仅通过技术手段有效地保护了志愿者的个人信息隐私，同时也有效规避了志愿者因参加多个服务岗位而引发服务时间冲突的可能。[①] 德国通过志愿者信息管理平台明确了志愿者运行过程中派遣方、接收方和协调方的权限，同时运用信息化手段保证了其在33个国家

---

① 刘通：《澳大利亚国家图书馆志愿者服务实践及对我国的启示》，《图书与情报》2012年第1期。

协调处、900个地方办事处的岗位信息沟通工作,保障了信息传递的时效性,同时节省了每年上万封信件传真的成本费用,从另一个角度来说也是为环境保护做出了贡献。①

借鉴信息化管理在国外运用的成功经验,上海也可以运用数字化技术在上海市志愿者管理系统的基础上构建"上海市文化志愿者工作管理平台"(以下简称"工作管理平台")来有效解决市民反映的招募信息不对称、志愿者和项目对接难等问题。文化志愿者管理网络工作平台需要涵盖市、区、街镇三个层级,实现线上信息发布、宣传推广、报名登记、组织管理、文件下载等功能,网络平台要纳入文化上海云总平台之中。

"工作管理平台"根据工作职能为各下属办公室、各基地、各志愿者分配操作权限,明确管理平台操作程序及相应职责。各文化志愿者基地通过平台进行信息发布、传递与反馈,实现志愿者岗位需求信息同其他基地间的交互共享,合理监管并优化控制志愿者岗位。志愿者通过"工作管理平台"完成基本信息注册登记、志愿项目申报、检索志愿者岗位需求信息及其他相关文化志愿者资料、通知下载工作。"工作管理平台"的利用推进了上海市文化志愿者工作的规范化管理。

3. 优化设置社会志愿者岗位,加强文化志愿者储备

优化设置社会志愿者岗位,避免志愿者成为被压榨的劳动力,合理减少社会失业率。建立志愿者数据库,记录志愿者个人信息、业务培训、服务意向、服务时间、服务内容、工作评价、领取津贴等相关资料,经"工作管理平台"自动生成个人档案存储在志愿者数据库中,为志愿者的管理和使用提供技术支持。数据库中的文化志愿者可经"工作管理平台"直接向管理平台上的各志愿者基地投递志愿服务意向,经面试、培训、考核,通过后正式成为文化志愿者。同时庞大的文化志愿者储备能有效解决部分岗位无人可招的尴尬局面。

---

① 敖带芽:《德国志愿体系对我国发展志愿组织的借鉴与思考》,《探求》2014年第2期。

（二）科学设置、强化内容，为提升文化志愿水平提供依据

1. 从志愿者角度出发，改变传统培训方式

发达国家针对志愿者的培训大多注意从志愿者的角度出发，对志愿者的培训包括了长期素质培训和短期技能培训。日本对志愿者的培训比较全面，主要包括：项目理念和岗位介绍、文化差异讲座、安全管理、志愿者交流。项目理念和岗位介绍主要是充分阐释志愿者所需服务项目的精神、工作内容和要求。[①] 德国在志愿者培训过程中除传授各种知识、技能外，还引导青年提出合理化建议，并帮助他们实现自己的想法。培训中，青年的一切建议都会得到重视，一切想法都会被倾听，这些想法甚至会在今后的教育中成为最重要的应用。[②]

借鉴国外志愿者培训的成功方式和经验，上海市文化志愿者的培训方式需要在传统培训方式上加以转变。文化志愿者培训应根据文化志愿者基地建设定位、文化志愿服务岗位和文化志愿者原有知识结构，科学设置培训课程，形成科学的阶梯形的培训课程体系，每一级课程设置应规定完成的培训课时，打破教师一言堂的教学方式，采用授课与角色扮演、演讲、讲座、沙龙、网络培训平台等形式，鼓励志愿者走出课堂，拓展户外培训，开展外省市基层文化志愿者交流活动。

2. 丰富培训内容，重视培训考核评价

丰富培训内容。文化志愿者服务对象广泛、涉及领域较多，为建设具有丰富知识内涵的文化志愿者队伍，美术、音乐、建筑、文学方面的知识都需要加入其中。也可根据需求，定期开展有针对性的综合素质培训、专业技术培训、专项服务培训、骨干志愿者培训、团队精神培训、新成员培训等，通过专项和常态化的培训，提升文化志愿者综合素质，发挥专业特长。

---

① 陆素菊：《志愿者队伍的培育与学校教育的责任——基于对日本志愿者活动现状及其成因的分析》，《深圳职业技术学院学报》2005 年第 4 期。
② 敖带芽：《德国志愿体系对我国发展志愿组织的借鉴与思考》，《探求》2014 年第 2 期。

加大培训考核力度。根据岗位，设置考核环节，以面试、笔试、心理测试、专业岗位实际操练等方式开展考核。考核合格后，才能注册成为专业志愿者，进入服务基地上岗服务。重视培训评估，提高培训工作的效果和效率。

（三）有效管理、制度保障，为文化志愿服务保驾护航

1. 加强组织建设，优化各项管理机制

文化志愿者发展过程中遇到各种难题的根本原因在于缺乏有效的组织建设和组织化、制度化管理。许多国家志愿者活动逐步实现了组织化和制度化，志愿者的队伍不断壮大。日本有50%的国民参加过志愿服务活动。韩国的志愿服务已建立总社、分社协议会、地区协议会、基层服务会的四层管理机制，将志愿服务活动的积分纳入国家教育体系，占高中成绩的8%。新加坡的志愿者组织——人民协会由前总理李光耀一直任主席。泰国政府明令规定大学毕业生要到贫困地区做1年的志愿服务，服务积分同社会劳动保障体系挂钩。

综合各国志愿者组织管理工作的成功经验，结合上海市文化志愿者发展情况，上海市文化志愿者也应加强组织建设。建立由市文广局、市文明办、市财政局共同组建的上海市文化志愿者工作委员会。由市文明办、市财政局负责核拨志愿者活动专项经费。市文明办负责指导志愿者工作，市文广局公共文化处负责业务活动指导。组织人事处负责指导人员管理，市文广局人才培训交流中心负责管理上海市文化志愿者各基地建设。落实分工建立各部门联动的协调工作机制，加强对文化志愿服务工作的总体规划、协调指导，有选择地在区、县、街道、社区文化活动中心进行试点，总结经验逐步在全市展开文化志愿者工作。

优化各基地文化志愿者的管理机制，完善志愿者的招募与培训机制、保障机制、激励机制及反馈评价机制等。提高文化志愿服务的质量，引导上海市文化志愿者参加相关知识和技能培训。建立保障机制，提供良好的工作环境即一定的工作安全保障，促进志愿服务活动持续健康发展。

2. 引导社会公益基金汇入，多形式加强志愿者保障

德国对志愿服务的资金支持丰富而有效。主要包含两方面内容，一是社会整体出资结构合理。政府是志愿服务的主要出资人。社会志愿服务、生态志愿服务和国际志愿服务中约90%的经费来自政府，其余才是组织会费和社会捐款。德国法律不允许商业机构过多介入志愿服务工作。二是资金支出严格按照各方的权利和义务分配，充分保障各机构的正常运行和志愿者的基本支出。[①] 澳大利亚的志愿者组织经费来源主要是联邦政府提供、商界赞助和协会收取的费用。政府定向采购社会服务款和社会捐助是许多志愿服务组织的主要经费来源。财政是澳大利亚政府对志愿服务组织施加影响的主要渠道之一，有了充足的经费，志愿者保障工作才能得以落实。[②]

上海市应将上海文化志愿者工作经费纳入政府公共财政预算保障范围，为文化志愿服务项目提供必要的资金支持和其他保障，根据需要为文化志愿者购买保险和基本物质保障，促进志愿服务活动持续健康发展。

整合辖区内的资源，充分发挥政府投入的引导作用，兴建公共账户，吸纳热心公益的社会资金。调动和利用社会各方资源以改善上海文化志愿服务的基本条件，为大型文化志愿服务活动、重点文化志愿服务项目以及常规文化志愿服务项目提供必要的资金支持和其他保障。对于经费收入和支出应明细公示接受媒体及社会各界监督，确保专款专用。为充分保障文化志愿者的人身安全，应为每个志愿者购买人身保险。但目前为止一般险种无法满足。

（四）强化反馈评价机制，拓宽奖惩方式

1. 建立科学合理的评价体系，累计志愿者服务积分

建立科学的评价体系应是建立综合服务时间、服务质量和效果来判定文化志愿者服务的反馈评价机制。各基地设立文化志愿者一卡通的IC卡拉卡

[①] 敖带芽：《德国志愿体系对我国发展志愿组织的借鉴与思考》，《探求》2014年第2期，第78~83页。

[②] 青锋、袁雪石：《澳大利亚志愿服务发达完善》，《法制日报》2012年6月5日第10版，http://www.legaldaily.com.cn/bm/content/2012-06/05/content_3618238.htm。

终端累计记录文化志愿者的服务时间，依此计算每名文化志愿者的累积服务积分。通过问卷访谈的形式，调查被服务者满意程度，受访者的满意程度直接同文化志愿者的服务积分挂钩。各基地依照文化志愿者每年所获的信用积分数及其本身专业特长水平评定志愿者星级，不同星级的志愿者服务时间同志愿者积分的兑换比率不同。评价结果及累积分数公示在官方网站上，设立反馈电话、邮箱，并对外公开，接受社会各界针对文化志愿者服务的监督和建议。依据评定结果每年开展志愿者表彰大会，评选志愿者之星，表彰志愿活动的优秀分子以及支持志愿者工作的组织单位。

2. 拓宽奖惩方式，促进全民志愿服务

从国外的经验来看，美国志愿者的激励方式分为形象激励、兴趣激励、精神激励和经济激励四个类别。除上述方式外，美国的精神激励也贯穿在志愿服务的过程中，主要通过生日贺卡、生活关怀等方式在平凡服务过程中对普通志愿者进行激励。日本则更为周到地为志愿者提供职业发展顾问，协助志愿者解决就业问题。在我国目前仍无强制性要求志愿者服务，现试行的志愿者制度对服务质量差的志愿者进行吊销志愿者资格的惩罚措施。目前的激励方式仍较为单一，针对已有的优秀志愿者的激励办法除传统表彰大会以外还应拓宽其他激励方式。及时总结志愿者服务工作，是激励志愿者的最好依据。不定期的鼓励是对他们工作很好的激励。如赞扬他们的行为并鼓励其保持和改进；对他们的行为偏差提出更好的建议；与他们共同研讨工作思路；采纳他们个人的合理化建议；关心志愿者的家庭生活和兴趣，以邮寄感谢信、记住志愿者的生日等非正式形式表示认可和激励。针对希望不断掌握服务知识和技巧、提升专业知识的志愿者可以邀请艺术名家与志愿者开展面对面的交流指导，在进一步激发志愿者的工作热情的同时提升志愿者的专业水平与艺术造诣。

针对尚未成为文化志愿者的普通市民，为充分调动市民积极性可以效仿国外义工模式，将志愿者服务积分同社会信用积分挂钩，或者采用在孩子升学过程中家庭累积志愿者积分高的家庭享有优先择校权的方法鼓励市民参与文化志愿者活动。加强企业同志愿者基地的沟通，为企业团队训练提供基地，进而吸引公司白领参与到社会志愿服务活动中来。同时通过媒体对优秀文化志愿者事迹进行宣扬，充分发挥新闻媒体的舆论优势，多种形式对上海市文化志愿者服务活动进行全方位、多视角的报道。充分阐释文化民生理念，突出文化内涵，营造良好的舆论氛围和社会环境。提升全社会对文化志愿服务的认同度，引导市民尊重文化志愿者的劳动，积极参与到上海市文化志愿者服务活动中来。

B.12
天津市文化志愿服务发展报告

路 浩*

摘 要： 2005年天津博物馆的志愿者招募开启了天津市文化志愿服务工作的先河。2012年天津市公共文化服务志愿总队成立，标志着天津市文化志愿服务工作规模化、制度化、规范化进程的开始。2014年天津市尝试加强全国各省际文化志愿者横向交流与合作的发展路径，推动文化"走出去""请进来"，推动了文化志愿服务工作的发展。

关键词： 天津市 文化志愿服务 发展报告

一 天津市文化志愿服务发展历史

志愿是有志于并情愿、甘愿的精神与态度，志愿服务是自愿、无偿地服务他人和社会的公益性活动。我国的志愿精神古而有之，从隋唐时代具有宗教色彩的社邑活动寻求滥觞[1]，明清时期以行善为首要功能的慈善组织[2]，到民国时期熊希龄等兴办香山慈幼院收容孤儿，再到当下的志愿服务，志愿工作具有深厚的文化根基。

早在1989年，天津市和平区就率先成立了"社区服务志愿者协会"，

---

* 路浩，天津市群众艺术馆综合办公室干部。
[1] 宁可、郝春文：《敦煌社邑文书辑校》，江苏古籍出版社，1997。
[2] 梁其姿：《施善与教化》，河北教育出版社，2001。

协会文化社团开展的志愿服务就是文化志愿服务的雏形。① 进入21世纪，天津市文化志愿服务工作广泛开展。2005年，天津博物馆开始进行志愿者的招募，开启了天津市文化志愿服务工作的先河。2009年，北辰区创建了公共文化服务志愿队，并在2012年2月成立天津市首个文化志愿者服务中心，同时设立了13个文化志愿者服务分中心，拥有文化志愿者服务团队近百支、志愿者千余人。② 2012年11月，由天津市文明办、天津市文化广播影视局、天津市群众艺术馆共同组建的天津市公共文化服务志愿总队正式成立，标志着天津市文化志愿服务工作规模化、制度化、规范化进程的开始。过去的几年，天津市全面落实文化部文件精神，不断推出新举措，在全市范围内大力弘扬文化志愿服务精神，文化志愿服务工作取得了新成绩。天津市文化广播影视局在2013年、2014年连续获得"全国文化志愿服务组织工作优秀单位"的称号，天津文化志愿者西藏新疆行、"爱心天使 传递书香"和平区图书馆志愿服务活动、静海县书画文化志愿服务活动、"中国梦 蓟州行"蓟县文化馆文化志愿服务活动获2013年"文化志愿者基层服务年"示范项目的称号，天津河西区文化志愿者内蒙古乌海行、天津文化志愿者西藏昌都行、天津文化志愿者兵团行、"魅力北部湾"系列活动、"文化惠民基层行"百场公益志愿服务演出、"中国梦 滨海情 文化随行"——滨海新区群星艺术团基层文化志愿服务、文化公益大讲堂获得2014年"文化志愿服务推进年"示范项目的称号，天津市少儿图书馆党总支书记、馆长李俊国，天津市群众艺术馆演出策划部主任、天津市公共文化志愿服务总队秘书长刘新宝、天津图书馆读者活动组组长黄佳被评为"2014年全国文化志愿服务组织工作优秀个人"，天津黑骏马文化发展有限责任公司总经理赵国秀、天津明山钢铁公司董事长王成山、天津市南开区文化和旅游局社文科负责人齐国敏、天津市武清区文化馆武术队教练沙利军被评为"2014年优秀文化志愿者"。

---

① 吴昊：《我国基层文化志愿服务的经验与启示》，《图书馆学刊》2014年第10期。
② 禾安：《天津文化志愿服务助推基层文化建设》，《中国文化报》2013年3月6日。

二 天津市文化志愿服务发展现状与特点

天津市的文化志愿服务近年来始终坚持志愿服务理念，不断推进制度创新与文化活动创新，在文化志愿服务体系建设和实践方面已经初步形成了自身的特点。

（一）文化志愿服务体系建设

在制度建设方面，天津市参考了其他系统与其他省市的相关经验，制定了《天津市公共文化服务志愿总队章程》，明确了志愿服务的"志愿性、无偿性、公益性、组织性"原则，树立了"奉献、友爱、团结、互助"的宗旨。目前，所有参加天津市公共文化服务志愿总队的志愿者，在正式开展志愿服务前均要学习这一规范性文件，并且将各项服务宗旨落实到实际的服务工作中。

在机构建设方面，天津市公共文化志愿服务总队采取了分级制，即将总队建于天津市群众艺术馆，在全市16个区县文化馆设立区县分队。与此同时，还依靠社会力量的介入，特别是将各民营剧团列入公共文化志愿者队伍之中，成立了天津市公共文化志愿服务民营剧团分队，进一步增强文化志愿服务的服务能力。在队伍建设方面，由于文化志愿者将承担文化馆的一部分演出工作任务，如消夏纳凉晚会、舞蹈演出等，这对文化志愿者的自身素质水平提出了一定的要求，因此，天津市十分重视加强对志愿者的辅导培训和理论研究工作。在吸纳社会各界具有一定文化艺术专长人士参加文化志愿服务工作的基础上，注重吸收具有较高艺术水准及社会知名度的老艺术家、文化新秀加入到文化志愿服务队伍中来，为文化志愿服务工作的辅导培训与理论研究实现了新突破。

（二）博物馆、展览馆的文化志愿服务

天津博物馆、天津自然博物馆、平津战役纪念馆等展馆的文化志愿服务

主要体现在展馆讲解，场馆内的引导、帮助服务，以及科普性的社会教育活动三方面，在近年间已吸纳志愿者400人左右。以天津博物馆为例，该馆2005年起进行志愿者的招募，如今有长期志愿者150余人，特展志愿者约50人，基本可以满足馆内工作的正常运行。馆内平均每日有10位志愿者参与志愿服务工作，在节假日、临时性展览等时期则需要日均20位志愿者，全年志愿服务约4500人次。

天津博物馆的志愿者招募通常有两个途径，一为社会招募，如在职的公务员、事业单位干部、医生以及退休职工等；二为天津市各大高校的学生，天津博物馆曾在南开大学、天津师范大学、天津外国语大学、天津中医药大学、天津商业大学等高校之中设立实践基地，招募大学生志愿者。同时，对于志愿者的选拔也较为严格，特别是讲解志愿者，在发音以及形象上都会有针对性的要求，通常能达到10∶1的录取率。志愿者被录取后，会进行相应的技能培训，如介绍团队的基本概况和工作安排，进行讲解语言和形体的训练，介绍分类讲解培训及紧急情况处理方法，补充与展览内容相关的业务知识等。

博物馆的志愿服务工作，在制度管理上较为严格，有着明确的规章细则。例如，为新加入的志愿者召开志愿者见面会，熟悉所在团队成员与工作流程；对志愿者进行定期的考勤登记，对于志愿者的服务时长也有着明确的要求：特展志愿者每周的志愿服务频率不少于3次，长期志愿者每周的志愿服务频率为1次，每次服务都不能少于3个小时。① 在队伍建设方面，天津博物馆会根据志愿者的岗位、自身的职业与需求进行有针对性的培训，如主题沙龙研讨，带队外出学习等，很大程度上提高了志愿者的知识面；同时，为了消除志愿者的倦怠情绪，对于志愿者本身采取分级制度，以不同颜色的工作证进行区分，提升志愿者的荣誉感与责任感。

（三）天津市公共文化志愿服务总队

天津市公共文化志愿服务总队建于天津市群众艺术馆，自2012年成立

---

① 卢永琇：《天津博物馆志愿者的管理培训实践与思考（下篇）》，《中国文化报》2012年8月2日。

以来，广泛开展各类文化志愿服务活动。2014年天津市公共文化志愿服务总队组织实施的"2014年天津市公共文化服务志愿总队基层行"活动被天津市政府列为2014年文化类"20项民心工程"中的首项内容，"文化惠民基层行"系列公益文化志愿服务主题活动、"百场京剧进社区"系列演出等活动的成功举办让广大基层群众得到了更多的文化实惠，共享文化发展成果。与此同时，全市各区县也开展了形式多样、丰富多彩的文化志愿服务活动，全方位、多层面、多角度地反映了本市文化志愿服务方兴未艾、欣欣向荣的生动格局。

另外，天津市在2014年尝试加强全国各省际文化志愿者横向交流与合作的发展路径，如由天津市群众艺术馆与浙江省文化馆共同举办的"江南情韵"浙江省曲艺优秀节目专场演出、"春雨工程"文化志愿者西藏昌都行、天津文化志愿者新疆生产建设兵团行、河西区文化志愿者边疆行、和平区文化志愿者边疆行等活动，推动文化"走出去""请进来"，打破文化志愿者只能为本地公众提供服务的固有思维，为人民群众带来了更为新鲜的艺术形式。

截至2014年底，全市文化志愿者总数达4万余人，天津市公共文化志愿服务总队2014年演出150余场，各区县及基层单位开展志愿服务活动6400余场，志愿服务演出活动形式多样、创意新颖、充满正能量，充分体现了"文化惠民"的宗旨与文化志愿服务的核心精神，受益群众达到196万人次。①

三　文化志愿服务面临的问题与机遇

志愿服务是衡量一个国家、一座城市文明与进步的标志，在2008年北京奥运会顺利举行后，志愿者这一代表着荣誉与使命的称号渐渐为大众所熟知，近年来如夏季达沃斯论坛、2014年南京青年奥林匹克运动会等重大活

---

① 文化部公共文化司编印：《天津市公共文化服务体系建设基本情况》，2014年12月25日。

动中也越来越频繁地见到志愿者的身影，可以说，志愿服务已经具备了一定的群众基础与社会认知度。马斯洛需求层次理论中曾指出，人类最高层次的追求是自我实现的追求。个人以志愿者的身份，凭借自身的能力与特长为大众服务，践行公益的理念，充分体现自身价值，实现精神上的自我满足。在此基础上，还能补充知识、拓展兴趣，有利于个人身心的发展，特别是学生群体，认知发展理论的相关研究表明，青少年参与的社会活动会对其公民意识的培养具有重要意义，如性格、心理、社会责任感等[1]，而志愿活动本身对于其未来的就业也有着相当积极的意义。因此，大力推行文化志愿服务的理念，可以借助公众对志愿者的认知搭建文化志愿者梯队平台。

文化志愿服务已成为当代社会的刚性需求。近年来，天津市的经济发展一直呈现良好态势。2014年，天津市生产总值为15722.47亿元，按可比价格计算，比上年增长10.0%，增速位居全国前列。物质生活不断提高激发了人民群众对于精神生活的追求。过去，天津市公共文化活动的组织与举办主要依靠市群艺馆与各区县文化馆的操持，但随着群众对于公共文化活动在数量、质量等方面需求不断提升，单纯依靠文化馆的力量是不够的。更多的文艺工作者、文艺团体、民营剧团等加入到文化志愿者的阵营之中，通过文化志愿服务工作丰富市民的精神文化生活、陶冶情操，进而提高天津这座城市的文化素养。

在积极推进天津市文化志愿服务工作的过程中，也存在一些问题，主要表现在以下几个方面。

第一，文化志愿服务的宣传工作开展不足。目前文化志愿服务的宣传报道以传统媒体为主，宣传手段较为单一，导致公众对文化志愿服务的理念认识不够，也就无法提供全方位的支持，致使相关工作的开展事倍功半。

第二，文化志愿者的招募渠道较为单一。如天津市公共文化志愿服务总队的文化志愿者绝大多数为民营院团的文化工作者，而一些有志愿服务意向

---

[1] Chau-kiu Cheung: Developing civic consciousness through social engagement among Hong Kong youths, *The Social Science Journal*, 2004, pp. 651–660.

却并没有文艺特长的群众却无法加入其中。

第三，文化志愿服务的制度建设与管理亟须完善。文化志愿服务的准入准出机制、培训方式与手段等方面都需要建立和健全相应的规章制度，通过规则对文化志愿者进行适当的约束，以更好地为市民输出高质量的、精彩的文化盛宴。

第四，文化志愿服务还缺乏必要的资金支持。目前的资金只能满足演出方面基本的需求，如场地租赁、舞台的搭建、灯光等费用，而对于其他方面的支持则还差强人意，制约着文化志愿服务工作的开展。

四 文化志愿服务发展方向与重点任务

天津市要在巩固目前文化志愿服务工作所取得成绩的基础上，发扬机构建设、队伍建设等方面的特点和优势，解决存在问题，联合各区（县）公共文化单位、公共图书馆、文化馆（站）以及广大文化志愿者，创新服务内容，培育服务品牌，规范文化志愿者队伍，集中精力推动文化志愿服务的制度化建设。

（一）加大宣传力度，拓宽宣传渠道

整合现有的传媒资源，与新媒体进行合作，加大对文化志愿服务活动的报道力度，从实时报道、新闻评论、相关人物专访等多个角度，静态的图片与动态的视频相结合，通过报刊、电视、网络、手机微博、微信等多种方式进行新闻的采编播报。只有加强对于文化志愿服务工作的报道，才能让广大的人民群众了解文化志愿服务是什么，只有引起广泛的社会认知，才能吸引更多的人加入到文化志愿者的队伍中来，以更好地推动文化志愿服务工作的深入。

（二）开放社会招募，给有志之士更多机会

由于文化志愿者与一般意义上的志愿者相比有一定的特殊性，所以一直以来文化志愿者的招募以定向招募，即从民营剧院中招募为主，文化志愿者

大多具有专业技能。但是这并不代表文化志愿者就不能进行社会招募。实际上，伴随文化志愿服务工作的开展，对服务型志愿者的需求也会不断增加。所以，要适当开放社会招募渠道，给予这些不具备专业技能但是乐于志愿服务的群众以更多的机会，同时也可以丰富文化志愿者队伍的人员构成。

（三）完善管理规章，加强队伍制度建设

在制度建设上，文化志愿服务要体现出"自觉自愿"的宗旨，完善准入、准出机制，做到良性发展，对于招募的文化志愿者也要进行社会公示，起到监督作用。在队伍建设上，要对志愿者进行"服务化"管理，针对志愿者的不同需求进行不同类别的培训，也可通过评选、颁发证书等方式激发志愿者的荣誉感和凝聚力。当然，在今后的文化志愿服务工作中，对于志愿者自身也将提出更高的要求，志愿者应紧跟时代潮流与文化走向，为大众提供"订单式""点餐式"的文化志愿服务，做到有的放矢，符合社会需求。

（四）加大资金投入，为文化志愿服务提供更多可能

在保证演出、培训等活动的质量的基础上，加大资金的投入力度，应用于其他各个方面。如与新媒体的宣传合作，普及推广文化志愿服务；为志愿者缴纳保险费用，提供服务的保障；加强对志愿者的培训质量与培训力度，使其能够提供更好的服务。

B.13
陕西省文化志愿服务发展报告

李喜科*

摘　要： 陕西省的文化志愿者团队自2005年开始组建和发展，2010年后文化志愿服务的组织化和制度化建设得到大力推进，组织网络不断完善，文化志愿服务队伍不断壮大，形成了以青年学生和专家（专业）为主的文化志愿者队伍，通过开展形式多样的经常性和长期性的文化志愿服务活动，促进了社会和谐与文明发展。

关键词： 陕西省　文化志愿服务　发展报告

一　陕西省文化志愿服务发展的历史

（一）自发性的文化志愿服务发展历史

早期的文化志愿服务多是人们自发形成的，主要表现为文化爱好者在自娱自乐的同时对他人进行的一种服务，如陕西农村秦腔爱好者的"自乐班"，还有各种节庆时群众自己组织的一些社火、锣鼓表演等形式。这些文化志愿服务活动局限于比较小的地域范围内，是群众的自发性活动，缺乏组织与引导和资金支持，整体质量不高，以娱乐为主。

---

* 李喜科，陕西省文化厅公共文化处主任科员。

(二)政府主导下的文化志愿服务工作的发展历史

群众自发性的文化志愿服务在陕西省虽然有比较久远的历史,但与当前文化发展的需要和消费者对文化的需求来看,远远不能满足现在的文化志愿服务发展的需要,尤其是在现今国家的治理结构发生重大转变的时期,要让政府、市场、社会各方面共同发力对国家社会事务进行管理,尤其要发挥好社会组织对社会事务的自我管理、自我服务的要求。社会组织具有非营利性、独立性、志愿性、自治性、和组织性的特点,文化志愿服务组织就属于社会组织的一种。传统的自发的文化志愿服务已经无法满足对社会事务的自我管理、自我服务、拓展发展、扩大受众面的要求。自文化部和文明委联合下发开展文化志愿服务活动的相关文件以后,陕西省的文化志愿服务组织就走上了规范化、组织化、快速化发展的道路。随着公共文化服务体系的不断健全,社会志愿服务意识的不断增强,近年来,陕西省文化志愿服务工作发展态势良好,文化志愿服务热情持续高涨,文化志愿服务队伍逐渐增多,文化志愿服务范围不断扩展,文化志愿服务形式不断创新,文化志愿服务水平不断提高。

二 陕西省文化志愿服务发展现状及活动开展情况

从 2005 年开始,陕西省的志愿者团队在文化行政部门的指导下逐步发展,尤其是 2010 年后各种文化志愿服务组织得到了迅速发展,开始登记注册、成立团队、赋予专门的标志标识,加之各级文化行政部门对其进行宣传、培训和组织引导,文化志愿服务队伍壮大,注册人数激增,活动开展频繁。从陕西省来看,文化志愿服务组织大多是借鉴"枢纽型"社会组织的组织架构来运行的,多表现为以市级文化志愿服务组织为核心建立文化志愿服务大队,在分管区域内建立中队、分队的形式。志愿者团队以注册志愿者与临时招募志愿者相结合,开展常态性活动与临时集中活动,文化志愿服务

的社会影响力日渐提升，为促进社会发展、缓解社会矛盾发挥了积极作用，成为社会文明和谐的推进器。

（一）各级党委、政府的重视是陕西省文化志愿服务工作得以迅速发展的组织保证

近两年，文化志愿服务工作受到各级党委和政府前所未有的重视，推动了这一工作的有力进行。省市级文化主管部门相应成立了专门负责文化志愿工作的组织，加大了对志愿工作的投入，从组织架构、人员编制、资金保障等各方面保证了这项工作的顺利开展。

（二）出台了相关制度，完善了管理机制，使文化志愿服务工作有章可循

省和各地市都根据自己的实际情况出台了相关制度，完善了管理机制，使文化志愿服务工作有章可循。省文化厅先后下发了6份文件对陕西省的文化志愿服务工作进行安排部署。各地市文化主管部门也根据自己的实际出台了一些制度，比如宝鸡市2011年7月制定了《宝鸡市文化志愿者管理制度》，对本馆所招募的文化志愿者的主要职责、招募方式和管理、权利义务、激励机制、推出机制等进行规范化和制度化，同时制定了《宝鸡市文化志愿服务奖励回馈办法》，建立了志愿者嘉奖制度，对在志愿服务活动中表现突出、服务时间长、服务质量好、服务成效显著的志愿者进行褒奖和嘉许，如授予"优秀志愿者"称号，每年评定一些五星级文化志愿者，进行表彰奖励，并在就医、公众服务等方面提供尽可能多的优惠政策。这些措施很好地促进了文化志愿服务工作的发展。

（三）以"2项示范项目"和"9个主题活动"为抓手，有力地带动了文化志愿服务活动

一是各地市在进行"春雨工程""大地情深"和"9个主题活动"给基层民众送去喜闻乐见的文化艺术节目的同时，志愿者工作也得到了最好的宣

传，志愿者队伍不断庞大。有些志愿者团队在当地已经成了一个响亮的名片，如商洛群艺馆的文化志愿者经常进入校园，使当地学生对书法和志愿者队伍产生了深厚的兴趣。尤其是在2014年"文化志愿服务推进年"系列活动的推动下，随着文化志愿服务工作被纳入公共文化服务体系建设，融入国家文化发展总体战略，陕西省文化志愿服务注册的人数激增，在陕西文化信息网上的陕西文化志愿者服务平台库中现已注册的人数达五千多人，累计服务人数约三四百万人次。

二是志愿服务指导各类演出及会演活动，培训基层志愿者进行间接的志愿服务。如帮助群众排练秧歌，指导新春文艺排练；配合路线教育实践活动排练节目送文化下乡；帮助排练各种演唱会；帮助编排广场舞等民间舞蹈活动；借节日时机组织号召志愿团队给群众送春联，举办说书、民歌、广场舞、演讲等多种形式的文化活动。

三 文化志愿服务组织的类型及特点

陕西省的文化志愿服务类型从志愿者主体来看大体上主要有以下三类，一是自发形成的服务组织，这种类型的组织大多常见于农村基层和城市的社区，志愿者是出于对文化的爱好而走到一起的，表现出随机性强、人员较少且年龄偏大、自娱自乐活动为主、专业性不强、文化程度不高、经费不足、服务人数少等特点。二是以青年学生为代表的青年学生文化志愿者，这类志愿者队伍人数众多，成为社会组织的主力军。三是专家（专业）型文化志愿者队伍。本文主要对后两种类型的文化志愿者队伍发展现状和特点进行介绍。

（一）青年学生服务型文化志愿团队

青年学生服务型文化志愿团队基本以学生志愿者为主，高校学生占大多数，长期接收志愿者。从人数上来看，青年学生志愿团队是整个志愿者队伍的主体，聚集在陕西省高校集中的西安、宝鸡、延安、杨凌、渭南等城市。

现陕西省有高校志愿者团队171个、学生个人志愿者6112人、社会工作人员343人。由于团队的构成人员主要以学生为主，存在人员流动性大和时间受限于周末假期的特点，因此主要承担整理文献、读者导读、活动宣传、后勤服务、咨询、协助和秩序维持等基础性、辅助性的志愿服务工作。因此，对这一群体大多采取了长期接收和定项招募的方式，以满足工作的实际需求和不断为团队补充新生力量。同时，在工作中也注意发现并培训了一些优秀的志愿者从事较长期、较专业性的工作，根据志愿者个人发展特点也让其参与一些活动的组织工作，以激励志愿者。这部分志愿者被统称为青年学生服务型文化志愿者。

青年学生服务型文化志愿团队中，陕西省图书馆的兰台志愿者团队（以下简称"陕图兰台"）发展较早，经验成熟，规模较大，运行良好。陕西省图书馆围绕省图读者服务工作，开展各类志愿服务活动，取得了不错的成效。他们先后开展了陕图文献整理岗位的志愿者招募及志愿服务活动、以"图书馆服务礼仪"为主要内容的志愿者培训及实践活动，走进陕西省未成年犯管教所赠书交流活动，走进工地慰问农民工赠书交流活动，"知识下乡援建校园图书室"活动，"学在陕图"电脑公益培训活动，"换书市集"等活动。2014年度，陕图兰台志愿者团队开展活动共计20余场次，参与人数500余人，服务时长累计7000余小时，志愿服务受益对象累计近20万人次。

（二）专家（专业）型文化志愿者

专家（专业）型文化志愿者是指具有较好的艺术专长，或在某一方面具有很深的功底，如高校教授、著名演员、书法家、各类群艺馆和美术馆的专家。大多数已在陕西文化信息网上的陕西文化志愿者服务平台上注册，有些是通过创设特定的活动项目而定项招募注册的。近几年来，专家型文化志愿者根据服务内容，提供定向、定点、定题服务，形成了几个显著的特点：一是提升了志愿服务活动的质量，为服务对象带去了既高雅上档次又有思想性的节目；二是发现和培养了省内一大批专业师资队伍与文艺人才,使其成为志愿者;三是扩大了文化志愿者的受众面和影响力;四是专家学者、文艺大家参与文化志愿活动的名人示范效应使文化志愿服务这一服务品牌得到了很好的宣传,促进了文化志愿服务工作的开展。

四 文化志愿服务面临的问题与机遇

(一)志愿服务意识不强,增加了志愿服务工作难度

志愿工作是指志愿者贡献个人的时间及精力,在不为任何物质报酬的情况下,为改善社会服务,促进社会进步而提供的服务。首先,有些人存在片面的认识,认为志愿服务是没有"好处"的工作,认为只有那些不愁衣食及有大量空余时间的人,才会去参加志愿工作,因此参与积极性不高。其次,在志愿服务人员的构成上,参与志愿服务的人员主要是在校大学生,社会在职人员少。在职人员一般由于工作和家庭等客观因素,他们很难再分身投入公益事业。在校学生存在时间、能力上的限制和流动性大的特点,导致所从事的志愿服务项目比较基础和单一,也不能长期稳定地深入到志愿服务工作中去。最后,有些组织单位认为志愿工作是为了减轻专职人员的工作负担,把志愿者当作"廉价劳动力"使用,这样的想法势必挫伤志愿者的积极性,不利于志愿组织的发展。

(二)志愿服务工作基础薄弱,县以下更加明显

文化志愿服务工作机制和运行机制还不够成熟,工作网络还不够健全,文化志愿服务工作推动力度还不够大。尤其是在县以下的农村地区,文化行政人员的缺编严重,兼职化、老龄化、放任化的现象还比较普遍。文化志愿服务在经济欠发达地区的农村地区较零散,主要是以一些群众自发的以自娱自乐活动为主,缺组织、缺引导、缺培训、缺人才,容易使农村的志愿服务偏离方向,甚至出现黄色、赌博、迷信等不健康的东西。

（三）文化志愿服务缺乏宣传、培训，不够专业性和常态化

文化志愿服务工作是树立社会文化自觉意识的一个很好的抓手，是倡导社会良好风气的一个很好的切入点，是弘扬社会正能量的有力催化剂，更是对青年学生进行人生观、价值观培养的一个很好教育形式。要使志愿服务开展好，就要加大宣传，尤其是要在青年学生中宣传，使其锻炼能力，陶冶情操。要把宣传送进学校，要让学生从课堂上走出来参加志愿服务，树立他们正确的人生观价值观。志愿服务工作还要加大培训力度，不断提高志愿者的专业素养，把志愿者的想干变成会干，使其真正从配角变成主角，从幕后走上舞台，奏好文化志愿服务的主旋律。要加大各级政府在政策、人才、资金、技术的支持，让文化志愿服务不仅仅要发展起来，更要走向常态化，始终满足人民的文化需求，滋润人民的心田。

五 文化志愿服务发展方向与建议

（一）培育和扶持文化志愿服务组织是大势所趋

从全球形势来看，志愿者组织已经成为社会自我管理、自我服务的一支重要力量，特别是在提供公共服务、维护社会公正、增加就业等方面发挥着重要的作用。从我国经济社会发展阶段来看，一个国家发展到一个中等收入国家水平时是志愿服务组织发展较快的时期。我国港台地区的志愿服务发展较好，而内地的志愿服务正处于初步发展时期，应该提前着手、尽早谋划。从当前的发展现状来看，我们国家的志愿者组织与当前的形势相比存在差距，政府要加大支持力度。内地志愿者虽然总数不少，但占比例小，发挥的作用不明显，地区分布不均，经济发达地区的发展好于经济欠发达地区。因此，在现阶段，政府要从各方面加大对志愿服务工作的培育、引导与支持。

（二）落实《文化志愿服务管理办法》，加快制定和完善陕西省相应的规章制度和管理规范

目前文化部新出台的《文化志愿服务管理办法》为地方相关规章和规范的制定提供了遵循，陕西省需加快制定和完善相应的规章制度和管理规范，以提升文化志愿服务的制度保障力度，并使各地市县乡的文化志愿服务工作有章可循，形成长效管理机制。

（三）政府要加快体制改革与机制创新

一是政府要转变观念，加强理念建设，转变行政职能，推进"政社分开"。认识到"小政府，大社会"是政府改革的方向，也是社会体制改革的目标，政府要将志愿服务工作纳入整体部署与建设之中。

二是加大财政保障和资金支持。在许多国家，政府的资助是志愿组织的重要资金来源，高福利国家投入更大，如德国志愿组织的资金70%来自政府，瑞士的志愿组织资金超过一半来自政府。建议政府可以通过设立专项资金、加大政府购买服务、税收优惠、人才配备等方式进行支持。

B.14 浙江省文化志愿服务发展报告

马德良*

摘　要： 2011年以来，浙江省通过立足规范管理，推进了文化志愿服务体制机制建设；立足打造品牌，扩大了文化志愿者服务影响力；立足提升能力，加强了文化志愿服务队伍建设。截至2015年，全省共5万余文化志愿者服务于各类文化建设活动中，文化志愿者已经成为浙江群众文化活动的一支重要生力军，在全省公共文化服务中发挥着越来越大的作用。

关键词： 浙江省　文化志愿服务　发展报告

2011年以来，浙江省通过立足规范管理，推进了文化志愿服务体制机制建设；立足打造品牌，扩大了文化志愿者服务影响力；立足提升能力，加强了文化志愿服务队伍建设。截至2015年，全省共5万余文化志愿者服务于各类文化建设活动中，文化志愿者已经成为浙江群众文化活动的一支重要生力军，在全省公共文化服务中发挥着越来越大的作用。

一　立足规范管理，加强文化志愿服务体制机制建设

浙江省把文化志愿服务体制机制建设作为文化志愿者服务工作的基础来抓，着力完善管理机制，规范服务流程。

---

* 马德良，浙江省绍兴市道墟镇文化站副研究馆员。

（一）重大文化政策中明确要求

2008年浙江省委工作会议审议通过的《浙江省推动文化大发展大繁荣纲要（2008~2012）》就明确提出要推动文化志愿者队伍建设："充分发挥工会、共青团、妇联、文联、作协等人民团体的组织引导作用，广泛开展文化志愿者活动，鼓励离退休文艺工作者、艺术院校学生和其他热心公益事业的各界人士为社区、农村和企业提供志愿文化服务。构建省、市、县、乡四级文化志愿服务网络体系，组建浙江省文化志愿者服务总团。加强对文化志愿服务者的培训，着力提高文化志愿服务水平，对优秀的文化志愿服务者予以表彰和奖励。"[①] 2015年《中共浙江省委办公厅浙江省人民政府办公厅印发〈关于加快构建现代公共文化服务体系的实施意见〉的通知》明确提出："大力开展文化志愿服务。通过加强宣传、榜样示范、荣誉激励等方式，大力弘扬志愿服务精神。健全各级各类文化志愿服务组织，完善注册招募、服务记录、管理评价、激励保障机制，形成科学高效的文化志愿服务运作体系。招募更多的专家学者、艺术家、优秀运动员等社会知名人士参加文化志愿服务，构建以省文化志愿者总队为骨干，市、县文化志愿者和行业文化志愿者队伍为基础，社会各界人士参与广泛、内容丰富、形式多样、机制健全的文化志愿服务体系。健全文化走亲、结对子、种文化等工作机制，推动艺术院团、体育运动队、文体院校下基层，广泛开展内容丰富、形式多样的文化志愿活动。加强文化志愿队伍的培训教育，不断提高整体素质和服务水平。"[②]

（二）各地纷纷出台管理办法

为规范文化志愿者管理机制，各地纷纷出台管理办法。如嘉兴市出台了《嘉兴市文化志愿者管理办法（试行）》《嘉兴市文化志愿者服务队伍管理

---

① 《浙江省推动文化大发展大繁荣纲要（2008~2012）》（浙委〔2008〕71号）。
② 《中共浙江省委办公厅浙江省人民政府办公厅印发〈关于加快构建现代公共文化服务体系的实施意见〉的通知》，2015年7月8日印发。

办法（试行）》《嘉兴市文化志愿者服务总队管理办法（试行）》《嘉兴市文化志愿者招募办法（试行）》《嘉兴市文化志愿者登记注册管理办法（试行）》《嘉兴市文化志愿者活动管理办法（试行）》《嘉兴市文化志愿者培训办法（试行）》《嘉兴市文化志愿者激励办法（试行）》以及《嘉兴市文化志愿者服务工作联席会议制度》《嘉兴市文化志愿者服务工作材料、信息上报制度》《嘉兴市文化志愿者服务工作督查制度》等规章制度，建立起了覆盖市、县、镇的三级文化志愿服务网络体系和一套涵盖文化志愿者招募、注册、培训、评价、管理、激励、宣传等制度。舟山市定海区出台了《定海区文化志愿者服务总队管理办法（暂行）》，在人员吸纳、服务内容、服务质量等方面进行规范。

2015年，杭州市拱墅区文化广电新闻出版局联合区质监局发布了《文化志愿服务管理规范》，这是全国首个针对文化志愿服务管理的地方性规范，以法定标准的形式规范县级文化志愿服务管理。[①]

杭州市江干区推行"文化领头雁"文化志愿服务工程，并采取"公益银行"来量化文化志愿服务考核机制，使文化志愿者的考核、激励和表彰有了"标尺"。结合街道党工委的考核机制，在各社区服务站设立"公益服务储蓄所"，把志愿服务证和公益时间卡结合统一，记录文化志愿者的服务时数，并转化成"公益时间"。每位文化志愿者的"公益时间"既可作为考核、奖励的依据，还可以在志愿服务站的统一协调下进行互相抵扣，换取街道统一提供的文化活动及服务。

（三）文化志愿服务队伍的具体构成

浙江省文化志愿者分为个人和团队志愿者两大构建形式。通过网络报名、现场招募，乡镇（街道）文化站常设招募点等多种方式进行招募。人员涉及层面宽泛，涵盖各级文化、教育、新闻部门从业人员，热爱群众文化

---

① 2015年10月8日，杭州市拱墅区市场监督管理局批准发布DB330105/T 3-2015《文化志愿服务管理规范》地方标准规范。

事业的社会各界人士,一些长期活跃在基层社区的业余文艺骨干和文艺团体报名尤为踊跃。

(四)明确文化志愿服务内容

将公益服务宗旨作为文化志愿者资质审核的核心要求,注重志愿者服务热情、奉献精神的培育和发挥。许多文艺素养较高的专业人士加入文化志愿者队伍,他们在绘画、音乐、舞蹈、曲艺、摄影、表演、写作、书法等多个艺术门类中具有较高的艺术素养,其中不乏各类大赛及专业领域的佼佼者,可为基层提供诸如文艺辅导、活动策划等类型服务。同时,大批文化服务热情高涨的基层群众也纷纷加入到文化志愿者队伍充实公共文化服务的宣传、后勤力量。文化志愿者体系形成了专业性的育人服务与一般性的助人服务相结合的全方位服务发展趋势,为全面提升公益文化服务范围与服务质量提供了资源保障。

二 立足打造品牌,扩大文化志愿者服务影响力

各种形式的文化志愿服务活动,是弘扬和践行志愿精神的有效载体,浙江省从经济社会发展需要和人民群众愿望出发精心设计文化志愿服务项目,开展文化志愿服务活动。组织文化志愿者圆满完成"春雨工程"项目,开展了"耕山播海"浙江省欠发达地区文艺骨干培训、全省农村文化礼堂建设四季行动、浙江民生公益大讲堂、日常免费公益培训、"志愿者在行动"等系列活动,全面实施免费开放,推进公共文化服务,文化下乡,示范辅导,丰富了群众文化生活,培养了一批基层群众文艺骨干,有效地推动了当地群众文化的发展和繁荣。

(一)开展"春雨工程——文化志愿者边疆行"活动

针对边疆民族地区培训服务的需求和文化特色,根据各培训项目的培训目的、培训内容和培训对象,开展了针对性强、专业性强、实效性强培训

班，着力拓展文化帮扶和文化支援渠道，为边疆民族地区培养文化专业技术人才搭建了有力的平台，进一步促进边疆民族地区公共文化服务体系建设，同时也深化了内地与边疆地区的文化交流。举办西藏那曲地区群艺人员培训班和西藏那曲地区文化艺术人才（舞蹈演员）培训班。引入社会力量参加、支持公共文化建设，连续三年在浙江宁波音王集团有限公司、宁波海伦钢琴股份有限公司举办全国边疆民族地区舞台音响调音师、钢琴调律师培训班，来自内蒙古自治区、西藏自治区、甘肃省、宁夏回族自治区、青海省、新疆维吾尔自治区、新疆生产建设兵团等地区的74名相关业务人员参加了此次培训。举办了2015年全国文化馆文化志愿服务组织管理人员培训班、新疆生产建设兵团部分基层骨干培训班。

（二）开展"耕山播海"浙江省欠发达地区文艺骨干系列培训活动

组织省内群文专家面向18个欠发达山区和海岛县（市）的群众文艺骨干和基层乡镇文化站人员等地开展舞蹈、曲艺、合唱等门类培训辅导活动150多场次，直接受惠人群达10000余人次。

1. 深化培训内容，满足群众需求

连续三年聘请并组织省内知名专家志愿者赴全省18个山区和海岛县（市），以当地农（渔）村群众文艺骨干和基层文化站人员为培训对象，广泛开展群众文化业务辅导与教学工作。该系列培训专家团推出了点单式配送，并进一步深化了培训内容，在师资配备、课程准备等方面做出了相应调整。采取集中培训、下乡指导、业务讲座、个别辅导等多种形式，内容涵盖器乐、合唱、舞蹈、美术书法、戏曲小品等诸多门类，收到了良好效果。

2. 拓展普及范围，扩大受惠人群

专家团除坚持面对面交流、手把手指导以外，还建立起一套行之有效的"传帮带"互动机制，极大地激发了基层文化工作者和文艺骨干的工作热情。通过他们的言传身授，吸引了更多的群众加入到农村文化建设中来。磐安铜管乐演奏在"耕山播海"活动的推动下，从无到有，吸引了众多爱好者加入，目前当地已经成立了3支铜管乐队，直接受惠人群3万余人次。

3. 细心培育人才，挖掘特色项目

培育农村文艺人才，让文化良种在欠发达地区开花结果，是"耕山播海"活动的一项重要内容。由浙江省岱山县一位普通群众创作的音乐作品《掇蟹酱》，经过专家团老师的悉心辅导，入围了该省音乐新作演唱演奏大赛决赛。

（三）积极开展全省农村文化礼堂建设四季行动

由省文化馆牵头，联手各市、县（市、区）文化馆，连续两年推行实施"百名专家联百村"四季行动计划，推出"春耕""夏种""秋收""暖冬"行动。

1. 连续两年推出农村文化礼堂"菜单式"服务

整合省级文化系统资源，推出了省级文化系统农村文化礼堂建设服务"菜单"，该菜单涵盖了相关文艺院团、浙江艺术职业学院、浙江图书馆、省文化馆、省非遗保护中心等省级文化单位，包括演出、展览、辅导、诵读、讲座、艺术鉴赏、文献读物提供、数字资源服务等类别近2000项，受到全省各地群众的欢迎。

2. "四季行动"助力文化礼堂提升品质

"春耕"：指导各级文化馆着重做好培训、结对子、调研摸底、指导辅导等工作，在浙江艺术网上开设了"农村文化礼堂四季行动进行时"专题网页，面向全省文化礼堂推出网上服务菜单，展示文化礼堂品牌项目。"夏种"：在系统业务干部及专家志愿者的共同努力下，完成针对文化礼堂的品牌建设、村歌创作等方面的业务指导与服务。"秋收"：为总结两年来农村文化礼堂建设成果，进一步推动浙江省农村文化礼堂建设的业务指导工作。"暖冬"行动，在春节期间为农村群众开展送春联、送关爱等温暖行动。

（四）举办浙江民生公益大讲堂为民生服务

浙江民生公益大讲堂已连续开展5年，以促进社会和谐、关爱弱势群体、服务基层群众为宗旨，以公益服务为主体，以共建结对为载体，以免费讲堂为形式，受到了市民的广泛认同、欢迎和喜爱。浙江民生公益大讲堂充分考虑群众的实际情况和个性需求，推行点单式上门服务，不断提升讲堂内容的针对性。每周至少一讲，内容涉及国学、器乐、曲艺、音乐、舞蹈、篆刻、摄影、收藏、手工、教育、养生、理财、就业指导等诸多门类，全部由专业教师现场授课指导，课堂遍布全省各地，居民来自福利院、社区、外来民工学校、大中小学、幼儿园、机关、文化馆、文化站等，大家都有机会跟着名家"进讲堂"接受文化培训。同时，在浙江艺术网上还开辟了网上课堂，居民在家里，动动鼠标就可以观看到专家的精彩讲课。浙江民生公益大讲堂已成为游走于人们生活细节中的文化元素，其传播健康的文化理念，为全省文化餐桌奉上一道道美味佳肴，让全省群众在家门口即可畅享"文化大餐"。

（五）全面实施"星光计划"，举办系列免费公益文化艺术培训

面向弱势群体，尤其是外来务工者及子女，定期不定期地开展各类公益文化艺术培训班。常设的有声乐、器乐、舞蹈等10多个门类，各门类又进行了细分，如声乐根据对象分为老年班、青年班、少儿班等，一年达3000多人次。暑假期间，面向各个年龄段的"新杭州人"推出了暑期公益培训系列活动，公益课堂共开设了古筝、声乐、二胡、萨克斯、乐理基础、吉他、舞蹈等8个类别的兴趣班，2014年继续与杭州下城区教育局合作，成立了"外来务工子女民乐团""外来务工子女合唱团""外来务工子女舞蹈团"，开设了声乐、器乐、舞蹈等各种课程，对他们每周进行2次培训，并创造机会让他们参加演出活动。

（六）面向社会积极组织开展"志愿者在行动"系列活动

以文化关怀与生活关怀相结合，连续3年开展"志愿者在行动"系列专题活动，在杭州吴山广场举办的"健康舞起来——文化志愿者在行动"大型广场文艺演出，以珍惜生命、热爱生活为主题，以"健康舞"为主要

载体,引导人们加入跳舞运动,在美的律动中增强体质、抵御疾病。"夏日倾情——文化志愿者在行动"走进余杭骨科医院老年颐乐园敬老慰问演出活动,志愿者们不仅以出色的文艺表演让老人们享受联欢的乐趣,而且还陪老人聊天,为老人们梳头、揉肩,营造了温馨的亲情感和陪伴感。浙江文化志愿者组织了走进椒江农村文化礼堂培训活动,在丰富群众文化生活的同时,更送上了温情温暖。春运期间在杭州城站火车站、杭州长途汽车客运中心分别举办的"唱响文明赞歌——文化志愿者在行动"文艺演出公益活动。

三 立足提升能力,加强文化志愿服务队伍建设

加强文化志愿者的专业化培训和指导,充分发挥文化资源、文化阵地和人才资源的积极作用。确立长远规划,制定培育目标,通过培训、指导,调动文化志愿者的积极性,形成行之有效的鼓励机制,不断提升各级文化志愿者的才干。

(一)加大文化志愿服务机构建设力度

先后成立浙江省文化志愿者联合会和浙江省文化志愿服务总队。浙江省文化志愿者联合会设名誉会长、会长、副会长,下设五个常规职能部门,即秘书处、宣传部、策划部、外联部、编辑部;六个志愿服务队,即义演服务队、爱心服务队、社区服务队、医疗服务队、法律服务队、支教服务队。浙江省文化志愿者总队由浙江音乐学院、浙江艺术职业学院、浙江图书馆、浙江省文化馆、浙江省美术馆发起成立,下设17个支队。浙江省文化志愿者总队为非营利性公益活动社会组织,建立了志愿者首席专家制度,聘任各艺术门类的名家为志愿服务首席专家。

(二)建立各类文艺人才储备库

随着志愿者招募活动的不断深入,文化志愿者个人及团队数量增长迅速。为充分发挥这批文化公益服务人才专长,高效提升基层文化公益效应,

突破文化志愿服务实践过程中的瓶颈，台州市三门县文化新闻出版局为每个志愿者建立了简要档案，同时在尊重志愿者个人意愿基础上，有意识地根据其兴趣特长、服务意向进行分类汇总，形成视觉艺术、表演艺术、文化宣传三大人才储备库，并特别注重基层文化工作辅导人才的甄选储备，增强活动应变能力。一旦公益文化活动或基层有文艺需求，人才储备库便可快速启动，按需组团，提供优质服务。

（三）加强对文化志愿者的培训

每年组织系列志愿服务培训班，致力于文化志愿者的服务意识、服务能力和服务水平的全面提升。2016年还举办志愿服务管理人员培训班，开设了礼仪知识、法律讲座、服务意识和奉献精神等方面的课程，全方位地对志愿者们进行培训，使广大志愿者能尽快融入社会，投入到实际工作中去。绍兴市上虞区财政每年安排专项经费，主要用于做好全市文化志愿服务培训工作，在3年内确保轮训一遍以上。

四 新时期浙江省文化志愿服务工作的重点任务

（一）加强网络平台建设，推动文化志愿服务数字化

通过文化志愿服务网站、手机等移动终端的微信公众号、微博等载体，建立互联网+文化志愿服务平台，扩大文化志愿服务的现代传播，实现文化志愿者招募的现代化，建立网上文化志愿者注册系统，建立文化志愿者数据库，实现网上公开招募，使公众能便捷地报名参加文化志愿服务。同时通过文化志愿服务网络平台，将文化志愿服务的资源，与基层群众的文化需求进行有效的对接，提升文化志愿服务的效能。

（二）加强志愿服务队伍建设，提高志愿者服务水平

以公共文化服务体系建设为契机，完善文化志愿者队伍的管理、运作机

制,健全文化志愿者培训机制,提高志愿者素质,使志愿者更好更快地服务于工作岗位。这方面可借鉴香港义工发展局的经验,为志愿者任用单位举办志愿者培训课程,借助高校、研究机构的专家资源,为志愿者组织或队伍提供专业咨询,利用网络等技术手段,为志愿者登记、转介提供技术支持,出版志愿者资源管理和培训教材,促进志愿者资源合理、有效,最大限度地得到利用。

(三)完善志愿服务激励机制,增强志愿服务工作活力

运用电视、广播、报刊、网络等媒体,宣传推广文化志愿者工作,通过典型人物和事迹树立志愿者良好形象,在社会上营造出"参加志愿活动高尚"的氛围。为鼓励更多的公民投身于文化志愿服务工作,除了传统上所使用的精神奖励的方法,对在志愿服务上做出成绩的志愿者进行嘉奖外,志愿服务达到一定时间的文化志愿者可获得一定程度的免费文化消费待遇奖励,形成文化志愿服务的良性互动长效机制。

B.15
湖南省文化志愿服务发展报告

颜 喜 梁利平*

摘　要： 湖南省文化志愿服务经历了兴起、形成、蓬勃发展3个阶段，形成了以队伍建设为根本，构建文化志愿服务网络体系；以制度建设为抓手，创新文化志愿服务工作思路；以主题活动为载体，打造文化志愿服务特色品牌；以宣传推介为保障，发挥文化志愿服务导向引领功能等工作经验。文化志愿服务呈现主题鲜明、导向明确，内容丰富、形式多样，参与主体多样、覆盖区域广泛，活动开展长效化和常态化等特点。

关键词： 湖南省　文化志愿服务　发展报告

文化志愿服务是一项以促进文化传播、弘扬优秀精神为主题，志愿者自愿参与并不图酬劳，利用自己的时间和文化技能参与社会生活，促进社会和谐的文化事业。党的十八大报告指出："广泛开展志愿服务，推动学雷锋活动、学习宣传道德模范常态化。"广泛开展文化志愿活动对构建和谐社会，培养群众性精神文明有重要意义。自2012年中央发布《关于广泛开展基层文化志愿服务活动的意见》（文公共发〔2012〕31号）以来，湖南省文化厅全面落实文件精神，文化志愿服务稳步前进，并不断得到创新，为湖南省的经济社会发展发挥了独特作用。

---

* 颜喜，湖南省文化厅公共文化处处长，湖南省文化志愿服务总队副总队长；梁利平，湖南省文化志愿服务总队办公室负责人。

一 湖南省文化志愿服务发展历程

湖南省文化志愿服务孕育于经济社会的迅速发展时期,随着人们精神文化水平的不断提高而得到成长,其发展大致经历了三个阶段。

(一)文化志愿服务兴起阶段(2010~2012年)

这一阶段为文化志愿服务的萌芽阶段。随着经济社会的发展,人民生活物质水平提高,社会生活出现巨变,对精神文明的要求提高,广大群众投入到精神文明建设当中,各地出现了偶发性的文化志愿活动。这一时期涌现出来的文化志愿活动雏形主要有两种形式:(1)社区居民自发的文化志愿活动。其内容主要为某一社区内部不定期的精神文明建设,活动形式以关爱社区老人、社区图书室建设、社区养老院文化活动为主,活动呈现出组织性弱、社区内部文化影响大的特点,为社区内的文化建设起到了重要作用。(2)社会组织的文化志愿活动。即一些民间社团、联合会自发组织、筹备的文化志愿服务事业,活动内容以湘西地区文化志愿、空巢老人慰问活动、退伍老人慰问活动为主,志愿者大多为社团和联合会内部成员,能够偶发地带动文化服务事业,为社会文化建设产生积极影响。这一阶段的总体特点是文化志愿活动偶发性大,散落地呈现在社会各个阶层,主题活动明显,内容单一,群众参与面较窄,活动性强,建设性弱。

(二)文化志愿服务成形阶段(2013~2014年)

随着中央对文化志愿服务的重视,地方文化志愿互动不断兴起,需要系统性的文化思想指导以及机构进行组织,全省文化志愿服务开始成形。2013年,湖南省开展了"文化志愿服务"系列活动,有系统、有组织、有目的地在全省范围内开展文化志愿服务,这预示着全省系统性的文化志愿服务开始形成。截至2013年底,全省文化志愿服务组织机构框架初步建立,市州内均成立了文化志愿服务组织,文化志愿团队共700多支,登记在册的文化志愿者人数达3万余人，形成了"湘图讲坛""春苗书屋""文艺送春风，情系农民工"等一系列特色鲜明的基层文化志愿活动主题。这一阶段的总体特点是文化志愿活动开始有系统地形成，并开始融入社会的各个阶层、各个地区，志愿者队伍得到有效整合，志愿者队伍逐渐扩大，服务类型和内容不断扩展。

（三）文化志愿服务蓬勃发展阶段（2014年至今）

文化志愿活动在顺应时代要求、构建和谐社会中获得了广阔的发展空间，展现出强大的社会影响力。2013年"文化志愿服务"系列活动圆满完成后，湖南省文化厅在全省范围内先后开展了一系列主题活动以推动湖南省文化志愿服务的发展。根据文化部的安排，2014年湖南省文化厅在全省范围内开展"全省文化志愿服务基层行"的系列活动；2015年2月，开展"我们的中国梦——文化进万家"文化志愿服务系列活动，以"行边疆、走基层"为主要内容，广泛开展文明共建、文化共享，积极参与国家文化部两项示范性活动；以"扎根基层、服务群众"为主要内容，广泛开展"感受艺术、美丽心灵""邻里守望、文化暖心"等9个主题基层文化志愿服务活动，不断适应基层文化需要和地区文明建设的需求，以活动项目为载体，各级文化部门积极引导和带动广大文化志愿者，广泛深入开展文化志愿服务活动，不断完善文化志愿服务工作机制。

二 湖南省文化志愿服务工作的实践经验

（一）以队伍建设为根本，构建文化志愿服务网络体系

1. 网络建设采取总分结合方式，建立了自上而下的组织保障体系

从2013年开始，湖南省正式成立了文化志愿服务总队，分别在市州设立支队、县市区设立分队、乡镇社区设立小队，形成了覆盖省、市州、县市区、乡镇（街道、社区）四级，上下联动的文化志愿服务网络。截至

2015年，省文化志愿服务总队下辖3个省直支队和14个市州支队，县级以上文化志愿服务组织机构达764个，全省文化志愿服务者注册人数达74240人。

2. 加强条块互动，形成横向到边的服务体系

按照注册的文化志愿者文化特长和服务内容、时间，分门别类设立了专业服务小分队，平时按照属地管理、部门负责的原则自主开展活动，遇重大活动、节庆，按照总队整体部署、统一调度，初步形成"纵横交错"的文化志愿服务网络体系。据不完全统计，仅2015年组织开展各类文化志愿服务活动达2760次，被服务人数约430000人。

3. 利用专兼结合，形成立体交叉的服务体系

在文化志愿服务中追求"大文化"概念，所招募的文化志愿服务者，要求必须在音乐、舞蹈、小戏小品、曲艺、书法、美术、摄影、微电影制作、电视电影、新闻传媒、工艺艺术品制作等方面具有一定的特长。充分吸纳文化系统在职、离退休人员，学校教师、高校学生、社会文化经营、传播者以及文化活动积极分子等，按照以专职骨干为主、兼职队伍为辅的原则，建成了"专兼结合"的立体服务体系。

（二）以制度建设为抓手，创新文化志愿服务工作思路

文化部将2015年定为"文化志愿服务制度建设年"，湖南省积极响应，在创新工作思路、构建参与广泛、内容丰富、形式多样、机制健全的文化志愿服务体系上做了很好的探索。

1. 制定出台了《湖南省文化志愿者管理办法》（暂行）

2015年，结合近几年文化志愿服务实践，经过多次调研、征求意见，湖南省出台了对全省文化志愿者组织管理、招募、培训、权利与义务、表彰、退出机制等方面做了详细规定的全省文化志愿者管理办法。《办法》的出台为实现全省文化志愿服务制度化、标准化奠定了基础，进一步指明了方向。

2. 将文化志愿服务工作纳入文化厅年度考核目标

文化志愿服务工作明确纳入全省文化建设总体安排。进一步促进了各

级文化行政部门、文化系统相关单位的高度重视,加大了对各所属文化志愿者团队的组织指导和统筹协调力度,促进文化志愿者队伍健康、有序开展。

3. 统一使用文化志愿服务 LOGO 标识

2013年,湖南省在"中国文化志愿者"标识没有出来之前,就率先在全省设计、统一使用湖南文化志愿者标识。2015年开始与"中国文化志愿者"标识通用,力求打造组织有力、纪律严明、志愿自由的湖南省文化志愿者队伍。

4. 突出激励与表彰,增强文化志愿者的荣誉感

湖南省从激励、激发文化志愿者积极性上下功夫,建立形象代言人和健全文化志愿者嘉奖制度。湖南省从7万多名文化志愿者中挑选了10名形象代言人:如著名的歌唱艺术家李谷一老师、著名湘剧表演艺术家左大玢老师、著名电视主持人汪涵、著名文化创意与策划人叶文智、著名的书法大家张锡良、摄影大师李晓英、美术大家旷小津等。2014年对刘艳萍等67名优秀文化志愿者、冯波等21名文化志愿服务优秀组织工作者及湖南省博物馆等6个文化志愿服务先进集体、郴州市图书馆"春苗书屋"阅读推广等12个文化志愿服务示范项目单位予以了表彰。通过挑选形象代言人与评选表彰活动,大力宣传湖南省文化志愿服务先进典型,用榜样的力量吸引和感召更多的人加入文化志愿服务行列,仅2014年12月份新增注册文化志愿者3193人,注册文化志愿者服务团队40个。可以说,文化志愿服务工作已经成为湖南省现代公共文化服务体系建设进程中极为重要的一环。

(三)以主题活动为载体,打造文化志愿服务特色品牌

湖南省积极参加文化部主办的全国性示范项目"春雨工程"——文化志愿者边疆行活动,2013年先后开展了"洞庭连天山 和美一家亲"湖南、新疆两地文化志愿者艺术家采风交流联展,民族舞蹈讲座交流活动;湘桂黔"三省坡"侗乡共建共享暨"关爱留守儿童"活动;2014年开展了"湘桂手牵手,民族一家亲"——湖南、广西文化志愿者走进大湘西;"魅力北部

湾"——湖南文化志愿者广西行；2015年开展了"湘宁两地情　民族一家亲"湖南文化志愿者宁夏行；"湘江连青海　和美一家亲"湖南文化志愿者青海行；"山海相连　兄弟一家"湖南、海南文化志愿者湘西行；"山海相连　兄弟一家"湖南文化志愿者海南行；"春雨工程"——西藏山南地区文化工作者岳阳跟班学习活动；"春雨工程"——全国文化志愿工作者管理培训岳阳行；等等。直接参与文化志愿服务的志愿者2100余人，受益群众达31万余人。

这些活动不仅整合了本省文化系统及社会各界文化志愿者的力量，而且还与广西、海南、天津等省、市、区文化志愿者一起以大展台、大讲堂、大舞台的形式跨区域联动，分别在新疆吐鲁番、阿勒泰，广西钦州、玉林、柳州、桂林和省内湘西州、张家界等市的广场、剧场、操场进行巡演、巡展及文化业务培训，对展示湖湘文化风采，搭建内地与边疆民族地区文化帮扶与交流平台，发挥了积极示范带动作用，成效非常明显，被文化部评为示范项目。

在开展"大地情深"——国家艺术院团志愿服务基层行的活动中，国家交响乐团走进长沙"打开音乐之门"，中国艺术研究院志愿服务走基层长沙行，中国煤矿文工团、中国京剧院走进岳阳等活动，实现了国家级院团文化艺术资源与湖南省基层群众文化需求的有效对接，让更多的普通百姓共享了公共文化的发展成果，得到了基层老百姓的一致好评。

湖南省还充分结合"9大主题"活动，开展了"欢乐潇湘文化志愿服务基层行""湖南农民工春晚""三千文化志愿者下乡镇（社区）活动""用心点亮世界，用爱构建和谐——湖南图书馆文化志愿者服务视障读者""湖南省原创广场舞文化志愿服务推广活动"及"锑都道德讲堂"志愿者讲师联盟、郴州市图书馆的"春苗书屋"阅读推广项目等一大批主题鲜明、内容丰富、特色绚丽的活动品牌，有的还被评为文化部示范项目。仅2014年，湖南省组织开展各类文化志愿服务活动就多达27265人（次）；各地结合"欢乐潇湘""雅韵三湘"等全省文化惠民活动，推出文化志愿服务示范活动项目达300多项，全年服务人数达474.3万人次。湖南省文化志愿服务总队务工文化分队队长克服诸多困难，自己筹措资金，从乡镇、县开始海选节目，到现在为止已在工厂、农村连续举办了四届"全省农民工春晚"，湖南省比较有名的艺人大兵、何晶晶等都参与了活动，真正实现了在家门口就能看到的春晚，也真正体现了"人民演、演人民、演给人民看"的群众文化活动宗旨，得到了老百姓的高度赞许。

在活动形式上，这些活动既有文化部、中央文明办组织的全国性活动，也有湖南省与边疆省区的横向区域文化志愿交流，如岳阳、襄阳、新余三市文化志愿者缔结"湘鄂赣公共文化服务区域共建联盟"；株洲攸县、茶陵、炎陵、郴州安仁开展湘东四县市文化志愿者区域文化志愿服务联动；湖南汝城、广东仁化、江西崇义湘粤赣三省三县的文化志愿服务交流活动持续开展，不仅培育壮大了三地文化志愿服务的力量，而且为增进三省边界的社会和谐稳定、经济发展发挥了重要作用。更有"大舞台""大讲堂""大展台"这种面向基层、贴近生活、服务群众，广泛开展文艺演出、文化艺术知识普及、技能辅导等形式多样的文化志愿服务活动形式。

（四）以宣传推介为保障，发挥文化志愿服务导向引领功能

近年来，湖南省充分运用新媒体宣传舆论平台，着力宣传普及文化志愿服务理念，壮大文化志愿服务队伍，推动文化志愿服务活动蓬勃开展。一是充分发挥文化志愿服务行业宣传平台的主阵地作用。组织文化志愿者积极向中国文明网、湖南省文明网等行业宣传平台宣扬湖南省文化志愿服务工作、传播文化志愿服务理念。湖南省文化志愿服务工作动态多次得到新华网、人民网、中国青年网、凤凰网、中国文明网刊登报道。另外还积极主动总结文化志愿服务活动开展情况，每年都编印《湖南省文化志愿服务活动集锦》，图文并茂地展示湖南文化志愿服务的精彩工作。同时搭建全省文化志愿服务之家，建立微信平台、QQ 工作群等。二是充分发挥省级新闻媒体的舆论引导作用。积极协调《湖南日报》、广播电视台、《长沙晚报》、红网等各级新闻媒体，开设文化志愿服务宣传专栏，报道湖南省文化志愿者的感人事迹和精神风貌，着力营造有利于文化志愿服务的浓厚氛围，扩大文化志愿服务的社会影响。

三 湖南省文化志愿服务工作推进的主要特点

（一）主题鲜明，导向明确

每一年都根据文化部确定的活动主题，结合本省实际，推进志愿服务工作，赋予了文化志愿服务深厚的文化内涵和鲜明的时代特征。

（二）内容丰富，形式多样

既有文化部、中央文明办组织的全国性活动与湖南的省、市之间的纵向文化服务，也有湖南省与边疆省区的横向文化交流，同时，各地还把文化志愿服务活动与文化部开展的群星奖作品全国巡演、全省"欢乐潇湘"、国家级公共文化服务示范（项目）创建以及本地本单位日常业务工作、特色服务活动有机结合；在整体上产生了资源聚集与辐射效应。

（三）参与主体多样，覆盖区域广泛

在文化志愿服务工作中，湖南省鼓励社会力量积极参与，充分发挥文化志愿服务在推动公共文化服务均等化方面力求有所突破，力争让更多的基层群众享受到"文化春雨"。全省文化志愿服务工作呈现全省省、市、县文化系统联动、文化系统内专业艺术、群文、图书、文博的融合，文化系统与文联、高校等社会各界文化志愿者力量整合互动的良好发展态势。

（四）活动开展日益长效、常态化

近年来，在各地宣传文化部门的共同努力下，湖南省文化志愿服务组织数量不断增多，文化志愿者队伍不断壮大，工作机制逐步建立健全，基层文化志愿服务活动蓬勃兴起。可以说，文化志愿服务工作越来越成为各地公共文化建设的重要内容和途径。

四 湖南省文化志愿服务发展问题与机遇

湖南省的文化志愿服务事业呈现一片繁荣之势，且取得了一定的成就，但全省的文化志愿服务工作，也存在一定的问题与不足，需要不断改进和拓展。

（一）存在的问题

1. 组织缺乏独立性

①资金来源不独立。就目前情况来看，湖南省文化志愿服务的活动资金主要来源于上级部门以及各级政府调拨，资金依赖性很强。

②活动开展不独立。当前，湖南省开展的各项文化志愿活动虽然主题多样，但形式仍然受到局限，尤其是各类大型活动，其表现形式仍然局限在文艺活动、慰问活动、宣传活动等活动形式，对贴近居民的公益项目还存在着保守态度，因此，还需要对活动形式进行深层挖掘，在活动形式与活动内容上继续创新，使文化志愿服务呈现百花齐放的特点。

③地方事业缺乏独立性。当前，湖南省的文化志愿服务工作主要以文件下达式为主，而地方文化站由于本身专业人员的缺乏以及组织能力不够，不能独立地展开系统性的文化志愿工作，因此，完全按照上级文件进行，不能很好地根据地方特点开展适合的文化服务工作。

2. 志愿服务队伍需要进一步壮大

①数量上文化志愿者还不够。从各市州的文化志愿者队伍组成情况来看，基本上都是由文化系统工作者组成，人数有限，社会上文化爱好者的参与程度还有待提高。

②文化志愿工作者的专业性还有待提高，由于目前湖南省的文化志愿者主要由本系统内部人员构成，参与程度有限。

③对工作人员的培训力度不够，导致虽然有一批文化志愿工作者，但是工作者的专业程度受限，对人才的要求还有一段距离。

3. 群众参与意识需要进一步提高

湖南省的文化志愿工作已经深入到社会各阶层，但由于社会各界对文化志愿工作的重要性认识还不够，参与意识不强，使得目前志愿者队伍的发展遇到一定的阻碍。此外，社会文化爱好者组成的志愿者队伍，其目的大多为临时志愿，固定的、长期的志愿者相对较少。

4. 需要进一步完善文化志愿活动的长效机制

从文化志愿活动来看，近几年，湖南省的文化志愿活动以有目的有组织的活动为主，而自发性的文化志愿工作较少。因此，稳定志愿服务队伍，使志愿工作制度化、经常化是今后工作的重点。首先，全省文化志愿服务工作在工作思想认识、工作思路和机制还存在一些值得注意的问题。如一些地方、单位仍停留传统计划经济思维模式，眼光、工作思路仍局限于文化系统内，甚至本部门、本单位"体内循环"，点子、办法少，思路窄，整体上缺乏科学规划。其次，社会公众对文化志愿精神的理解需要进一步加深、文化志愿服务的社会化运行的政策引领、制度设计有待加强，社会参与面、覆盖面仍需拓展，政府政策支持、社会力量参与、投入、激励机制及荣誉制度亟待建立，文化志愿宣传推广工作也有待提质转型。

（二）发展机遇

1. 中央对于文化志愿发展的推进，为湖南省文化志愿服务发展提供有力支持

在中央政策的指导下，自2013年以来，湖南省初步形成了有品牌、有组织的文化志愿服务体系。在这样一个大的背景下，湖南省文化志愿服务必将得到进一步发展。

2. 湖南省社会经济水平的提高，为文化志愿服务发展提供了物质基础

2013年以来，湖南省的社会经济水平有了显著的提高，文化志愿服务的资金也随之提高。随着湖南省委、省政府对文化志愿服务扶持资金的增加，一方面，文化厅有能力在全省范围内设立文化志愿者工作站、地区图书站等机构，完善服务网络，推进服务工作；另一方面，随着资金扶持力度的加大，省文化厅、各地方文化站将有更大的自主性开展文化志愿活动，充实

服务内容，加强宣传和推进文化志愿服务的发展。

3. 群众参与志愿服务的热情逐步提升

要推进文化志愿服务的发展，就要整合社会资源，调动人民群众参与志愿服务的积极性。当前人民群众参与志愿服务的热情逐步提升，推动着文化志愿服务的发展。一方面，由于湖南省社会经济水平的提高，居民生活水平提高，因此，对精神文化的需求也在提高。一些群众为了丰富自己的精神文化生活，提高社会形象，积极参与到文化志愿服务当中。另一方面，政府和社会团体的不断宣传和大力支持，吸引着一大批潜在志愿者参与到文化志愿服务当中。人民群众积极投身文化志愿服务，将成为全省文化志愿服务工作落实的有力保证，为推进全省文化志愿服务发展提供群众基础。

4. 人民群众精神文化的需求不断增长

随着人们物质生活水平的提高，人民群众对精神文化的需求增长。特别是在一些偏穷贫地区，由于整体物质水平低下，社会经济不发达，人民的基本文化需求和基本物质需求均得不到满足，文化志愿服务有助于提高当地的文化水平提升其精神面貌。

五　湖南省文化志愿服务发展方向与重点任务

新形势下湖南省将从以下四个方面做出努力：一是进一步加强文化志愿服务社会化运行的政策引领、制度设计；二是进一步拓展文化志愿服务社会的参与面、覆盖面；三是进一步健全文化志愿服务的激励机制及荣誉制度；四是进一步加强文化志愿服务理念宣传推广工作。同时从主观上转变思想观念、科学规划，提高创意、策划能力，创新工作协调机制，突破现有体制、机制的束缚，借力发力，打通与社会文化志愿服务力量之间的"最后一公里"，引导社会文化志愿者参与全省现代公共文化服务体系建设，为建设文化强省做出文化志愿者的努力。

B.16
广东省文化志愿服务发展报告

邓芸芸*

摘　要： 2011年广东省成立文化志愿者总队，经过4年的发展，建立了"总队－各地市、省直单位文化志愿者分队－县（区）文化志愿者服务队"的基本组织架构；形成了省、市、县、镇（街道）、村（社区）五级文化志愿服务网络；文化志愿者队伍逐渐发展壮大，完善了公共文化服务体系，特别是为乡镇（街道）文化站、村（社区）文化室等基层公益性文化场所提供了重要的人力保障；促进了基本公共文化服务的标准化、均等化、普惠化；在制度化、常态化、品牌化建设和理论研究方面取得了突出成就。

关键词： 广东省　文化志愿服务　发展报告

　　文化志愿服务是顺应时代需求应运而生，广东省作为全国改革开放的先行地之一，有着敢为人先的开拓精神。随着社会经济飞速发展，人民群众的物质生活水平不断提高，文化生产力相对落后与人民群众日益增长的精神文化需求之间的矛盾日益凸显。为构建和谐社会、促进社会公平，文化志愿服务在传播文化、传递爱心的同时，可以有效缓解这一矛盾，拉近人与人之间的距离，增强人与人之间的信任，丰富和繁荣城乡基层文化发展，是推进基层文化队伍建设的有效手段，是公共文化服务体系建设的重要补充力量，更是推动社会主义核心价值体系建设的有力抓手。

---

* 邓芸芸，广东省文化馆团队管理部干部，广东省文化志愿者总队办公室负责人。

一 广东省文化志愿者队伍建设状况

2011年3月,在广东省委、省政府高度重视和广东省委宣传部的大力支持下,广东省文化志愿者总队(以下简称"总队")正式成立。全省文化志愿服务工作由省委宣传部、省文化厅统一领导、统筹协调全省文化志愿服务工作,并成立了由省厅分管领导担任队长、各职能处(室、局)和厅直属单位负责人参与的总队领导机构。办事机构设在省文化馆,专门由团队管理部负责推进此项工作。各地级市宣传、文化部门负责领导和协调当地文化志愿服务工作,建立健全了分工明确、上下通畅、运转高效、执行有力的组织机构。

近年来,省、市各级文化部门立足当地实际,积极拓展文化志愿者队伍规范和服务范畴,广东省文化志愿服务已初步建立了"总队-各地市、省直单位文化志愿者分队-县(区)文化志愿者服务队"的基本组织架构,初步形成了省、市、县、镇(街道)、村(社区)五级文化志愿服务网络。据不完全统计,截至2014年11月底,全省文化志愿者人数已逾八万余人,文化志愿者队伍数量1274支,服务人数450多万人次。文化志愿者队伍逐渐发展壮大,完善了公共文化服务体系,特别是为乡镇(街道)文化站、村(社区)文化室等基层公益性文化场所提供了重要的人力保障,促进基本公共文化服务标准化、均等化、普惠化。

二 广东省志愿服务活动的管理与实践

(一)建章立制,为文化志愿服务提供机制保障

2009年省委省政府出台了《关于进一步发展志愿服务事业的意见》,2010年省人大颁布出台《广东志愿服务条例》,2011年印发了《广东省文化志愿者管理办法》。深圳、珠海、东莞、中山等地级市也纷纷出台了相关

规章制度、工作手册等，健全管理工作机制，为促进志愿服务队伍建设规范化、长效化、常态化奠定制度基础。

（二）完善机制，推动文化志愿服务工作常态化

1. 建立了文化志愿者数据库

根据文化志愿者在专业特长、服务项目类别等方面的差异，建立了文化志愿者艺术团体和个人团员注册系统、人才档案库、优秀节目资源库、文化志愿服务数据库等，按专家型、艺术型、服务型等类别对文化志愿者实行分类管理。

2. 依托团省委建立的广东志愿者信息管理服务平台，建立了"广东文化志愿者信息管理服务平台"

畅通了互联网、微信公众号、手机APP等登录渠道，初步实现了全省文化志愿者线上注册、登记、管理、培训、指导于一体的网络服务载体。通过信息网络平台，实现资源共享、服务共建，积极发挥服务群众的生力军作用。

3. 完善志愿者奖励和经费保障机制

东莞市委宣传部每年为文化志愿者服务支队拨付专项资金83万元，为文化志愿者提供必要的餐饮、人身保险和交通经费补助，给文化志愿服务活动开展提供了有力保障。中山市将文化志愿服务纳入了全市积分入户、入学、廉租房等加分政策，并给优秀文化志愿者提供市文化艺术中心消费折扣优惠。

（三）拓展服务领域，推进文化志愿服务品牌化

1. 志愿服务边疆，促进文化共享

广东省以"大讲堂""大舞台"和"大展台"为主要形式，连续三年深入宁夏、四川、青海等地开展文化志愿服务。2014年10月13日至17日，由广东省文化厅、广东省文明办、广东省支援新疆前方指挥部、新疆维吾尔自治区文化厅联合主办，广东省文化馆、喀什地区文化体育新闻出

版局共同承办,广东文化志愿者一行66人在省文化厅方健宏厅长的率领下,远赴新疆喀什地区开展"春雨工程"——2014年广东省文化志愿者边疆行活动。

2. 立足各地实际,服务形式多样

各地文化志愿者队伍积极创新服务内容、工作方式和活动载体,探索具有地方和行业特色的文化志愿服务模式,形成了各具特色的文化志愿服务品牌。

目前,广东省省市县镇村五级的覆盖率均处于全国领先地位,为群众就近、便捷参与文化活动提供了条件,同时也为文化志愿者在全省各地开展文化服务活动、自我培训提供了阵地保障,并在全省成立了139个广场文化志愿者辅导示范点,推动文化志愿服务队伍进村(社区)、服务进村(社区)、项目进村(社区)。

各地市(县)文化馆(站)根据自身文化发展实际,积极探索文化志愿服务新模式。2013年、2014年连续两年在国庆和重阳节期间,由总队牵头组织的"文化暖心 点亮生活"关爱特殊群体文化志愿服务进社区活动在全省铺开,联动各市(县)文化馆(站)组织当地文化志愿者以文艺小分队形式走进各市(县)区敬老院、残障学校、外来务工人员集中的厂矿企业、异地务工人员子弟学校等地。2014年4月,东莞市文化志愿者分队启动了"文化志愿者大舞台",每周三晚8点策划上演各种主题的文艺演出,以政府搭台、群众唱戏的方式,搭建一个文化志愿者自娱自乐的展示平台,丰富群众业余文化生活。短短半年时间,已成功组织了31场专题演出,2000多名演员倾情献演,受惠群众达6万多人。

再如,中山市创新建立基层综合性文化服务中心。通过与中山市"2+8+N"农村社区建设实验相结合,并创新运行机制,引入社工组织、文化志愿者和企事业单位等社会力量,整合各项资源,为群众提供"订单式、菜单式"服务,实现功能齐全、服务多元,进而完善基层公共文化服务体系。

(四)加强理论研究,夯实文化志愿服务工作基础

省文化馆申报的《文化志愿服务制度建设研究》课题入选省文化厅组织

开展的 2013～2014 年度广东省公共文化服务体系制度设计研究课题，并于 2015 年 7 月通过课题结项答辩。2014 年 3 月中旬，省文化厅开展"基层文化馆站服务效能提升计划"巡回指导工作的同时，总队已对粤东西北 15 个地市的文化志愿者广场辅导示范点进行了调研。11 月初，总队有关负责人陪同文化部领导调研了珠三角地区文化志愿服务工作情况。通过对省文化志愿服务工作开展情况进行调研，将各地市好的做法及经验进行归纳提升，探索建立"广东模式"文化志愿服务制度，推动了文化志愿服务工作深入有效持久开展。

此外，总队制定的《广东省文化志愿服务行业标准》，通过规范文化志愿服务组织管理以及文化志愿者招募注册、培训、考核评估、服务规范等，推动了文化志愿服务朝着规范化、社会化、专业化发展。

三 文化志愿者队伍建设存在问题及发展策略

近年来，广东省文化志愿者队伍日益壮大，文化志愿服务理念越来越深入人心，同时也存在一些不足，主要表现在：全省各地市志愿者队伍发展不平衡，珠三角地区发展比较迅速，而粤东西北地区发展较为缓慢；个别地区为一味地追求文化志愿者数量，缺乏科学而规范的文化志愿者录用和甄选机制；尚未制定系统规范的绩效考评制度和培训制度，不能有效地优化志愿者队伍人才结构；文化志愿服务经费短缺的问题在一定程度上制约了文化志愿者组织的发展及文化志愿服务活动的开展；激励机制不够有效，文化志愿者组织无法吸引和留住高素质的优秀人才，等等。针对这些存在的问题，结合当前文化志愿者队伍建设的现状，笔者认为，可从以下几个方面进行前瞻性的探索。

（一）培育品牌项目，打造文化志愿服务品牌

探索建立横向援助与纵向帮扶相结合、品牌建设与一般服务相结合、政府指导与社会参与相结合的全方位服务网络，积极开展服务基层、服务特殊群体等多种志愿服务活动，拓宽志愿服务的范围和领域。着力完善现有文化志愿服务品牌活动，并以此为推手进一步提升全省文化志愿服务品质。

（二）完善培训体系，提升文化志愿服务质量

按年度做好培训计划，开展岗位培训、通用培训、专业培训、管理培训等多种形式的培训，提高文化志愿服务的专业性，拓宽服务领域，推动全省文化志愿服务活动不断迈上新台阶。

（三）健全激励机制，保护文化志愿者服务热情

通过利用报刊、网络、手机、宣传栏等多渠道宣传形式，多方位报道文化志愿服务活动开展情况和优秀文化志愿者典型事迹，传递正能量、讴歌真善美，进一步弘扬社会主义核心价值观。建立健全文化志愿者保障机制及激励机制，制定出台相关优惠政策。加强与团省委、民政局、教育局等部门之间的沟通协调，发挥合力作用，为文化志愿者提供优惠政策，增强社会对文化志愿者的认可度。

（四）完善绩效评估，提高文化志愿服务效能

建立多元化的监督和评估机制，文化志愿服务坚持以群众的满意度为标准，建立群众评价和反馈机制。通过发放调查问卷、设立公众意见箱、公开上级主管部门监督电话等形式，自觉接受公众监督。评估文化志愿服务项目，可采取以下三种形式完善评估机制，细化、量化评估指标：（1）实行三方综合评价：自我评价（占20%）、活动负责人评价（占40%）、群众评价（占40%）；（2）文化志愿服务结束后发放调查问卷反馈活动效果；（3）可委托第三方评估机构进行评价。

（五）组建省市级协会，引导文化志愿者自我管理

各地可根据自身情况组建省市级文化志愿者协会，逐步引导其由政府主导组建向后期自我管理过渡。通过强化文化志愿服务组织管理，建立多层次的组织网络，激发文化志愿者的活力，推动广东省文化志愿服务常态化和可持续发展，也是广东省文化志愿服务事业健康持续发展的必然要求和战略需求。

B.17
烟台市文化志愿服务发展报告

王平云*

摘　要： 烟台市文化志愿服务起步于1994年，规范于2014年，文化志愿者不断壮大，成为烟台市推进公共文化服务体系建设的重要力量。烟台市的文化志愿服务工作在建立健全机制、强化组织保障、突出主题特色、拓展服务项目、服务重心下移、面向基层延伸等方面进行了积极探索。

关键词： 烟台市　文化志愿服务　发展报告

在现代公共文化服务体系建设中，文化志愿者已成为体系建设中最为活跃的因素。文化志愿者以多种方式参与到公共文化建设中，有效地弥补了公共文化服务体系建设中群众文化队伍力量不足和经费短缺的问题，提高了公共文化服务能力，同时也为志愿者自我教育、自我服务、自我管理搭建了广阔平台，更好地满足了广大人民群众的精神文化需求。

党的十七届六中全会《决定》第一次提出了"文化志愿者"的概念。党的十八大提出要"引导群众在文化建设中自我表现、自我教育、自我服务"。2015年中共中央办公厅、国务院办公厅《关于加快构建现代公共文化服务体系的意见》强调指出："大力推进文化志愿服务。大力弘扬志愿服务精神，坚持志愿服务与政府服务、市场服务相衔接，奉献社会与自我发展相统一，社会倡导和自愿参与相结合，构建参与广泛、内容丰富、形式多样、

---

* 王平云，烟台市文化广播电视新闻出版局主任科员。

机制健全的文化志愿服务体系。"这需要我们充分发挥文化志愿者及志愿组织的作用，引导更多的人投身文化志愿者行列，调动一切积极力量投入到公共文化建设中来，一起为文化繁荣发展增光添彩，为推动社会主义文化的大发展和大繁荣助力。

一 烟台市文化志愿服务工作的发展情况

烟台志愿服务工作起步于烟台团市委 1994 年发起成立的青年志愿者协会，到目前已经走过 21 年的历程。烟台慈善总会于 2005 年 4 月成立。目前，烟台市经常参加志愿服务的人数达到 50 多万人，其中注册志愿者达到 13.8 万人，登记注册义工 4 万多人，其中星级义工 1.6 万人。目前已累计服务 886 万小时。烟台文化志愿者作为青年志愿者协会成员和烟台慈善义工也有了较长的历史。

2014 年，烟台市开始对文化志愿者进行注册管理，以创建国家公共文化服务体系示范区为契机，以弘扬"奉献、友爱、互助、进步"为主题，积极探索、大胆尝试，不断丰富服务内容、创新服务手段、规范工作机制，培育文化志愿服务品牌项目，不断壮大文化志愿者队伍，全面提高文化志愿服务工作水平，有力地促进现代公共文化服务体系建设。2014 年烟台市有文化志愿者 8900 名，设立 43 个文化志愿者服务工作站，已经基本形成了全市性的文化志愿者队伍，发展了烟台市各级公共图书馆、博物馆、文化馆、专业艺术表演团体、非物质文化遗产保护中心等文化志愿者队伍 200 余支，服务对象 20 万余人次。通过打造文化志愿品牌，吸引了更多热心公益的人们加入志愿者队伍，从身边做起、从点滴做起，使文化志愿品牌越来越响亮。

（一）建立健全机制，强化组织保障

文化志愿者参与公共文化服务建设作为近年兴起的一种文化现象，对促进群众文化繁荣，助力公共文化建设起到了积极作用，烟台市对此高度重视，摆上重要议事日程抓紧抓好。

1. 精心筹划、认真部署

烟台市按照《文化部、中央文明办关于广泛开展基层文化志愿服务活动的意见》（文公共发〔2012〕31号）和《省文化厅关于在全省开展"文化志愿服务主题活动"》（鲁文群〔2014〕2号）的部署要求，把建立一支稳定的、为公共文化建设提供有力人才支撑的文化志愿者队伍作为示范区创建工作的重要任务，召开专题会议，精心研究部署，有计划、有步骤地开展活动。坚持把开展"文化志愿者基层服务年"系列活动纳入全市年度文化工作总体部署，纳入文化工作考评指标，结合实际，研究制定9个主题系列活动实施方案，明确目标，分解责任，做好组织指导和统筹推动工作，确保活动顺利实施。与烟台市文明办联合下发了《开展创建国家公共文化服务体系示范区文化志愿服务主题活动的通知》，制定了系列活动方案，积极做好组织指导和统筹推动工作，确保活动顺利实施，取得实效。

2. 强化队伍、严格管理

烟台市制定了《烟台市文化志愿者管理办法》，印制了"中国文化志愿者"证书，由各县（市、区）文广新局牵头，加强对文化志愿者的分级分类管理，根据不同类别活动对文化志愿者的不同要求，有针对性地招募文化志愿者；抓好志愿者队伍培训，采取自主学习和定期培训相结合的办法，统一规划、合理安排，围绕服务理念、服务技巧等内容，对文化志愿者开展专题培训。近几年以来共组织安排33期培训，涵盖了健康知识、传统文化、历史知识等多项内容，通过学习培训，促使志愿者更加注重提升自身综合素质和服务能力；建立文化志愿者信息库，健全志愿者服务活动登记制度、志愿者服务时间统计和绩效评价制度及文化志愿服务保障制度，使志愿者明确权利和义务，充分调动志愿者参与活动的积极性、主动性、创造性。

3. 加大宣传、营造氛围

充分发挥中央和省、市主要媒体的作用，精心策划组织有特色、有力度、有深度、有影响的宣传报道，开展丰富多彩的文化志愿活动。通过网络、报刊、广播电视等多种媒体，及时对文化志愿服务活动进行宣传报道，进一步

激发社会各界关心支持参与文化志愿服务活动的热情,让更多的群众了解志愿行动,积极参与其中。

(二)突出主题特色,拓展服务项目

积极响应文化部号召,以"我们的中国梦·文化志愿服务基层行"为主题,通过"大舞台""大讲堂""大展台"等活动载体,在实践中充分发挥主观能动性,将群众的实际文化需求和当地优秀文化资源巧妙结合,不断创新服务内容、工作形式和活动载体,拓展推出一批具有鲜明特点的文化志愿服务项目。

1. 开展示范区区域文化联动

烟台市与苏州市开展了示范区区域文化联动,2014年6月邀请苏州市原图书馆馆长邱冠华来烟举办图书馆总分馆制讲座,2014年9月赴苏州市举办了烟台剪纸精品展。海阳市京剧团表演的海阳秧歌小戏《合家欢》,于2014年7月代表山东省赴宁夏回族自治区进行"大舞台——群众艺术"巡演,增进了内地与边疆民族地区的文化交流。2015年5月9日至16日,在甘肃画院举办"600年·回眸"烟台剪纸精品展,充分展示了烟台剪纸浓郁的乡土气息及艺术魅力,加深烟台市与甘肃省各市的文化联系,促进边疆和内地文化共同繁荣。

2. 开展"大地情深"和"春雨行动"志愿者服务活动

烟台市2个群星奖获奖节目男声组唱《闯海人》和舞蹈《舒心的日子扭着过》于2014年3月参加了"大地情深"群星奖获奖作品全国巡演活动,展示了烟台近几年群众文艺创作取得的丰硕成果,向全国展现了文化烟台、文明烟台、魅力烟台的良好形象。2014年6月成功举办"春雨工程"文化志愿服务项目——甘肃省公共文化服务培训班暨甘南州藏族唐卡艺术展,培训班的成功举办加深了烟台市与甘肃的联系和文化交流,促进两地文化共同繁荣。2014年11月,承接"大地情深"国家交响乐团来烟巡演,获得圆满成功。烟台市文广新局被文化部命名为"全国文化志愿服务工作优秀单位",2名文化志愿者受到省厅表彰。

3. 开展"送文化暖人心"活动

以"送戏""送图书""送文化"活动作为重要载体，深入农村、社区、学校、军营等，定期筹划举办文艺演出活动。蓬莱市"田院三头"送文化活动已开展67场次，先后组织文艺骨干赴厂矿、部队、街道、农村，将"短精快"的文艺作品送到田间、院落、村头、地头、炕头，接了地气，得了民心。开展以慰问演出、图书下乡、图片巡回展览、文化艺术专家咨询服务等为主体的系列活动，群众反响良好。

（三）服务重心下移，面向基层延伸

结合烟台市文化惠民八项工程，将项目实施重点转向农村、边远地区，为最基层的百姓提供面对面、零距离的文化惠民服务。

1. 组织公益演出

坚持重心下移，扎实开展文化志愿者"文化惠民服务"活动。组织由120名文化志愿者团队组成的烟台市文化馆华韵民族乐团和文华爱乐乐团，分别在烟台大剧院、富士康烟台工业园、牟平区文化中心大剧院、滨州医学院、昆嵛山保护区等地举办音乐会，市民持身份证可享受高雅艺术，产生较好反响。一个地级市的文化馆，同时拥有两支由文化志愿者组成的专业水准的乐团，全省唯一、全国一流，一个馆两支乐团、三天五场音乐会、1000张门票赠送市民，让群众得到实实在在的文化实惠。文华爱乐乐团排演了35首中外交响乐作品，其中既有中国交响乐的传统名曲《茉莉花》《春节序曲》《红旗颂》，也有《天空之城》《匈牙利舞曲》等国外名曲。华韵民族乐团积极创作《乐了山，响了庄》等具有地域特色的音乐作品，排演了《白毛女组曲》《枉凝眉》等大量雅俗共赏的民族音乐经典。2013年11月，中共中央政治局常委、中央书记处书记刘云山视察烟台文化中心时，观看了文华爱乐乐团志愿者排练，对烟台文化志愿服务大众，推广普及高雅艺术的做法给予了充分肯定和高度评价。

2. 针对特殊群体做好服务

实施公共文化服务"暖心工程""六进工程"，重点关注老年人、未成

年人、残疾人、农民工、农村留守妇女儿童、生活困难群体的文化需求。依托文化志愿者普遍建立"结对子、种文化"包片辅导制度,组织 2000 多名经过培训的文艺骨干进驻社区和农村,带动群众文化活动开展。实施农民工文化保障行动,建设"工地书屋"和流动图书服务站 100 多个,发放 1000 张文化亲情卡,为农民工量身定做服务项目。组织文化志愿者演出小分队分别赴烟台福利院、SOS 村等地进行公益演出,为孩子们普及交响乐知识,让高雅艺术惠及更多的群体。

3. 组织开展公共图书馆志愿服务活动

市、区两级公共图书馆积极适应免费开放后公益性文化设施参观、流通和参与活动人数大幅增加的新情况,加强对专家型和服务型文化志愿者的规范管理,围绕图书馆业务工作,组织文化志愿者做好图书导读、借阅服务、读者咨询和报刊管理等工作,参与读书征文活动、数字图书馆建设等相关工作,为读者学习知识创造条件。结合图书服务网络构建,开展图书服务进机关、进社区、进军营、进学校"四进"活动,新建馆外流通图书服务站 51 家,启动流动图书馆服务车,近 2 年送书下乡百余次、一万余册。按照"图书馆+尼山书院"建设模式,设立国学讲堂,举办传统文化讲座。结合烟台市第三届、第四届文化艺术节,文化志愿者积极为少年儿童开展各项服务活动,举办国学经典知识竞赛及朗诵比赛、楹联、灯谜知识讲座等活动,从小帮助青少年了解和学习中华优秀的传统美德,树立正确的人生观和价值观。暑假期间,举办"烟台图书馆第三届古籍版本鉴定活动"和"古籍拓印体验日"活动,让读者亲身感受中国传统文化的魅力。此外,志愿者还积极开展"好书推荐"活动,集中陈列国学典籍向读者推荐阅读,定期挑选内容健康、格调高雅、针对性强的畅销书目发布在市图书馆网站上,向广大市民推荐,为读者学习知识营造良好环境。

二 烟台市文化志愿服务面临的问题与建设重点

尽管烟台市积极开展各种文化志愿服务活动,取得一定成绩,但是,从创建一流的"国家公共文化服务体系示范区"来看，烟台市文化志愿服务还存在一些问题。

（一）志愿者队伍结构还不够合理

从目前的情况来看，现有的文化志愿者队伍呈现以老年人、教育机构工作人员、文化系统专业人员为主的特征，还没有真正把社会各界的文化热心人士充实进来。

（二）机制建设还不够完善

文化志愿者的注册考核、表彰、奖励制度和志愿服务工作协调机制、项目管理机制等制度，需要进一步完善，且现有制度发挥作用还不够明显，会导致文化志愿服务行为呈现短期性，难以深入社会生活各个层面。

（三）资金保障还不够有力

由于文化部门自身的经济实力有限，文化志愿服务在组织建设、基础设施、开展活动等方面受资金短缺的制约，需要以更强有力的形式加以规定和保障。

在看到问题的同时，也应看到机遇，在2015年烟台市组织的居民文化生活调查中，80%的居民选择愿意参加文化志愿服务活动。这说明，热心公益文化事业，热心文化志愿服务的大有人在。同时，随着自上而下的重视，参与文化志愿服务的社会氛围浓厚，搭建好文化志愿服务平台，就能让更多的人参与进来，共同为现代公共文化服务体系建设献策出力。

未来文化志愿服务必将成为社会治理的关键因素，因此，在厘清问题和现状的基础上对烟台市文化志愿发展建设应作如下思考。第一，科学制定规划，树立长远战略意识。要不断地研究探索，结合《烟台公共文化十三五规划》，制定文化志愿服务长远发展规划。第二，鼓励社会参与，拓展筹资渠道。各级政府及文化行政部门要发挥引导作用，建立完善社会力量参与机制,面向社会积极探索多种筹措经费的途径。第三,建立激励机制,激发志愿者活力,激励志愿者继续投身文化志愿服务事业。第四,强化志愿者培训,提高文化志愿者综合素质,提升服务水平。第五,加强正面引导,提高志愿者组织的社会认同度。第六,打造一批文化志愿者服务品牌,促进和带动文化志愿服务活动高水平开展。

B.18
武汉市文化志愿服务发展报告

陈 菁*

摘 要： 武汉市于2007年成立了武汉市志愿者联合会，与宣传、文化等部门共同组织开展文化志愿服务活动。近年来，逐步建立了市、区（县）、街道（乡镇）、社区（村）四级文化志愿服务网络；结合全国文明城市创建活动，开展了文艺巡演以及文艺演出社区行活动；围绕基层群众的文化需求，打造了特色志愿服务品牌。新时期武汉将结合"志愿者之城"建设规划及总体目标，继续加强和推进文化志愿服务的发展。

关键词： 武汉市 文化志愿服务 发展报告

2012年，武汉市委、市政府站在"建设国家中心城市、复兴大武汉"的战略高度，提出建设"文化五城"的目标，通过推进"读书之城""博物馆之城""艺术之城""大学之城"和"创意设计之城"建设，构建全覆盖、普惠型、均等化的公共文化服务体系，丰富群众文化生活，而文化志愿者是实现这一目标的重要力量。近年来，武汉市把志愿服务作为贯彻落实科学发展观、构建和谐社会的重要抓手，作为提高公民文明素质、提升城市文明程度、改善居民生活质量的重要举措。随着武汉市文化志愿服务事业的健康蓬勃发展，文化志愿者已经成为武汉市城市创建的一道亮丽风景线。

---

* 陈菁，武汉市文化局公共文化处处长。

文化志愿服务蓝皮书

一 文化志愿服务的基本情况

武汉市是一个有着三千五百年历史的文化名城，武汉市文化志愿服务有着广泛群众基础和独特优势。近年来，武汉市文化志愿服务工作稳步推进，在文化志愿服务网络构建、规范管理、载体创新、品牌打造等方面取得了一定成绩。

（一）文化志愿服务框架基本形成

2007年12月，武汉市成立了由文明办牵头的武汉市志愿者联合会，负责全市志愿服务日常工作和活动的规划、组织和协调，并协同宣传、文化等部门组织开展文化志愿者活动，充分发挥文化引领风尚、教育人民、服务社会、推动发展的作用，满足人民群众精神文化需求，通过文化志愿服务宣传中国梦、阐释中国梦、助力中国梦。

近年来，按照文化部、省文化厅的总体部署，武汉市积极行动，初步建立起市、区（县）、街道（乡镇）、社区（村）四级文化志愿服务网络，形成了"武汉文艺家志愿团""未成年教育志愿者服务队""文化助残志愿服务队"等一批不同类别、不同风格、特色鲜明的基层文化志愿服务团队。以市区两级公共图书馆、文化馆、博物馆和市歌舞剧院、市杂技团、市说唱团、市楚剧院、市汉剧院、市爱乐乐团等8大专业艺术院团，以及市区各艺术表演团体的专业文化工作者为基础，以各级基层文化带头人为骨干，以社会其他方面的人员特别是大学生为补充的文化志愿者队伍，为开展各类文化志愿服务活动奠定了良好的基础，提供了有力的保障。截至目前，武汉市志愿者联合会共有团体会员78个，各类志愿者106万人，占全市总人口的10.47%，文化志愿服务是他们开展志愿服务的重要形式和手段。其中，由市直各文艺院团、市文联各协会、市群艺馆、区文化馆等文化单位志愿者组成的武汉文艺家志愿团（下属8个业务分团和13个区级分团）文艺家志愿者千余名。

文化志愿服务的广泛开展，已经成为武汉市民素质和城市文明程度不断提升的显著标志，成为武汉城市精神和形象的一张名片，反映了广大市民构建和谐社会、共创美好生活的共同意愿和自觉行动。

（二）文化志愿活动蓬勃开展

武汉市文化志愿者队伍以文化活动为载体，以解决群众困难、促进社会和谐为目标，认真贯彻和落实上级文件精神，有重点、有针对性地开展形式多样的服务活动。通过推动文化志愿服务工作从小到大，从自发到自觉，从"送文化"发展为"种文化"，不断丰富现代公共文化服务体系建设内容。通过开展志愿服务走基层活动，融汇武汉的地域文化和时代精神，融入武汉市优秀志愿者、全国道德模范的先进事迹，编写武汉故事、讲好武汉故事，在全社会培育和践行社会主义核心价值观。[①]

在武汉市创建全国文明城市活动中，武汉文化志愿者组织开展了创建全国文明城市"我的中国梦·我的价值观"百场文艺巡演以及创建全国文明城市"百团千场"文艺演出社区行活动。武汉市市直院团的文化志愿者以武汉好人好事、全国道德模范等为原型，创作了微话剧《好人好梦》、话剧《犟妈》、楚剧《焦裕禄》、曲艺《我是武汉人》等一批唱响中国梦、弘扬社会主义核心价值观的精品剧（节）目，通过组织开展"我的中国梦·我的价值观"百场文艺巡演活动，在全市各大企事业单位、学校、军营、大型文化广场等演出100场；由基层文化志愿者组成的100支群众文艺团队开展的"百团千场"文艺演出社区行活动，依托各类小节目，宣传普及文明城市创建相关知识、传播核心价值观，在全市各社区演出了1000余场。文化志愿者以文艺形式传播社会主义核心价值观，提高创建全国文明城市的知晓率、参与率和满意率，为武汉市成功创建全国文明城市营造了浓郁的文化氛围。

市、区文化馆（群艺馆）结合免费开放工作，加大对基层文化馆（站）

---

① 李述永：《志愿者工程是精神文明建设生长点》，《武汉宣传》2015年第4期。

文化志愿队伍的辅导培训和活动支持，创作反映社会和谐、富有时代气息、群众喜闻乐见的优秀文艺作品，广泛开展丰富多彩的群众文化活动。市、区公共图书馆组织文化志愿者参与讲座培训、图书导读、读者咨询等各项服务，为广大读者特别是特殊群体学习知识创造良好环境，并结合文化信息共享工程，利用资源和设备优势，整合文化信息资源，依托网络搭建信息交流平台，推动文化惠民服务。美术馆和博物馆组织文化志愿人员，充分利用武汉红色文化资源丰富的优势，深入校园，结合升国旗仪式和主题队会，广泛开展宣教活动。组织文化志愿者担任导览员、讲解员，提高大众的审美水平和欣赏能力，让人们在认知和欣赏过程中，增长见识，陶冶情操。目前，在武汉市公共图书馆、美术馆、博物馆、纪念馆等公共文化服务阵地都活跃着一批志愿服务先进代表。从中国艺术节、中国歌剧节到武汉国际杂技艺术节、琴台音乐节，从社区、农村到学校、军营，广大文化志愿者积极拓宽文化志愿服务领域，把农民、农村留守儿童、农民工、生活困难群众等特殊群体作为文化志愿服务的重点对象，深入群众，深入基层，勇于担当，乐于奉献，造福他人，提升自我，用实际行动弘扬社会主义核心价值观、丰富群众精神文化生活，提高群众的生活质量和幸福指数。

（三）文化志愿品牌建设取得成效

文化志愿服务是现代公共文化服务的有效补充，是激发基层活力、推动基层文化可持续发展的重要手段。开展文化志愿服务，不仅要"送文化"，更要"种文化"，通过一个个文化志愿品牌的实施，让文化艺术在人民群众中落地生根。

武汉市文化志愿者积极开展丰富多彩的志愿服务活动，形成了声势，树立了品牌。全国社区志愿服务现场观摩会、全国志愿助残工作会、全国"学习雷锋、关爱他人、关爱社会、关爱自然志愿服务活动启动仪式"和座谈会、社区志愿服务全国联络总站工作推进会相继在武汉市召开，3名志愿者入选全国首届百名优秀志愿者，武昌区吴天祥小组志愿者联合会获得"全国优秀志愿服务组织"荣誉称号。"万家宴""全国社区网络春晚""邻里守望·情暖武汉"文化志愿者行动、"书香地铁""信义兄弟"等一个个文化志愿服务品牌深入人心，武汉图书馆"流动图书服务"、少儿图书馆"小种子流动阅读推广服务"先后获得文化部全国基层文化志愿服务项目等荣誉称号。

武汉市每年举办的"传统戏曲校园行""打开艺术之门""江滩大舞台""武汉之夏""琴台音乐节"等文化活动，都充分体现了文化志愿服务项目的公益性，都是文化志愿者服务的舞台；武汉市市民之家的"市民大讲堂"、武汉博物馆的"小小讲解员"、武汉美术馆"美术大讲堂"、武汉图书馆"名家论坛"、武汉群艺馆的"免费艺术培训"、"五老"金晖志愿网吧义务监督队成为文化志愿者服务基层的一个个阵地。

百步亭社区"一站一网"社区志愿服务品牌辐射全国，文化志愿服务特色鲜明。以百步亭社区志愿服务总站（共有志愿者4万人，建成了1个中心、23个工作站、820个楼栋服务小组、540个小小楼栋服务小组、180多支特色服务队，并专门创建了志愿者培训学校）为依托，成立了社区志愿服务全国联络总站，同时开通了全国第一个社区志愿服务网，建成了社区志愿服务工作电子台账，实现了社区志愿服务活动的可视化、科学化管理，探索出了"三个依托"社区志愿服务模式，并在全国推广。开展了社区艺术节、元宵灯会、万家宴等文化志愿服务为主体的各类活动10万多场，服务社区居民近千万人次。成功举办了"全国社区网络春晚"活动，有效提升了全国社区文化建设水平。

省级公共文化服务示范区武昌区以"邻里守望"志愿服务活动为主题，积极培育辖区街道开展"以人为本、以邻为亲、以和为贵、以文为魂、以助为乐、以诚为根"的邻里文化精神，制定"一十百千万"（即一台大型文艺晚会、十佳人物评选、百户家庭才艺展示、千人迎春长跑比赛、万人读书节）、"五个一"（即打造一台精品文艺节目、举办一场社区运动会、进行一次居民文化才艺大比拼、评选一批"文体示范家庭"、开展一次自创节目）、"四大板块"（即：群众大家乐、精品大舞台、社区大讲堂、影视大放送）、"四个固定栏目"（即唱响幸福、舞动生活、书香武昌、快乐家庭）的活动菜单,贯穿全年,围绕活动主线,广泛开展"爱心助老、邻里相伴、串门认亲、邻里互助、文化周末、邻里相悦、爱心传递、邻里相帮"活动。邻里文化活动的开展,让武昌区南湖社区由"陌邻"变"睦邻",建成38处文化活动场所,常年开办120个左右文艺培训班,发展了33支有实力的特色群众文化团队,文艺骨干400余人。文化阵地搭起来,居民走下楼、聚起来,营造了和谐的邻里氛围。①

武汉市紧紧围绕基层群众的文化需求打造志愿服务品牌,引导基层群众创造文化、参与文化、享受文化,逐步实现公共文化服务均等化,推动全民文化素质的提升。为了加强宣传激励,武汉市通过武汉文明网、长江网、武汉发布、荆楚网等网络媒体对优秀志愿者和优秀志愿服务组织的事迹进行展播,评选"武汉市优秀志愿者和优秀志愿服务组织",并探索建立志愿服务回馈机制。

二 文化志愿服务工作中存在的困难和问题

目前,武汉市志愿服务取得了突破性的进展,不论是在组织数量上、文化志愿者人数上,还是志愿服务平台的建设上,都取得了可喜的成绩,文化志愿服务队伍已经成为文明武汉建设的重要力量。在文化志愿服务迅猛发展的同时,也应当看到,文化志愿者队伍发展、志愿服务平台建设、志愿服务引导等方面还有待进一步完善。武汉市文化志愿工作与先进发达地区相比,距离建设国家中心城市的总体要求和建设和谐社会的良好愿望,还有诸多的不足,仍存在不少亟待解决的困难和问题。

一是文化志愿者注册管理制度不够完善。目前武汉市文化志愿者分布在各级宣传、文化、文联等多个部门,文化志愿服务工作基础还比较薄弱,工作网络不够健全,工作机制和运行机制还不够成熟,文化志愿者的发动、组织、协调和管理工作有待进一步加强。

---

① 武昌轩:《邻里文化:让南湖社区由"陌邻"变"睦邻"》,《武汉宣传》2015年第4期。

二是文化志愿者总体规模较小，文化志愿服务发展还不均衡，人民群众对文化志愿服务了解不够深入，参与热情不够强烈，全社会理解、重视、支持文化志愿服务的意识还有待提高。

三是文化志愿服务的保障机制有待于进一步建立。财政对志愿服务投入总量还不多，企业投入和社会捐赠积极性还不够高，缺乏稳定的资金保障。缺乏专门针对志愿服务的法律法规保障。

四是文化志愿服务的社会化运作不充分。目前武汉市文化志愿服务活动，大多数还是由党政部门和准政府机构创办的志愿者组织来发动和指导，其运作围绕各级党政中心工作的色彩和行政推动的色彩都比较浓厚，民间资源和社会力量的参与不够。

三　文化志愿服务发展方向与重点任务

志愿服务是社会文明进步的重要标志，是社会治理体系和社会治理现代化的必然选择。开展志愿服务、建设"志愿者之城"是复兴大武汉、建设国家中心城市的重要支撑。根据市委市政府的战略部署和武汉市志愿服务发展的实际，武汉市将通过制定并实施《武汉"志愿者之城"建设规划（2015～2020年）》，构建具有时代特征、体现武汉特色、彰显武汉精神的志愿者之城。《规划》的实施也必将有力地促进武汉市文化志愿服务的进一步发展。

武汉建设"志愿者之城"的总体目标是：力争经过五年的努力，到2020年，实现志愿服务队伍和组织建设进一步加强，志愿服务项目在公共服务领域得到普及，各类志愿服务活动深入开展，志愿服务平台建设富有成效，工作机制和保障体系不断健全，城市志愿服务能力达到并保持国内先进水平。

就文化志愿服务来说，要重点做好以下七个方面的工作。

一是要进一步健全文化志愿服务体系，在各级各类文化单位广泛成立文化志愿服务队伍，建设市、区、街道和社区四级文化志愿服务组织体系，文

化工作者在文化志愿服务中发挥先锋带头作用。

二是要不断壮大文化志愿者队伍,不断扩大文化志愿服务公众参与面,使注册文化志愿者志愿服务常态化。

三是要不断增强文化志愿服务能力,建立文化志愿服务专业知识与技能培训、项目督导和成效评估体系,使文化志愿服务的品牌数量和社会影响力显著提升。

四是要不断完善文化志愿服务平台,整合政府机关、企事业单位和各类社会组织的公共文化服务设施,充分利用微信、微博、QQ群等现代通信手段,使得文化志愿者和志愿组织之间、文化志愿者之间、文化志愿者与服务对象之间能够通畅地交流,根据社会需求优化文化志愿服务资源配置,实现文化志愿者、服务对象和服务内容有效对接。

五是逐步建立更加科学的管理机制,加强部门间的组织协调。文化志愿者注册、登记、培训、服务和评价记录、激励等制度更加健全,管理流程更加清晰、管理信息更加完整,信息化水平不断提高。

六是要不断健全保障体系,建立文化志愿服务评价体系和激励制度,进一步加大对文化志愿服务项目、服务集体和个人的激励力度;初步建立志愿服务的地方法规、规章体系,保障志愿者组织、志愿者和志愿服务对象的合法权益。

七是要不断加强宣传教育,使志愿精神深入人心。通过教育、宣传和服务活动,传播志愿精神,提高公众知晓率,营造志愿文化氛围,使志愿服务成为城市风尚,成为市民的行为方式和生活方式,推动市民素质和城市文明程度不断提高,城市文化软实力不断增强。

B.19
厦门市文化志愿服务发展报告

黄天助*

摘　要： 厦门市是国内较早开展志愿服务活动的城市。厦门的文化志愿服务形成了内容与形式丰富多样、凸显对台优势、重点面向基层和志愿者进行自我管理等特色。以创建"国家公共文化示范区"为契机，厦门加强了文化志愿者队伍建设。新形势下，厦门将在优化文化志愿服务内容、完善文化志愿服务绩效考核、实现文化志愿服务长效性和加强与台湾文化志愿者合作交流等方面继续进行实践探索与研究。

关键词： 厦门市　文化志愿服务　发展报告

一　厦门市文化志愿服务发展历程

厦门市是我国较早开展志愿服务活动的城市，具有扎实的文化志愿队伍建设基础。在1993年12月，共青团厦门市委就响应团中央号召建立了福建第一支青年志愿者服务队——厦门市青年志愿者筼筜治安分队，开展青年志愿者服务。随后不久，厦门市红十字会、厦门市民政局以及其他社会组织建立起各种类型的志愿者队伍。这些志愿者队伍中，具有一定的文化专业知识或文艺专长的志愿者成为开展文化志愿服务、推动厦门文化繁荣与发展的生力军。从志愿服务的行业分布上看，公共文化部门成为文化志愿者开展志愿

---

* 黄天助，厦门市少年儿童图书馆党支部书记、馆长。

服务活动的重要场所。这些领域的志愿者，成为厦门市文化志愿者队伍的主体。早在2005年，厦门市少年儿童图书馆就开始向社会招募志愿者开展文化志愿服务活动，他们每周利用半天时间协助图书馆开展日常服务以及大型读者活动。2009年，厦门市图书馆也开始招募"文明小督导"志愿者，受到学生、家长以及社会的欢迎。这些文化志愿者利用一技之长开展丰富多彩的志愿服务，成为繁荣厦门城市文化的重要力量。[①]

二 厦门市文化志愿服务发展现状与特点

近年来，厦门更加重视文化志愿服务工作，厦门市文化志愿者队伍建设取得了长足发展。

（一）厦门市文化志愿者队伍的构成

目前，全市公共文化部门登记在册的文化志愿者总数已超过八千名。这些文化志愿者以岛内的思明、湖里两区人数较多。在学历水平方面，大专学历、本科学历与硕士学历的较高学历文化志愿者占总数的55%，厦门市文化志愿者的整体素质较高（见表1）。他们主要来自于文化系统的在职与离退休人员、大中小学校的音乐、舞蹈、曲艺、美术等专业教师，特别是退休教师，学生以及社会上有一技之长的爱心人士。这些文化志愿者队伍中还有部分外来务工青年，他们通过开展丰富多彩的文化活动积极融入厦门，如湖里区外来青年艺术团获评"2012年全国农民工文化服务示范项目"，受到文化部的通报表扬。

经过努力，全市各区、镇（街）也都建立了文化志愿者组织机构，有的成立了文化志愿者工作领导小组或工作站，有的则依托区文化馆、图书馆或镇（街）文化站建立"文化志愿者之家"。前者如思明区、湖里区，后者

---

① 高和荣：《文化志愿者队伍的建设与完善—基于厦门的研究》，《湖湘论坛》2012年第6期。

表1 厦门市文化志愿者人员学历状况

单位：人

序号	辖区	文化志愿者人数	大专学历	本科学历	硕士学历	其他学历
1	市级单位	529	89	224	24	192
2	思明区	2114	616	465	95	938
3	湖里区	2436	720	680	112	924
4	集美区	680	147	123	15	395
5	海沧区	609	104	54	5	446
6	同安区	919	288	253	0	378
7	翔安区	725	157	210	3	355
总计		8012	2121	2009	254	3628

主要包括海沧、集美、同安及翔安等区。市级公共文化服务单位也建立了各自的文化志愿者管理团队。这些文化志愿者组织机构积极招募文化志愿者，开展各种形式的文化志愿服务，形成了相对齐全完备的组织管理网络。

（二）厦门市文化志愿者队伍建设的特点

经过这些年的发展，厦门市文化志愿者队伍建设形成了以下几个方面的鲜明特点。

1. 志愿服务内容与形式丰富多样

内容丰富、形式多样、民众满意是厦门市文化志愿服务水平的重要体现，也是厦门市文化志愿服务的继续努力方向。近年来，厦门市文化志愿组织不仅扎根于图书馆、文化馆（站）以及社区文化场所，为前来的市民提供志愿服务，而且一大批文化志愿者走出场馆，来到社区居民广场，深入到外来人员比较集中的地方提供文学、艺术、戏剧、曲艺、乐器、舞蹈、摄影、武术及体育等文化志愿服务，为未就业人员提供职业技能培训，用他们的专业知识丰富志愿服务对象的精神生活。比如，海沧区广泛开展"种文化"活动，把基层文化团体及志愿者当作"种子"对他们进行培训和辅导，通过他们为广大民众提供志愿服务；思明区文化馆实行"开门办馆"，充当"街头教师"，举办内容丰富、形式多样的"激情广场大家唱、大家跳"等

志愿服务活动。一些区还开展了图书馆数字资源利用、简讯写作和群众文化活动组织、摄影知识、文化市场管理及消防安全等相关内容的培训，使志愿者们能尽快掌握基本技能，更加专业地服务群众。

2. 凸显对台优势

经常与台湾进行交流是厦门市文化志愿服务活动的重要特征，也是厦门文化志愿服务活动区别于全国其他城市的重要地方。围绕对台交流，文化志愿者以志愿服务项目为载体、以增进两岸认同为准则进行着志愿服务交流。例如，厦门市少儿图书馆的"故事妈妈"团队就经常与台湾的"故事妈妈"组织进行联系，双方定期开展交流学习活动，以便取长补短，共同提高。

3. 重点面向基层

作为全国首批"国家公共文化服务示范区"创建城市，厦门达到了"东部创建标准"。[①] 市文化馆常年安排文艺、美术等文化志愿者下基层进行艺术辅导，每周平均下基层2~3次，协助基层组建艺术表演团队；同安区开展下基层、到农村送知识，为乡镇文化园及农家书屋建设出谋划策、业务辅导与业务培训等活动。这些志愿服务活动的开展既圆满完成了国家有关部门规定的标准，又使文化志愿服务贴近民众、扎根民众生活。

4. 逐渐形成自我管理

为了更好地开展文化志愿服务活动，厦门市图书馆、少儿图书馆引导和组织文化志愿者进行自我管理，由他们自己组织填写志愿服务的起止时间、工作内容等，每月统计一次；同时，文化志愿者自己创立QQ群、设立论坛、组织开展经验交流以及联谊活动，从而推动了文化志愿者队伍自我完善与自我管理。[②]

[①] 第一批示范城市创建标准规定：公共文化示范区的图书馆以及各级公共电子阅览室为社会公众提供免费服务时间每周均不少于56小时，文化馆（站）、博物馆每周开放时间不少于42小时。图书馆每年下基层服务次数不低于50次，文化馆每年组织流动演出12场以上，流动展览10场以上。

[②] 高和荣：《文化志愿者队伍的建设与完善——基于厦门的研究》，《湖湘论坛》2012年第6期。

（三）厦门市文化志愿活动典型案例

厦门市文化志愿者队伍的建设推动着文化志愿服务活动的开展，涌现出了许多典型案例。其中，厦门市文化馆的厦门青年民族乐团、厦门市少儿图书馆的"故事妈妈"俱乐部、集美文化广场志愿服务、吕岭社区文化志愿者自我服务模式等较为典型。总结这些典型案例对于推进厦门市文化志愿服务活动具有十分重要的价值。下面选取部分案例进行举例分析。

1. 厦门青年民族乐团——高水平人才参加文化志愿者的典型

厦门市文化馆组建的厦门青年民族乐团汇聚了一批不计名利、服务于民的文化志愿者，他们主要来自于艺术院校的师生及其他民乐爱好者。作为一个民间艺术表演团体，乐团没有编制，没有工资、奖金，以"奉献社会、提升自己"为理念，每周二晚上坚持排练，并深入到社区、学校、乡村、厂矿、军营为人们提供高水准文化志愿服务，现已成为福建省民乐团中阵营最强大的一支队伍，成为高层次文化人才参与高水平文化志愿服务的典型。中国当代著名作曲家、指挥家刘文金先生多次亲临指导，并赞誉它"是一支有水平、最没有铜臭味的乐团"。

乐团承担了多场重要接待演出活动，为中外嘉宾展现优秀的中华民族传统艺术。如春节团拜会、台湾商品交易博览会、文博会、中国国际投洽会、国庆招待会、中秋文艺晚会、海峡论坛、国际海洋周、上合组织检察长会议等重要演出任务。2010年9月，第二届世界投资论坛、第十四届中国国际投资贸易洽谈会期间，时任国家副主席的习近平宴请出席会议的各国元首和嘉宾，乐团承担了演出任务。演出结束后，习近平同志亲切地走到演员身边，与乐团演奏员一一握手，对乐团的演出给予了高度评价。2012年10月，乐团举办的"大地情深"群众文化进京展演音乐会，文化部副部长杨志今等领导与北京各界音乐爱好者一起观赏了演出。杨志今在演出结束后接见了演职人员并对演出给予高度赞誉。正是通过自身的努力，厦门市青年民族乐团志愿服务荣获文化部表彰的"全国基层文化志愿服务活动优秀项目"，并在文化部举办的全国文化志愿服务工作会议作典

型介绍。

厦门青年民族乐团由市文化馆馆长担任团长，统筹、协调乐团工作。市文化馆音乐干部担任乐团常务副团长，负责乐团的各项具体事务。邀请退休的指挥家担任音乐总监，负责乐团的排练、演出的业务指导。乐园的成员来自于厦门各高校的音乐系教职工、实习的音乐院校学生以及原有乐团成员的相互推介，经演奏水平测试后合格者吸收入团。市文化馆负责协调乐团的排练、演出、外出活动等工作。乐团成员作为文化志愿者不领取报酬，乐团的其他费用支出主要来自于企业捐助、政府或市文化馆的专项拨款，从而保证乐团各项活动的正常开展。

乐团特点包括：①高水平的文化志愿者团队需要高素质文化志愿人才、公共文化服务场所、稳定的活动经费等条件支撑。这样才会使长效性志愿服务有其基本基础。②吸引退休的文化名人协助指导和管理文化志愿团队效果较好。③提供高层次文化志愿服务平台可满足高水平专业人才自我价值实现需求。④以设立实践基地方式吸收在校各类文化专业人才加入文化志愿者队伍，是发展壮大文化志愿者队伍的一种有效方式。

2."故事妈妈"俱乐部——文化志愿者自我管理自我服务的典型

厦门市少儿图书馆"故事妈妈"俱乐部成立于2011年10月18日，是一支面对社会公开招聘的文化志愿者服务队，也是福建省图书馆界第一支"故事妈妈"队伍。其成员来自于常年参加厦门市少儿图书馆组织开展周末低幼读者活动的幼儿妈妈们，既有白衣天使、小学教师，也有公司老总、大学教授，他们重视在早期阅读中培养孩子们良好的阅读能力、行为习惯和亲子关系，经过少儿图书馆低幼活动工作人员的有效引导，他们成了常年在该馆为低幼儿童讲故事的文化志愿者。

市少儿图书馆"故事妈妈"志愿者团队的宗旨是"陪伴孩子 阅读成长"；"故事妈妈"们须经过统一培训挂牌上岗；服务对象为学龄前儿童。这些故事妈妈常年利用业余时间到少儿馆、学校、社区给孩子们讲故事，将亲子阅读的服务范围从图书馆内延伸至社区、学校等，提高孩子们的阅读兴趣，带动孩子早期阅读，将快乐故事分享给更多的孩子们，并指导其他家长进行亲子阅读。

通过"故事妈妈"文化志愿者们的热心活动，不仅缓解了市少儿图书馆人手不足的压力，而且吸引更多家长和孩子主动参与幼儿早期阅读活动，为学前儿童提供了一个学习成长的园地，为广大家长搭建了一个良好的早期阅读交流平台，扩大了该馆低幼读者活动的影响力。

其运作模式特点突出表现在：首先，完善规章制度，传导公益理念，提升"故事妈妈"志愿者的奉献精神。"故事妈妈"文化志愿者在少儿图书馆工作人员的引导下，由志愿者骨干起草建立了一系列规章制度，对"故事妈妈"的入会申请，前期培训及活动组织等方面进行细致规划。其次，加强专业培训和实践锻炼，提高文化志愿者"故事妈妈"的专业素养和实践能力。培训课程涵盖讲故事技巧、儿童文学艺术欣赏、儿童心理教育、情景剧表演、绘本读物选择等。如2011年10月17日至18日，该馆与厦门市教育科学研究院合作，邀请了台湾儿童文化艺术基金会执行长、台湾著名儿童早期阅读教学指导专家、"故事妈妈"卢彦芬老师到该馆开设以"早期阅读教学指导"为主题的讲座。卢彦芬老师从如何挑选合适的故事、说故事前的具体准备、故事氛围的营造及语调到表情的运用等方面进行了生动的指导。同时利用馆内周末时间指导"故事妈妈"组织读书会、亲子荐书会、图画书表演赛等活动，让"故事妈妈"的早期阅读指导能力得到锻炼和提升。通过一系列培训和实践，一些妈妈的活动组织能力得到快速提升，并成为活动组织主角。如"故事妈妈"李惠芳每次活动前都精心准备与本次读书会相关的一系列绘本，指导家长如何为孩子挑选适合阅读的优秀绘本。活动过程中安排的各个环节能注重动静结合，引导幼儿及家长亲近阅读，热爱阅读，在活动中注重培养幼儿养成良好的阅读习惯，受到很多小读者及家长的喜爱。再次，拓展服务，实现价值。以推广早期阅读为主线，不断丰富"故事妈妈"的活动内容，开展丰富多彩的主题活动，拓展服务形式，延伸服务范围。现在"故事妈妈"已经逐渐将亲子阅读服务延伸到了社区，成为一支专业的社区文化志愿服务队伍，接受社区、幼儿园以及福利机构早期阅读指导活动的预约。这一案例的经验主要表现在：（1）台湾有许多先进的文化志愿服务经验和资源可供大陆借鉴和利用，文化志愿者可在对台文化交流中发挥其特有作用。（2）通过制度建设，引导文化志愿者形成自我服务及自我管理机制。（3）"故事妈妈"之前大都是参加低幼活动的亲子读者群，因此文化活动参与者往往是文化志愿者的重要来源。

三　文化志愿服务面临的问题

（一）国家公共文化服务示范区创建之初文化志愿者队伍建设问题

在厦门市创建国家公共文化示范区之初，文化志愿者队伍建设工作也面临着一系列问题，既有创建示范区层面的问题，也有文化志愿者队伍建设层面的问题。

1. 管理机构设置不够合理

政府对精神文明建设的重视以及创建"国家公共文化示范区"目标的提出，全市各单位和各部门开展了内容丰富、形式多样、群众喜闻乐见的文化志愿服务活动，丰富了群众的文化生活。与此同时，随着创建工作的增多，各类志愿服务队伍不断壮大，志愿者身份重叠问题也随之出现。例如，一位社区居民可能既是文明志愿者、社区志愿者，又是青年志愿者、文化志愿者……如此多的志愿者身份重叠在一起使得他们分身乏术。

另外，志愿服务机构在很多部门都有设置，他们都组建自己的志愿队伍。例如，宣传、文化、教育、体育、卫生、民政乃至镇街与社区都有自己的志愿者队伍。一位志愿者，在居住地上他可能要归口到"社区志愿者"或"镇街志愿者"；在志愿服务内容上可能要归到文化系统的"文化志愿者"、医院的"护工志愿者"；在活动主办方上则有可能归为学校或宣传部、文明办的"大学生志愿者"；其他部门乃至社区等都有自己的志愿者队伍，开展志愿服务，导致志愿者管理部门的重叠。

身份重叠和多头管理让志愿者在志愿服务活动中产生了许多困惑，导致人、财、物等资源的浪费。制度不明确导致很多部门较为随意地管理文化志愿者,往往采取部门主要领导或者副职来统筹管理本部门的文化志愿者工作,使得本部门与其他部门的文化志愿服务工作处于各自为政、互不联系状态。如在某图书馆文化志愿者管理结构中,文化志愿者分布在该图书馆的四个部门,由分管领导委托办公室统一安排工作,这种组织结构没有相应的制度保障。值得关注的是,这些管理者都有自己的本职工作,他们既要兼顾本职又要兼顾文化志愿者工作,很有可能在实际工作中将文化志愿者的服务变成减轻他们自身工作的重要方面,这不仅扭曲了文化志愿者的活动本意,而且不利于文化志愿者的持续发展。这就需要我们完善文化志愿者管理制度,形成完善的管理体系,统筹本单位乃至全市文化志愿者工作,为厦门市文化志愿者事业持续发展奠定组织基础。

2. 招募与激励制度不够完善

完备的制度是规范和保障文化志愿服务事业持久健康发展的前提与重要保证,它包括招募、培训、考核、激励、退出等环节,表现为一个系统过程,理论上讲它们应该是一个闭合区间(见图1),其中,招募、考核、激励等最为关键。

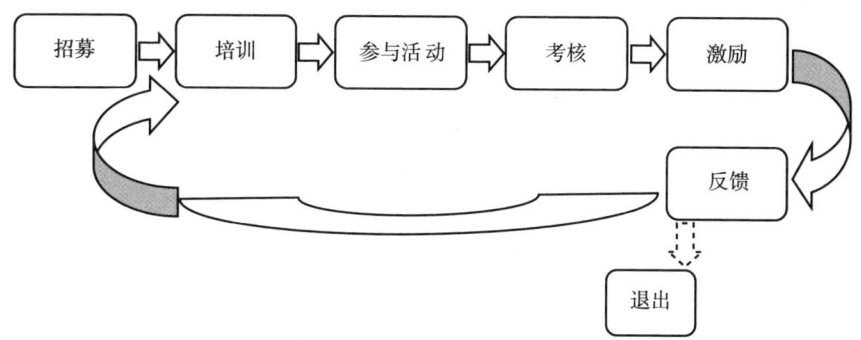

图1　文化志愿者制度闭合区间

调研发现,在厦门市文化志愿者队伍前期建设中,有些区、有的部门尝试推行文化志愿者考核与激励办法,努力形成制度化、常态化制度及其实施机制。例如,厦门市少儿图书馆采取了评星级志愿者制度,实行到农场免费采摘蔬菜等激励办法，激发文化志愿者的志愿服务热情，规范了文化志愿者的管理，调动了文化志愿者的志愿服务积极性。但是全市尚未真正形成完善公正、科学合理的文化志愿者招募制度和考核激励制度。

首先，在创建之初发布的《厦门市文化志愿者管理制度》对文化志愿者招募条件的规定不够清晰，很多方面由各个机构自主决定，导致一些部门为完成文化志愿者的数量，而不重视文化志愿者自身的志愿服务能力与本领，造成文化志愿者专业素质参差不齐、年龄结构与技能结构不合理等问题。例如，有的区文化馆的文化志愿者主要由该区各系统、街道和社区的离退休人员组成，总体年龄偏大，缺少中青年文化志愿者，不利于文化志愿者队伍的持久、稳定发展；有的单位的文化志愿者都擅长于声乐表演，而具有器乐演奏、书法美术等技能的志愿者较少。

其次，以往的文化志愿服务考核制度及其考核办法缺乏完整而规范的文化志愿者绩效考评办法。例如，检查发现，全市文化志愿服务考评工作参差不齐，有的单位所制定的文化志愿者服务条例仅对志愿者的工作职责和注意事项作规定，对于考评和激励却不明晰，这就无法充分调动文化志愿者的积极性与能动性；有的只针对个别志愿服务项目进行考核，而没有覆盖到所有的志愿服务项目中去；有的考核仍然以服务时间、服务项目等简单指标为基础，缺乏与现代志愿服务相适应、科学完整的考核体系，尤其没有形成一套针对文化志愿者及其志愿服务的考核程序及其量化评分等。

同时，创建之初的《厦门市文化志愿者管理制度》对考评和激励的规定比较笼统，不利于各公共文化机构的实际操作。例如，《厦门市文化志愿者管理制度》规定，"建立文化志愿者激励机制""鼓励和表彰优秀文化志愿者""各级公共文化服务机构应建立文化志愿者服务时间统计和绩效评价等制度，作为考核和表彰文化志愿者的依据。"但是，全市并没有形成相对统一、规范、可操作化的考核办法，各区和各公共文化机构也没有具体的激励指标，当时做得比较好的，如市少儿图书馆等，仅仅只是一些激励措施，而不是制度（见图2）。

总之，当时的文化志愿者考核与激励办法还处于初建阶段，并没有将定

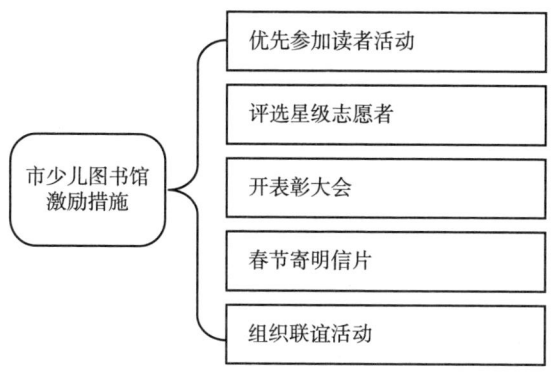

图2　厦门市少儿图书馆激励措施

性与定量评价有机结合起来,这不利于优秀文化志愿者脱颖而出。这就需要我们加强文化志愿队伍建设及实施机制督导,规范全市文化志愿考核办法,以利于厦门市文化志愿者队伍建设、完善与发展。

3. 相关保障措施不够明晰

保障措施主要包括文化志愿组织运行或志愿活动开展过程中所需的人员、资金、设备、场地等方面的保障(见表2),这是文化志愿组织及其志愿服务活动开展的条件。

表2　公共文化机构文化志愿者活动保障供给

经费保障	组织人员保障	设备保障	场地保障	法律保障
除来自政府和机构支持外,广泛吸收企业和社会组织的捐赠或者与企业组织合作	由各公共文化机构和活动承接方组织者与文化志愿者一起从事活动	音响设备、专业乐器、用具、道具、服装等	内、外部活动(下基层、市区其他地域)等活动场地	保障志愿组织及个人合法权益,解决可能出现的纠纷

但是,厦门市很多公共文化机构并没有将志愿活动经费等纳入年度预算之中,很多文化志愿队伍建设及其志愿服务活动经费较为随意。个别部门的文化志愿者队伍建设和志愿服务活动存在着一定的"形式主义"倾向,他们较少投入人力财力去组织和开展文化志愿活动,影响厦门文化志愿事业的

持续发展。这就需要我们总结好的经验与做法，督察其他部门和志愿者组织加强志愿服务保障措施的建设，推进文化志愿者队伍建设常态化。

4. 文化志愿活动长效性不足

一些文化志愿服务本身是通过单位组织发动而成的，甚至把文化志愿服务当成工作任务对待；有的把文化志愿服务看成临时性、阶段性的社会事务；大多数文化志愿服务围绕重大节假日展开，造成文化志愿服务缺乏长久的运行机制。①

（二）抓住示范区创建契机，加快文化志愿者队伍的建设

针对以上问题，厦门市以创建国家公共文化服务示范区为契机，进一步加快了文化志愿者队伍建设。

1. 围绕文化志愿者队伍建设加强制度建设

（1）规范文化志愿者招募

2012年2月22日，厦门市首次以市文广新局的名义下发《关于招募文化志愿者的通知》，向全市招募文化志愿者。该文件明确规定了招募条件、服务内容、工作保障与激励、管理主体等基本内容，设计了《厦门市文化志愿者报名表》《厦门市文化志愿者服务时间登记表》《文化志愿者工作负责人员情况表》等。

（2）加强文化志愿服务制度建设

制度是文化志愿服务蓬勃发展的保证，文化志愿队伍建立离不开制度保障。2012年4月9日，厦门市文化广电新闻出版局下发了《公共文化服务相关制度的通知》，建立《厦门市创建国家公共文化服务体系示范区文化专家咨询论证制度》和《厦门市公共文化服务志愿者管理制度》。其中，专家咨询论证制度共二十条，对专家来源、权利、义务、论证范围、论证程序等进行规范，为课题的研究提供了规范的专家咨询论证程序，保障了课题研究

---

① 高和荣：《文化志愿者队伍的建设与完善——基于厦门的研究》，《湖湘论坛》2012年第6期，第81~86页。

的科学性、规范性。初次下发的《厦门市公共文化服务志愿者管理制度》，对目的宗旨、主要原则、文化志愿者概念与主要服务场所、主要职责、招募条件、招募与培训方式、权利与义务、激励措施、退出机制、管理要求做出较为系统的阐述，为之后的文化志愿者队伍建设工作提供了基础，有力地促进了文化志愿者队伍建设。

（3）完善文化志愿者组织机构

针对厦门市自开展文化志愿者队伍建设以来所出现的有些工作不到位的实际情况，市创建国家公共文化服务体系示范区工作领导小组办公室于2012年7月23日下发《关于加强文化志愿者工作的通知》，要求各级公共文化服务机构："完善文化志愿者组织机构，做好文化志愿者各项管理工作，确保各区、镇（街）、村（居）都设有文化志愿者工作负责人。举办本区各镇（街）、村（居）文化志愿者工作负责人培训班，落实文化志愿者各项工作；大力开展文化志愿者招募工作，规范文化志愿者队伍管理；做好文化志愿者培训工作，培训内容包括权利义务、服务理念、服务态度、服务技能方面的基础性培训和专业服务技能、项目管理方法等；做好文化志愿者宣传报道工作；同时做好志愿服务时间登记汇总、活动开展情况登记等台账建设；加强'文化志愿者之家'的管理与服务工作；落实文化志愿者工作经费；努力探索文化志愿者工作新模式，建立良好工作机制，发掘文化志愿者工作的创新模式与典型经验，组织推荐优秀文化志愿者。"该文件的下发及落实解决文化志愿者工作所存在的问题，使全市的文化志愿者队伍建设得以继续有序深入开展。

（4）落实文化志愿者队伍建设的激励措施

自2012年2月在全市开展文化志愿者招募工作以来，得到各区各相关部门及公共文化单位积极响应，广大文化志愿者广泛开展文化志愿服务工作，较好地缓解了基层文化服务队伍人员不足矛盾，提高了社会的文化自觉与文化自信。为激励更多的社会热心人士投身文化志愿服务事业，2013年2月25日，市文广新局下发《关于2012年度厦门市文化志愿者工作先进单位、优秀文化志愿者的表彰决定》，决定对本市在开展文化志愿者工作中涌现出来的16

个文化志愿者工作先进单位和45名优秀文化志愿者进行表彰。并于2013年3月5日在市政府会议厅召开全市表彰大会，对获奖单位和人员进行表彰，表彰大会对宣传促进文化志愿者工作起了很好的激励作用。

(5) 出台文化志愿者管理办法

经过一年多的调研、实践、反馈、督导、再实践、再反馈、再督导等程序，厦门市文化志愿者队伍建设已取得较好成效，为巩固成果，规范促进后续发展，厦门市文广新局于2013年3月19日正式出台了《厦门市文化志愿者管理办法》，管理办法的主要内容包括总则、机构与职责、招募与培训、文化志愿者权利与义务、服务内容、激励与保障、退出与监督以及附则等共8章40条，涵盖了开展文化志愿者工作的各个方面。该办法的出台标志着本次课题研究形成了较为完善的制度成果，有力地规范了文化志愿者队伍建设。

2. 加强文化志愿者队伍机制建设

(1) 制定了考核与激励机制

经过调查研究与实地督导，发现考核与激励机制是促进志愿文化服务可持续性的重要保障，为此，市文广新局要求各区、各单位结合自身实际出台相应的考核办法与激励措施。湖里区通过区文化馆主办的《湖里群文天地》，宣传报道优秀文化志愿者的先进事迹，总结经验，推介榜样志愿者，营造人人参与、人人支持文化志愿服务的良好氛围。另外，厦门市文化志愿者网站专门有板块报道各单位的活动新闻和先进事迹。有的单位还举行年度表彰大会，对突出的志愿者和组织进行表彰；也有的单位通过发放纪念品、优惠券等形式激励志愿者，还有的单位加强文化志愿者联系与沟通，对生病或遇到困难的志愿者及时关心慰问，体现人文关怀。这些措施与其他制度结合在一起促进了厦门文化志愿服务的制度化、持续化、长效化。

(2) 形成了经费保障机制

经费是开展文化志愿服务活动的保障，在第二次督导检查中，督导组就明确要求各区、各单位要安排专门的文化志愿者工作经费，各区、各单位对此十分重视，通过召开部门工作会议，调整财政预算，有的区投入20万元作为2012年文化志愿者工作专项经费，各区、各单位按照要求把文化志愿者工作经费列入2013年的年度预算中去，形成文化志愿者的经费保障机制，确保了文化志愿者工作的顺利开展。例如，市少年儿童图书馆制定了文化志愿者年度经费预算安排，规定经费用于招募宣传、活动报道、"文化志愿者之家"布置、文化志愿者联谊活动、文化志愿者表彰等方面，做到文化志愿者工作经费专款专用。

（3）建立了方便有效的信息沟通机制

文化志愿者队伍建设初期，厦门市文广新局加快市文化志愿者网站建设，并于全市文化志愿者志愿服务启动仪式上同步开通官方网站，并在之后的工作中不断修改完善，从而形成"一站式"的信息化服务，把各区、各单位与文化志愿者、文化志愿服务对象紧密联系在一起。

现在，市文化志愿者网站成为服务全市文化志愿服务工作的重要信息对接平台，有活动公告栏、活动报道栏、活动招募栏、文化志愿者风采栏和下载专栏，在这些板块上可以发布文化志愿活动信息、工作通知、优秀志愿者事迹等。另外，网站提供报名注册服务，人们可以足不出户注册成为文化志愿者。在"活动招募"一栏里还有各区、各公共文化服务单位的文化志愿者需求情况和临时文化志愿活动招募信息，志愿者可以快速地了解招募需求。

此外，各区、镇（街）、村（居）层级与各公共文化服务单位还根据自身实际，开通文化志愿者微博、QQ群、手机微信、公开栏发布等信息发布联络平台，及时、便捷、每个人都可以成为信息发布者的独特功能，很快成为文化志愿者之间、文化志愿者与服务对象之间、文化志愿者和志愿服务组织之间的沟通交流途径。

四 厦门市文化志愿服务的重点任务

厦门市文化志愿者队伍建设，取得了一定成就。党政部门将文化志愿者队伍建设纳入工作安排，建立了一支真正发挥作用的文化志愿服务组织管理团队，使得文化志愿服务逐步常态化，并建立了网络化的文化志愿服务渠道。文化志愿服务内容越发多样化，并形成了"组织引导支持、自我管理完善"的建设模式。

然而，作为我国最早对外开放的四个经济特区之一，厦门多元的文化需求，决定了单靠政府提供的公共文化服务已无法满足民众多样性的精神文化需求，因此在文化志愿者队伍建设方面我们还有很长的路要走。

今后，厦门将重点在优化文化志愿服务内容、完善文化志愿服务绩效考核、研究文化志愿服务长效性问题和加强与台湾文化志愿者合作交流等方面继续开展研究与探索。

（一）优化文化志愿服务内容，完善文化志愿服务绩效考核

文化志愿服务工作内容涉及广泛，包括图书室管理、广场舞活动组织、美术馆、博物馆现场讲解、各类文化讲座、培训等，需要专业水平各不相同，不同专业水平、不同类别的志愿者培训课程需要分级分类设计，志愿服务效果的考核标准也难以形成理论上要求的统一量化考核指标体系，同时考虑到课程设计、服务成效考核体系设计不能过于复杂，要便于实际操作，否则会费时费力起反效果。今后，将在文化志愿服务培训的课程设计、服务成效方面的考核设计进一步加以研究。

（二）继续研究文化志愿服务长效性问题

文化志愿服务是一项长期的工作，需要参与者具有较强的奉献精神与一定的业余时间，对文化志愿者的自身素质具有一定的要求。不同的文化志愿者参与志愿服务目的、要求、条件各不相同，如何吸引更多的社会热心人士参与文化志愿服务、如何让文化志愿者能长期坚持开展文化志愿服务，是我们需要不断进行研究与积极探索的工作。

（三）加强与台湾文化志愿者合作交流

利用对台优势，继续学习、借鉴台湾地区开展志愿者工作的经验与好的做法，与台湾文化志愿者组织机构开展文化志愿者人员交流、互访培训、合作项目等方面的活动，增进两岸的文化交流与合作，从文化志愿者交流的角度为祖国统一做出贡献。

服务品牌案例

Service Brand Cases

B.20

"春雨工程"——全国文化志愿者边疆行活动典型案例[*]

摘　要：文化部和中央文明办共同组织开展的"春雨工程"——全国文化志愿者边疆行活动，搭建了内地与边疆文化交流的平台，涌现出一批优秀典型案例。本文以文化部全国公共文化发展中心的"文化共享志愿者边疆万里数字文化长廊行活动"、广东省的"岭南文化到喀什"活动、江苏省的"走出去"与"请进来"文化志愿者边疆行活动、"春雨润八桂，扬帆北部湾"——"春雨工程"全国文化志愿者广西行暨第七届"魅力北部湾"（南宁）系列群众文化活动、福建文化志愿者林芝行以及齐鲁文化到宁夏等6个项目为例，具体展现"春雨工程"文化志愿服务活动的开展情况及其经验与成效。

---

[*] 文化部全国公共文化发展中心与地方相关文化单位供稿。

关键词： 春雨工程 文化志愿者 边疆行 典型案例

文化部和中央文明办共同组织开展的"春雨工程"——全国文化志愿者边疆行活动，搭建了内地与边疆文化交流的平台，涌现出一批优秀案例。为发挥典型的示范带动作用，2012～2015年，文化部共评选出了121个"春雨工程"优秀示范项目，有效带动了文化志愿服务活动的蓬勃开展，加强了内地与边疆的文化交流，促进了民族地区公共文化服务体系的建设。以下将以文化部全国公共文化发展中心的"文化共享志愿者边疆万里数字文化长廊行活动"、广东省的"岭南文化到喀什"活动、江苏省的"走出去"与"请进来"文化志愿者边疆行活动、"春雨润八桂，扬帆北部湾"——"春雨工程"全国文化志愿者广西行暨第七届"魅力北部湾"（南宁）系列群众文化活动、福建文化志愿者林芝行以及齐鲁文化到宁夏—山东省文化志愿者宁夏行等6个项目为例，具体展现"春雨工程"——文化志愿者边疆行活动的开展情况及其经验与成效。

一 "文化共享志愿者边疆万里数字文化长廊行活动"—文化部全国公共文化发展中心"春雨工程"项目

2015年文化部全国公共文化发展中心的边疆行活动通过大舞台、大讲堂、大展台、小分队以及活动旗帜传递的"三大一小一传递"等形式开展。活动自5月22日在黑龙江抚远县启动后，由发展中心、相关省级分中心、省级文化馆（群艺馆）和企事业单位等组成的文化志愿者队伍，以黑龙江为起点，分两路，一路沿西北、西南边疆而下，另一路沿华东、华北、华南、东南沿海而下，将印有文化共享志愿者标识的旗帜作为纽带，依次传递深入边境市县，为基层群众、边防官兵、文化建设队伍等，开展文艺演出、专题讲座、流动培训、专业辅导、主题展览、资源更新、技术维护等一系列的数字文化志愿服务,最终两路队伍于12月在海南省顺利会师。活动覆盖了天津、河北、内蒙古、辽宁、吉林、黑龙江、上海、江苏、浙江、福建、山东、广东、广西、海南、云南、西藏、甘肃、新疆18个地区和新疆生产建设兵团的150多个边境市县、乡镇及行政村(社区),开展基层骨干培训班131期、培训5726人,开展面向群众的专题讲座489期、参与18万余人,举办文艺演出91场、近4.6万群众参与,举办展览85期,近10万群众参与,为边疆地区基层服务点检修设备530台,下发资源608TB,投放配备中国文化网络电视机顶盒、数字文化一体机等1907台,共建设16个边疆万里数字文化长廊基层文化服务点。

发展中心在国家数字文化网上开设活动专栏,及时反映各地动态进展、典型经验和工作成效。全国各地也充分运用各类媒体,对活动内容进行多种形式的宣传推广,据不完全统计,共有56篇报纸、270篇网络新闻对活动进行了报道。此外,2015年边疆行活动还面向社会各界开展了以"魅力边疆"为主题的摄影作品征集活动。通过征集反映边疆万里数字文化长廊建设与服务的摄影作品,积极宣传公共数字文化建设成果。这项活动从今年4月开展以来截至9月20日,共有12个省(区、市)报送的75组作品。在10月23日至11月15日的网络展示和投票期间,各地网民通过国家数字文化网、中国文化网络电视微信公众号等,进行在线观赏并参与投票,收到了160多万张投票。

(一)主要活动

1. 将喜闻乐见的文艺服务送到群众家门口

在2015年边疆行活动中,有关文化共享工程省级分中心联合省文化馆(群艺馆),组织专家和小分队,分赴边疆各地开展内容健康、丰富多样、群众欢迎的文艺巡回活动,营造群众广泛参与、积极向上的群众文化活动氛围。黑龙江在省内18个边境县举办了5次大型文艺演出、40多场多媒体制作、声乐、器乐等内容的辅导活动;吉林志愿者表演在两个月间分赴长春市社会福利院为孤寡老人慰问文艺演出,赴社区开展慰问文艺演出;天津开展

"百场公益基层行",组织50家优秀民营剧团走进乡村、社区、学校、部队举办文艺惠民表演,并在市群艺馆开展了12场文艺演出;在我国海拔最高的边检站红其拉甫前哨班,新疆分中心带领塔什库尔干县文工团志愿者为红其拉甫边检站的武警官兵送上了一场精彩纷呈的歌舞表演,红其拉甫边检站的官兵们也送上了自编自演的《小苹果》;江苏在3个沿海地区组织了5场群星奖优秀作品巡演;海南志愿者服务将精彩的演出先后送进文昌市南阳镇革命老区、海口市云龙镇革命老区、琼海市嘉积镇南堀村等,赢得万余名基层群众的热烈欢迎。

2. 组织有质量的培训讲座服务

一是着力民族地区基层文化队伍培训。发展中心结合边疆数字文化长廊建设工作,4月21日至23日在重庆市分中心举办28个人口较少民族培训班,11个省区和新疆生产建设兵团的38名基层文化骨干参加了学习;5月17日至23日在上海文广局培训交流中心举办"五个少数民族自治区及新疆生产建设兵团部分地级文化(群艺)馆群众文化艺术表演活动影像制作培训班",培训学员40名;9月14日至18日在苏州和杭州举办了"新疆部分区县基层骨干培训班",来自新疆维吾尔自治区的10个地(州、市)及25个县级支中心的35人参加了学习;11月2日至6日在杭州浙江艺术职业学院培训了来自新疆生产建设兵团14个师(市)承担边疆万里数字文化长廊建设任务的39名骨干。此外,各地也结合自身工作实际,组织举办业务学习,并面向基层广大群众开展流动培训,宣讲现代公共文化服务体系、边疆万里数字文化长廊和中国网络电视等建设的重要意义和作用,覆盖人群10万余人。二是举办专题讲座传播优秀传统。各地邀请专家学者前往边疆、海疆的公共活动场所、村落、岛屿和边防一线等地区举办专题文化讲座。天津市分中心特邀专家学者为不同群众带来特色专题讲座,有解读我国老龄政策和老龄文化的《老龄产业的机遇与挑战》主题,也有结合《传奇视频数据库》视频播放分享的科技探秘与发展知识。青岛市支中心和黄岛区支中心服务队伍走进灵山岛,在海疆边防多媒体教室为驻扎部队官兵送去主题为"灵山卫历史"的讲座。黄岛区支中心邀请了华烁茶学堂的茶艺师走进琅琊台的部队，为战士们进行了形象生动的传统茶艺表演讲座。江苏省分中心在赣榆举办的"通向幸福之门——婚姻与家庭关系调试与幸福维系"的主题讲座规模大、规格高、内容好，吸引了200余名听众参加并受到一致点赞。三是对市民群众开展各类辅导。河北省群艺馆组织舞蹈、声乐专业人员联合边境市县文化馆，组成若干个广场舞、合唱辅导小分队，以集中面授和网络教学的形式，积极开展广场舞和合唱艺术的培训、辅导、推广工作；天津并向广大市民举办"音乐大讲堂"普及乐理知识，并采集现场培训音视频内容制成课件通过相关网站提供广大基层群众与文化工作者学习辅导；浙江启动"蒲公英行动——大学生志愿者返乡送文化百场宣讲"，数十名来自浙江高校的大学生志愿者们带着由省分中心提供的数字文化产品为当地老年人提供免费的数字资源使用知识，指导"浙江文化通 文化通海港"等内容，其次百名大学生志愿者们将像蒲公英的种子一样，假期返乡并将优秀文化资源带回自己的家乡，以宣讲的方式，向当地群众传播文化知识。

3. 通过多主题的展览丰富群众文化

各地借助展览内容，有力地促进全民艺术普及。黑龙江举办了21次共享工程成果展和美术书法作品的流动展览；吉林在全省共享工程各基层网点开启题为"我们的文字——非物质文化遗产中的文字传承"的巡回展览；江苏在盐城市建湖县举办"我们的生活——京杭大运河非物质文化遗产摄影展"，以京杭大运河流域的非遗项目为主题，以摄影艺术为载体，得到运河沿线6个省市文化部门的大力支持和各地广大摄影家的积极响应，共精选100余幅优秀作品进行展出；山东以记录我国海疆军民文化生活为主题开展"边疆万里数字文化长廊——海疆文化风"网络摄影作品巡展；广西举办"书香八桂摄影展"，并在东兴举办边疆万里数字文化板报展，吸引了当地居民、游客和越南边民的热情参与。

4. 加强边疆公共数字文化软硬件投入

针对边疆数字文化建设，内蒙古分中心向边防连队赠送了3TB的数字资源，向全区的12个盟市102个旗、县支中心赠送优质文化资源，并积极落实2014年中央财政支持自治区提升219个乡镇、700个数字文化点的设备；黑龙江省分中心利用省财政配套资金为全省18个县级支中心配备了创新推广移动数字服务和远程数字服务的大量的设备，其中包括公共文化一体机和平板电脑等移动数字终端服务设备。同时，在县级支中心建立了资源服务中心。辽宁省文化资源建设服务中心依托"中国文化网络电视"试点工作，在边疆文化站等文化活动场所投放文化网络机顶盒，并向丹东市振安区下发了31套2015年度边疆万里数字文化长廊基层服务点设备；江苏建立10个"边疆基层文化服务点"，其中3个为边防部队站点，每个站点配置9万元设备和资源；上海召开军民共建座谈会，向驻沪海军、空军、武警、消防等部队赠送了分中心的讲座光盘等；浙江采用线上线下联动的O2O模式，利用浙江省分中心网络和浙江文化通等线上交互平台，为海疆居民提供第一手文化活动资讯、丰富的数字文化资源和开放融合的学习交流空间。山东7个沿海城市支中心接受了省分中心赠送的中国文化网络电视机顶盒等设备，威海市支中心走进刘公岛边防派出所，为边防战士更新了移动硬盘上的优秀公开课、优秀讲座、优秀报告等数字资源，还给沿海居民社区、威海水警区、海警支队、武警边防派出所等176个基层服务点送去数字资源；新疆分中心和新疆兵团分中心一起向基层社区、湖镇、团场、边防派出所等赠送了5大类共计240张光盘的数字资源，并对北疆边境25个乡镇基层服务点进行了数字提档升级，推进对全疆33个边境县（市）的339个边境乡镇（街道、农牧场）、3123个村（社区、牧队）实施相关工作，惠及新疆500余万各族群众。

（二）经验与成效

2015年边疆行活动较之往年的服务，在深度与广度上提升显著，取得丰硕成果，呈现以下特点：一是活动区域广，从以往活动聚集在几个地区，拓展到沿边海疆的18个省区市和新疆生产建设兵团；二是活动时间长，从5月至12月历时7个月；三是开展内容多，在开展大讲台、大舞台、大展台的同时，还有小分队下基层服务，魅力边疆摄影作品展等内容；四是服务人群多，在半年多的时间内，18个省区市和新疆生产建设兵团累计有数十万人享受到数字资源服务；五是首次引入省级文化（群艺）馆的加入，丰富了活动内容；六是助力国防宣传教育建设，通过推进边疆万里数字文化长廊，为边（海）疆边防一线军民送去大量的公共数字文化服务。多途径、多形式、多手段的宣传服务活动了吸引基层群众的广泛参与，有力促进了边疆地区现代公共文化服务体系建设。

二 "岭南文化到喀什"——广东省文化志愿者边疆行活动

为丰富边疆地区群众的精神文化生活，加强粤新两地文化交流，根据文化部、中央文明办的工作部署，2014年10月13日至17日，由广东省文化厅、广东省文明办、广东省支援新疆前方指挥部、新疆维吾尔自治区文化厅联合主办，广东省文化馆、喀什地区文化体育新闻出版局共同承办，广东文化志愿者一行66人，奔赴新疆喀什地区开展"春雨工程"——2014年广东省文化志愿者边疆行活动。志愿者深入喀什市、伽师县、疏附县等地，以"大舞台"、"大讲堂"、"大展台"等主要形式，为当地少数民族群众送上丰富的"岭南文化大餐"，同时还向喀什地委、伽师县、疏附县、建设兵团的公共文化单位赠送一批珠江钢琴和广东地方文献。广东省文化志愿者喀什之行，不仅带去广东人民对新疆各族人民的问候和祝福，也有效促进了粤新两地文化艺术交流和合作。

（一）主要活动

1. 大舞台

两地艺术家同台献演。演出包括广东文化志愿者们带去的群舞、男女声独唱、民乐、男声四重唱、杂技、相声等一批优秀广东节目，同时也邀请了当地部分节目参加演出，两地特色乐器合奏民乐《步步高》，两地歌手合唱《花儿为什么这样红》，两地优秀艺术演员同台联袂献演，浓郁的岭南粤味与鲜明的西陲风格交相辉映，为喀什地区少数民族群众献上一台别具风味的文艺演出。节目精彩纷呈、高潮迭起，杂技《空竹》高难度技巧动作，赢得满堂喝彩，相声《说唱新喀什》诙谐逗乐，反映了喀什在援疆工作开展之后的新变化。

2. 大展台

两地艺术家笔会情深。10月14日上午,"粤喀两地书法美术作品联展"在喀什地区体育馆开幕。广东省文化厅厅长方健宏、广东省对口支援新疆工作前方指挥部总指挥方利旭、新疆维吾尔自治区文化厅副厅长唐建军、中共喀什地委宣传部部长王纯幸、喀什行署副专员祖穆热提·吾布力等领导及粤喀两地书画艺术家、书画爱好者300余人参加。广东省书画家代表乔平、陈永康向喀什地委和地区行政公署赠送了岭南流派书画作品。启动仪式后,还举办了粤喀两地书法美术作品联展交流笔会,广东省书法家乔平、画家陈永康、朱颂民在联展现场挥毫,与当地书画艺术家切磋交流。本次联展共展出3天,参加展出书法美术作品共124幅,其中广东省书法美术作品79幅,新疆喀什地区少数民族书法美术作品45幅,均为粤喀两地书法美术艺术名家精品力作。两地联手,书画同堂;迥异的风格,一样的情怀,联展为促进粤喀两地书画艺术的交流和合作搭建了平台。

3. 大讲堂

两地文艺骨干面对面交流。举办了两场"大讲堂"艺术讲座。10月14日下午,广东省文联副主席、广州市文联主席乔平在喀什市老年活动中心做了题为《书法与人生》的专题讲座,与当地书法工作者探讨交流;10月15日上午,中国合唱协会指挥委员会副主席王军讲授《如何训练群众合唱团》,与当地文化艺术骨干及文化艺术工作者进行面对面的文化交流,同时对当地的合唱团进行了现场指挥示范。此次"春雨工程"2014年广东省文化志愿者边疆行不仅是"送"文化,还将优秀的岭南文化"种"进新疆喀什人民心中,在这里落地生根、开花结果。

(二)经验与成效

1. 精心组织、周密部署

本次文化志愿者边疆行活动得到省委省政府高度重视,省文化厅将之作为一项重要的政治任务。一是成立领导组织机构,分工明细,各司其职,责任到人,并由省文化厅厅长亲自带队。二是精心策划,抓实推进各项内容。

无论是在确立主题、协调队伍,还是在节目打造、参与形式等方面,都做了精心的策划准备。省文化厅和省文化馆领导多次审查节目,在全省范围内抽调优秀人才,并召开动员大会,督促文化志愿者们以饱满的精神状态展现在新疆喀什人民面前。三是做好后勤保障,确保万无一失。广东省文化馆工作人员就活动行程、人员住宿、道具展品物流、安全保障等事项与文化志愿者们、新疆维吾尔自治区文化厅以及喀什地区相关部门进行了细致的沟通、了解,并充分尊重当地相关文化部门的意见,在原定时间上推迟了两个月,工作筹备时间更加充裕、将工作做得更加细致。

2. 创新形式、促进交流

本次文化志愿者边疆行活动较往年相比,通过创新形式,突出粤韵粤情,亮点纷呈。一是活动形式创新。粤喀两地艺术家同台献演、同堂展览、联手作画,为两地艺术家们搭建了交流合作的平台,提供了相互学习、借鉴的机会,也促进了粤喀两地文化交往交流交融。二是组团形式多样。既有广东音乐、流行歌手,又有岭南书画;既有广东省专业艺术院团,也有群众文化的优秀节目和人才;既有70岁高龄的老画家,又有14岁的杂技小演员,他们具有广泛的代表性,节目内容与形式上力求突出粤情粤韵。三是结合实地考察学习。在繁忙演出之余,广东省文化志愿者艺术团前往广东省对口支援新疆工作前方指挥部驻地,了解了援疆工作的具体情况,慰问了广东奋战在援疆前线的工作者,还参观了广东援建喀什的项目,同时学习了援疆工作者们不惧艰辛,以发展喀什、振兴喀什为己任的拼搏精神。

三 "走出去"与"请进来"——江苏省文化志愿者边疆行活动

2011年以来,江苏省重点围绕"春雨工程"大讲堂、大展台、大舞台"一堂两台"开展活动,坚持"走出去"与"请进来"相结合,有针对性地开展文化志愿服务,不断提升服务能力,切实增强服务效果。

（一）主要活动

1. "大讲堂"活动在省城和国家公共文化示范区创建城市率先启动

南京市是江苏省会城市，2011年7月首先邀请了新疆伊犁哈萨克自治州、克孜勒苏柯尔克孜自治州和新疆生产建设兵团农四师、农七师所有州、市、县和团场的图书馆长共26人，赴南京进行为期10天的观摩学习交流。苏州市是国家首批公共文化服务体系示范区创建城市，市委市政府高度重视，2012年初就将"大讲堂"活动列入当年重要工作之一，从创建专项经费中列支30万元给予支持。历经近3个月的统筹策划和精心组织，2012年5月由江苏省文化厅主办、苏州市文广新局承办的2012年"春雨工程"——新疆部分文化馆馆长赴苏培训班在苏州圆满举办，来自新疆伊犁哈萨克自治州、克孜勒苏柯尔克孜自治州和新疆生产建设兵团农四师、农七师所有州、市、县和团场的文化馆馆长共25人参加了学习交流活动。无锡市是第二批国家公共文化服务体系示范区创建城市，2013年7月下旬，他们积极申请承办了2013年"春雨工程"——新疆部分社文科长赴苏培训班，来自新疆伊犁哈萨克自治州、克孜勒苏柯尔克孜自治州和新疆生产建设兵团农四师、农七师所有州、市、县和团场的社文科长共27人参加了为期10天的学习交流活动。通过集中学习和考察采风、聆听讲座与互动交流相结合等形式，与新疆的同仁们相互学习借鉴两地在公共文化服务体系建设诸多方面的经验体会。

2. "大展台"活动在内地和边疆民族地区互动开展

每年"大展台"活动的内容都不尽相同，江苏省根据两地公共文化服务的不同需求，互动开展文化志愿活动，是"大展台"活动的鲜明特点。

（1）2011年"大展台"活动根据新疆伊犁哈萨克自治州文化体育广播影视局的需求，由江苏省群众美术书法摄影者精心创作的200多件优秀作品在伊犁州博物馆展出，10天的时间有12000多名当地群众参观了展览。展览结束后，所有作品编号并举行了无偿捐赠仪式。2012年"大展台"活动互动开展，主要是2012年"春雨工程"全国文化志愿者边疆行之蓝靛金箔中国画·桑皮纸绘画作品展，于2012年4月24日至4月30日在江苏省国画院隆重展出，画展由新疆维吾尔自治区人民政府主办，文化部公共文化司、新疆维吾尔自治区文化厅、江苏省文化厅联合承办。画展的成功举办，充分体现了新疆各民族团结和睦、"开放、创新、交流、融合"的丰富精神内涵，不仅把历史悠久、价值独特、具有浓郁西部神韵的维吾尔族桑皮纸画呈现在江苏省最高美术殿堂之上，更使江苏省的百姓在内地近距离地欣赏到新疆桑皮纸画永恒的艺术魅力和绚丽多姿的民族文化，有7000多人次参观了本次画展。

（2）江苏优秀图书展在新疆伊犁哈萨克自治州博物馆如期举行。为让边疆群众更好地了解江苏省文化发展成就和地域特色文化，江苏省文化厅出资30多万元购买了1万册江苏出版社出版发行的优秀图书，于2012年7月10～16日在伊犁州图书馆展出，展出结束后，所有图书赠送给伊犁州图书馆。伊犁州图书馆专门设置了"春雨工程"——江苏省捐赠图书专架，陈设江苏所捐图书并供广大读者借阅。伊犁州委、州政府领导出席了开展及捐赠仪式，并对此项活动给予了高度评价。

（3）"江苏省国画院精品书画展"在伊犁哈萨克自治州回访展出。2012年9月16～9月23日由江苏省文化厅、新疆维吾尔自治区文化厅主办的"江苏省国画院精品书画展"在新疆伊犁哈萨克自治州成功举办。省国画院组织了近些年来江苏著名书画家创作的优秀作品200多件，自筹资金28万元，作为回访交流项目在新疆伊犁州成功举办此次展览，收到了较好的社会效益。

（4）南京博物院"千秋比肩——来自汉家公主故乡的文物展"项目同期实施。该展览是南京博物院响应江苏省文化厅"春雨工程"边疆行活动，在新疆伊犁州组织实施的文化援疆项目，经过设计展陈方案、挑选展陈文物、签订展览协议、文物点交及包装等相关程序，展览于2012年5月7日在新疆伊犁州博物馆正式开展，共展出文物74件（组）。同时，还响应国家文物局的号召，自筹项目实施经费300万元，调拨汉代文物26件（组），赠送伊犁州伊宁市汉家公主纪念馆，为该馆增添了新的展陈内容。

（5）2013年"大展台"活动重点是江苏和新疆非物质文化遗产项目的集中展示。2013年9月江苏省组织了本省国家级非物质文化遗产项目6个和3个新疆国家级非物质文化遗产项目，在克孜勒苏柯尔克孜自治州四个市县进行了四场展示。江苏省的南京剪纸、秦淮花灯、徐州香包、扬州木偶和建湖杂技等，受到了边疆人民的厚爱，每场展演的同时还为现场少数民族观众赠送有江苏特色的非物质文化遗产礼品近万元。

3. "大舞台"活动在边疆的舞台上激情展演

江苏文化志愿者的足迹覆盖了新疆维吾尔自治区伊犁哈萨克自治州、克孜勒苏柯尔克孜自治州所有14个市县和新疆生产建设兵团农四师、农七师以及西藏自治区林芝地区和拉萨地区。展演节目全部与当地文化部门进行了对接，每台节目主题突出，形式多样，内容丰富。既有传统的歌舞、相声、杂技、器乐、人偶表演，也有浓郁江苏地方特色的戏曲展演和民歌联唱，更有每到一地与边疆少数民族地区同行同台献演的风情歌舞节目。"大舞台"活动4年共演出22场，共有220多名江苏文化志愿者参加，合计在边疆志愿服务40多天，行程7万多公里；所有志愿者的食宿行费用全部自理，省文化厅投入资金500多万元。江苏省文化志愿者们发扬了不怕苦、不怕累、连续作战的精神，风雨兼程，无私奉献。他们克服了饮食上的不习惯和高原的不适，以饱满的精神状态把精彩的文艺演出展现在边疆的舞台上。

4. 心系边疆地区，实施文化捐赠活动

几年来，捐赠图书1万册，计30多万元；购买江苏地域特色的非物质文化遗产手工技艺产品合计5万多元，在江苏文化志愿者赴疆演出期间，赠送给到场观看演出的群众；捐赠优秀美术书法摄影作品200件；捐赠汉代文物26件（组）；向新疆伊犁哈萨克自治州文化体育广播影视局及所辖市县、克孜勒苏柯尔克孜自治州文化体育广播影视局及所辖市县和新疆生产建设兵团农四师、农七师捐赠文化援助资金共计62万元；向西藏自治区林芝地区和拉萨地区捐资20万元。进一步表达了江苏人民对边疆人民的深情厚谊，在江苏和边疆之间架起了文化的友谊桥梁。

(二)经验与成效

三年的活动收到了良好的效果,赢得了新疆同行的一致好评。"请进来"的"大讲堂"活动创新了文化志愿服务形式,丰富了服务内容,为新疆与江苏的文化交流和共同发展做出了应有的贡献。"送出去"的节目既考虑到艺术形式的丰富多样性,满足不同群众的文化需求,又考虑到节目内容的通俗易懂性,让普通民族群众容易接受,确保了江苏省"大舞台"边疆行演出取得实效。江苏文化志愿者边疆行所到之处受到当地党委、政府热情的接待,受到边疆人民群众的热烈欢迎。朴实、善良的边疆人民也给所有文化志愿者留下了难忘的印象。

四 春雨润八桂 扬帆北部湾—"春雨工程"全国文化志愿者广西行暨第七届"魅力北部湾"(南宁)系列群众文化活动

2015年9月14~16日,在广西南宁市举办了"春雨工程"——全国文化志愿者广西行暨第七届"魅力北部湾"(南宁)系列群众文化活动。本次活动由"大舞台""大展台""大讲堂"三大板块组成,志愿者们通过细致的组织工作,为南宁奉献了精彩的演出、丰富的展品。

(一)主要经验

1. 准确定位,主题鲜明

活动紧扣国家"一带一路"文化战略的主题,既包括了国内延边、沿海区市及少数民族自治区嘉宾活动,又包括了东盟各国代表的参与,从而把"魅力北部湾"系列群众文化活动提升为区域性国际文化活动,为提升广西对外文化影响力发挥了积极的作用。

活动策划紧扣时代主题进行独特创意,将演出活动主舞台搭建成为一艘大船,寓意北部湾经济区向"海上丝路"扬帆起航。活动主题曲《相聚北

部湾》表达了与世界签约发展,共享和平的美好愿望。启动晚会通过"春雨润九州""迷情东南亚""魅力北部湾""相聚北部湾"四个篇章的串联,传达出北部湾经济区与区外各省市及东盟国家嘉宾,共享民族文化交流盛会的寓意。

2. 主动宣传,搭建活动"大看台"

活动从筹备阶段就成立了媒体宣传组,制定了详细的宣传工作计划,实行"每周一报""每日一报"等制度,主动报送活动进展情况;充分利用电台、电视台、区内外平面媒体的资源优势营造出浓厚的活动氛围,同时利用单位网站、微信公众号等新媒体资源每天更新活动进展情况,多渠道全方位对活动进行立体式宣传,极大地扩大了活动受众面,提高了活动知名度。

3. 提前谋划,成立高效的活动组织机构

我们在2015年初就对整体活动进行了提前谋划,并成立了活动组织机构,按照职责分工设立舞台导演组、展览组、宣传组、秘书组、接待组、安保组等六个小组,各小组均制订了工作细案。同时制定定期汇报制度,定期召开活动筹备会议,充分判研工作中可能出现的问题,做到把一切问题解决在活动开展之前。

(二)社会效益

1. 活动规模空前,内容丰富,传播了南宁的文化包容和开拓精神

本次活动由"大舞台""大展台""大讲堂"三大板块九大内容组成,邀请到了越南、印尼、新加坡等东盟国家及天津、吉林、海南、广东、内蒙古、西藏等国内嘉宾参与活动,还邀请到了斯里兰卡、越南、新加坡、泰国、美国、南非、印度七个国家的艺术表演团体,参与活动的嘉宾和演员达600余人,参与活动的人数累计突破2万人次,创下了历届活动的新纪录。其中"大展台"板块包含"七彩童梦"第二届中国—东盟少年儿童美术、书法、摄影优秀作品(南宁)交流展,"多彩的民族"全国少数民族自治区群众摄影艺术作品展,天津市河西区群众美术、书法作品展三大内容,聚集中外嘉宾近千人,不仅有力地带动了不同国家、不同区域文化的交流,也体

现了南宁作为中国面向东盟的门户城市所具有的文化包容性和开拓精神。

2. 加强了中外文化的深度交流和对话

北部湾区域4市运用船家、渔家等水上和海上元素作为节目创作方向，独有的风俗和民俗文化风情使活动增添了厚重的文化底蕴。来自天津、广东的相声、"数来宝"等节目演出，使南北文化实现了舞台上的碰撞和交融。同时，来自东盟各国及斯里兰卡、美国、南非、印度的艺术团体带来了具有本国文化风情的艺术精品。各具特色的国外、区外的节目与北部湾经济区南、北、钦、防的海洋文化、水上文化在舞台上交相辉映，通过一方舞台实现了广西北部湾与世界各国文化的深度交流。

五　福建文化志愿者林芝行

继2010~2013年走进西藏、新疆、宁夏、青海之后，2014年是福建文化志愿者服务团连续第五次边疆之行，也是福建省第二次赴藏开展专项文化交流活动。福建省文化厅高度重视此次活动，成立了以厅党组成员、副厅长为团长的福建文化志愿者艺术团，赴西藏林芝地区进行慰问演出。2014年10月18日至21日，福建文化志愿者艺术团志愿者克服高原反应、昼夜温差大、低温以及场所限制等诸多不利因素，参加了第十届雅鲁藏布大峡谷文化旅游节开幕式晚会的演出，还在米林县、林芝县进行了3场专场演出，6000多名西藏各族同胞观看了演出，受到当地群众的热烈欢迎和赞誉。

（一）主要经验

为使此次赴藏演出取得圆满成功，省文化厅高度重视，多次专门召开会议研究，精心组织，周密部署。一是明确任务分工，各负其责，确保赴藏"春雨工程"演出圆满成功。二是强化措施，确保安全，努力避免或减少高原反应，把可能出现的问题解决在前。三是克服困难，振奋精神，高质量完成工作任务。

为了完成赴藏演出任务，厅里组建了以在国内外屡创佳绩的福建省杂技团为主体，漳州市木偶剧团、福建省歌舞剧院、福建省闽剧院精干演员共同参与的共56人的艺术团队。10月18日下午，艺术团全体队员刚一抵达林芝，来不及适应高原气候，就投入到紧张的排练和走台。晚上8点，在第十届雅鲁藏布大峡谷文化旅游节开幕式晚会上，福建文化志愿者艺术团与林芝艺术团体共同为全体观众献演了一台精彩的晚会。19日早上，全体队员又风尘仆仆地赶往70多公里外的米林县城，下午在白鹭文化艺术中心剧场举办"春雨工程"福建文化志愿服务走基层米林专场慰问演出。20日晚上，在林芝地区会展中心为雅鲁藏布大峡谷文化旅游的嘉宾及援藏干部举办"春雨工程"专场慰问演出。21日早上，在林芝县八一镇厦门广场，为当地群众举办"春雨工程"福建文化志愿服务走基层林芝专场慰问演出。

（二）社会效益

此次赴藏演出，在林芝引起很大反响。福建文化志愿者艺术团每到一处演出都受到群众的热烈追捧，场场座无虚席，连过道和警戒线以外都站满了热情的群众。队员们精诚合作、勇于坚持、不言放弃的精神深深感动了林芝地区的广大群众。他们高度赞扬队员们在场上的表现，赞扬演员以昂扬向上的精神状态，克服困难，为西藏为林芝人民献上了一场场精彩的演出，把福建人民的深情厚谊传递给了藏族同胞。

六 齐鲁文化到宁夏——2014年山东省文化志愿者宁夏行

2014年7月17日，"春雨工程"山东省文化志愿者边疆行—"大舞台——群众艺术巡演"活动在银川市光明广场启动。启动仪式结束后山东文化志愿者进行了来宁夏回族自治区的首场演出。为准备好此次巡演，山东省文化厅从全省调集10个优秀节目，进行了精心排练和打造提升。节目主要由第十届中国艺术节"群星奖"山东省获奖作品和部分新创群众文艺作品组成，内容广泛，形式多样，具有浓郁的山东特色和风韵，演出人员全部来自基层工作一线，技艺娴熟，经验丰富，代表了山东群众文化艺术的最高水平。

此次"大舞台——群众艺术巡演"活动从7月17日至21日共在银川市、石嘴山市、吴忠市、中宁县举行演出五场。受到当地群众的一致好评。《中国文化报》头版报道了山东省"春雨工程"——大舞台群众艺术巡演"活动，同时，山东省和宁夏多家省级媒体也对活动进行了重点报道。此次活动对增进民族之间的理解与交融，推动两省区公共文化服务事业的交流合作和繁荣发展发挥积极的作用。山东的基层文化工作者，以这次演出为契机，从边疆地区的建设实践中获取创作灵感，有利于创作更多贴近实际、贴近生活、贴近群众的精品力作；同时，通过本次活动的举办，进一步提高了自身的社会意识、责任意识和时代意识，以更饱满的热情、精湛的艺术，为促进两地文化建设的不断繁荣、和谐发展，做出新的、更大的贡献。

B.21
"大地情深"——国家艺术院团志愿服务走基层活动典型案例[*]

摘　要： 文化部与中央文明办自2013年开始组织实施的"大地情深"——国家艺术院团志愿服务走基层活动,以国家公共文化服务体系示范区和示范项目(创建)城市作为主要服务地区,组织国家艺术院团将高雅艺术引入公共文化领域,增加了基层公共文化产品供给。本文以中央芭蕾舞团、中国儿童艺术剧院、中国国家交响乐团、中国煤矿文工团、国家京剧院、中国广播艺术团等6个国家艺术院团为例,具体展现了"大地情深"—国家艺术院团志愿服务走基层活动的开展情况及其经验与成效。

关键词： 大地情深　国家艺术院团　走基层　典型案例

　　文化部与中央文明办自2013年开始组织实施的"大地情深"——国家艺术院团志愿服务走基层活动,以国家公共文化服务体系示范区和示范项目(创建)城市作为主要服务地区,组织国家艺术院团通过公益性演出、艺术辅导和展览的志愿服务形式,将高雅艺术引入公共文化领域,增加了基层公共文化产品供给。为发挥典型的示范带动作用,2012～2015年,文化部共评选出了82个"大地情深"优秀示范项目,有效带动了文化志愿服务活动在全国蓬勃开展。本文以中央芭蕾舞团、中国儿童艺术剧院、中国国家交响

---

[*] 相关国家艺术院团供稿。

乐团、中国煤矿文工团、国家京剧院、中国广播艺术团等6个国家艺术院团为例,具体展现了"大地情深"—国家艺术院团志愿服务走基层活动的开展情况及其经验与成效。

一 "大地情深"——中央芭蕾舞团志愿服务走基层活动

在"大地情深"——国家艺术院团志愿服务走基层示范活动中,中央芭蕾舞团(以下简称:中芭)舞蹈艺术家志愿者深入城乡基层,自2013年"大地情深"项目实施以来,共举办芭蕾剧目演出10场、辅导讲座20场,直接受益群众近10万人次。中芭通过"大地情深"项目,在剧团年轻一代艺术家们的高涨热情与忘我奉献中,经过3年来的不断实践,逐步扩大国家级文化艺术资源向祖国中西部地区的输送力度,并通过精湛的演出成为中芭有着广泛影响力的品牌活动。其主要活动包括以下方面。

(一)主要活动

1. "大地情深"情系鄂尔多斯

2013年7月11~12日,中央芭蕾舞团演职人员95人在冯英团长的带领下,一路北上来到了位于内蒙古自治区西南部的鄂尔多斯市,首次为这座美丽的草原城市带来了红色经典芭蕾舞剧《红色娘子军》。在广袤的鄂尔多斯大地上,留下的是《红色娘子军》飒爽的英姿和优美的足迹,演绎的是中芭文化志愿者的一片"大地情深"。

2. 北国春城演绎"大地情深"

2013年8月,由团长亲自率队,中央芭蕾舞团一行近百人来到吉林省东方大剧院隆重上演世界经典芭蕾舞剧《天鹅湖》(N.玛卡洛娃版),受到了观众们的热烈欢迎。

3. 芭蕾飞跃天山,中芭走进新疆

2014年9月,中央芭蕾舞团赴新疆,以一系列慰问演出为新疆人民带来"大地情深"的问候。在新疆铁门关市慰问演出中,《走进芭蕾,走进第二师铁门关市》专场慰问演出在新落成的铁门关市华山中学音乐厅隆重举行。本场演出是中芭为庆祝新疆生产建设兵团成立60周年在新疆举办的系列演出中的一场。9月26日,应新疆生产建设兵团的盛情邀请,中央芭蕾舞团另一行45人在"戈壁明珠"兵团第八师石河子市体育馆进行《走进芭蕾、走进八师石河子市》慰问演出,以此庆贺新疆生产建设兵团成立60周年,在全场2000多位观众热情的掌声中,演出取得圆满成功。9月29日21时,随着耳熟能详的音乐响起,经典芭蕾舞剧《红色娘子军》在乌鲁木齐市的新疆人民会堂拉开大幕,这是为庆祝新疆生产建设兵团(以下简称"兵团")成立60周年推出的系列演出的重头戏,掀起了所有兵团人对激情岁月的回忆,激发了观众的强烈共鸣,全场观众激情澎湃,掌声经久不息。

4. 北国有明珠,芭蕾"鹤城"情

2015年5月31日,中央芭蕾舞团的演职员们在结束了扎龙湿地举行的"深入生活,扎根人民"慰问演出和采风活动后,又如约来到齐齐哈尔大学文化宫,开展了一场以"大地情深"为主题的慰问演出活动,为"鹤城"观众送上了芭蕾的深情问候。《卡秋恰》《天鹅湖》选段、《堂·吉诃德》双人舞、《下一回合》《红色娘子军》选段等,这些都让"鹤城"观众感受着芭蕾艺术独特的魅力。

5. 英雄赞歌响彻"华夏之根"

2015年5月,中芭"娘子军"们抵达中国版图的最中心——陕西省渭南市,这是芭蕾舞剧《红色娘子军》首次来到渭南,这也是中芭"大地情深"项目在陕西大地的首度"开花"。21日晚,1500名观众走进剧场,与我们一起见证了芭蕾舞剧《红色娘子军》这一用足尖诉说的经典传奇再次延续。

6. 五十年辉煌再续,千里行塞北情深

2015年10月28日,中芭经典芭蕾舞剧《红色娘子军》在甘肃金昌市大剧院隆重上演。本次演出是中芭在国家新时代"一带一路"文化战略的指引下，践行"大地情深——国家艺术院团志愿服务走基层"项目的重要一站；随着那曲熟悉的"万泉河水清又清，我编斗笠送红军……"的歌曲再次响起，现场观众仿佛置身于"南国"的青山绿水之中，而当"向前进、向前进……"的军歌嘹亮之时，那份英勇与壮烈更是唤起了观众们内心的激荡与潮水般的掌声。

（二）主要成效

短短三年，跨越6个省份，演出数十个芭蕾经典作品，让近10万观众感受到高雅艺术的魅力与内涵，让更多的群众享受到优质的公共文化艺术服务的同时，奉献出中芭文化志愿者的"大地情深"。

二　"大地情深"——中国儿童艺术剧院 志愿服务走基层活动

中国儿艺认真贯彻落实文化部关于"'大地情深'——国家艺术院团志愿服务走基层活动"精神，积极开展志愿服务，把全国的公共文化服务体系示范区创建城市作为服务对象，以"大舞台""大讲堂"为主要活动形式开展文化志愿服务活动，深入20多个城市，为10万多名中小学生和困难群体的少年儿童奉献了90多场精彩的儿童剧演出。

（一）主要活动

2014年7月17日至18日，中国儿艺神话舞台连续剧《西游记》（第一部）走进四川省成都市东郊演艺中心进行四场演出。来自成都市各小学、幼儿园以及农民工、残疾人及低保户等家庭子女在家长与老师的带领下观看了表演，使他们享受到了国家送来的文化大餐。

7月19日至20日，中国儿艺精心挑选了大型梦幻经典童话人偶剧《白雪公主与七个小矮人》在河南省洛阳歌剧院进行了四场演出，洛阳歌剧院1500人的剧场，场场爆满。此次洛阳演出依照公益性演出、向困难群体倾

斜的方法，拿出全部门票赠送给适龄儿童，重点向残疾儿童、农民工子女、农村留守儿童、低保户家庭儿童以及获得县级以上奖励的儿童倾斜，充分体现文化惠民的原则，给更多的孩子们带去了欢乐。

7月26日至29日，中国儿童艺术剧院郑渊洁童话剧《罐头小人》剧组来到广东省深圳市石厦戏剧主题馆、观澜文化体育中心演出7场。

8月16日至17日，荣获国家舞台艺术精品工程资助项目、中国文化艺术政府奖首届动漫奖最佳动漫舞台剧奖和国家动漫品牌建设和保护计划动漫创意保护等多项大奖的中国儿艺大型童话剧《小蝌蚪找妈妈》，跟随着"大地情深"——志愿服务走基层活动的步伐，走进了河南省洛阳歌剧院，极富感染力的剧情震撼了洛阳中小学校师生的心灵。

10月18日至19日，中国儿艺再度携经典童话人偶剧《白雪公主与七个小矮人》登上了内蒙古自治区鄂尔多斯市的舞台，共计演出三场，精彩的演出博得小朋友们的阵阵掌声。

11月1日至2日，世界经典童话剧《青蛙王子》来到湖北省黄石市，进行4场公益演出，为当地基层4000余名儿童送上一道丰盛的文化大餐，播撒爱与希望的"种子"。

12月27日至28日，中国儿艺大型儿童剧、安徒生经典作品《卖火柴的小女孩》亮相内蒙古自治区包头大剧院，演员们精湛的表演，将这部经典童话剧演绎得淋漓尽致。为了让那些需要社会关爱的特殊群体同样有机会走进剧场，演出期间为当地民工子女、特殊儿童群体准备了免费票券，让他们也能欣赏到熟悉的童话故事。

同时，中国儿艺在北京市与朝阳区文委共同开展"大地情深"慰问打工子弟学校的公益演出活动，中国儿艺携荣获全国戏剧文化奖·话剧金狮奖小剧场剧目奖的郑渊洁童话剧《罐头小人》走进北京安民学校定福庄校区、安民学校姚家园校区等5所朝阳区打工子弟学校，为那里的孩子们开展了优秀儿童戏剧走进校园公益演出活动。

（二）经验与成效

在"大地情深"演出期间，中国儿童艺术剧院还通过官方网站、微博、微信等各个平台进行宣传,各演出也在当时引起了媒体的广泛关注。中国儿童艺术剧院在正常运转之余,合理组织规划,全年有序组织演出,为广大儿童青少年送上精神文化大餐。同时,关注打工子弟,很有特色。

三 "大地情深"——中国国家交响乐团志愿服务走基层活动

中国国家交响乐团围绕"春雨工程"——全国文化志愿者边疆行、"大地情深"——国家艺术院团志愿服务走基层2项示范活动和9个主题,创新服务内容,培育服务品牌,规范文化志愿者队伍,组织开展了一系列基层文化志愿服务活动,弘扬了志愿服务精神,丰富了基层群众文化生活。

(一)主要活动

1. 建立国家艺术院团基层联系点

2010年,中国国家交响乐团在重庆南岸区建立"国家艺术院团基层联系点",与南岸区迎龙镇北斗村、重庆特殊教育中心(盲童学校)开展"结对子、种文化"的文化志愿服务活动。5年间,国交音乐家往返重庆二十多次,以音乐教育为主、帮农采风为辅,与农民兄弟姐妹在希望的田野上播撒了音乐的种子,在扬帆管乐团近40名盲童心中培育了美乐的秧苗。2013年底起,国交对口重庆文化帮扶工作确定以"素质提升重在实用"为原则,速度提升北斗村农民管乐队和扬帆管乐团的演奏水平,促使其在重庆地区进行多达几十次的公开演出,成为重庆市民文化的文艺骨干,为当地群众带去音乐的享受。之后,国交更力邀两支队伍北上京城,于2014年3月10日在北京音乐厅演出了"最好的未来"公益音乐会,在京渝两地传为一时佳话。今年,在文化部领导的大力支持下,国交依托国家艺术院团演出季的强力平台,积极造势倾心公益,再次携手盲童与农民兄弟带来"最好的未来"公益音乐会。舞台上高挂的红心、人手一本的大红节目单、盲童们清一色的红色演出服,这无处不在的中国红无不彰显着生命的激情与爱的绽放。

2. 开展"大地情深"——国家艺术院团志愿服务走基层系列活动

2013年,中国交响乐团与文化部公共文化司合作,分别于苏州和长沙举办两场"打开音乐之门"室内乐音乐会。在苏州的室内乐音乐会中,中国交响乐团弦乐首席重奏组和铜管五重奏组为大家呈献一台高质量、高水平、内容丰富的演出,作品包括亨德尔《帕萨卡利亚》、柴可夫斯基《弦乐小夜曲》、莫扎特《狩猎》、德沃夏克《"美国"四重奏》、圣地亚哥·洛佩《西班牙进行曲》、约翰·施特劳斯《爱神进行曲》、德彪西《小鼓手》、鲍元恺《猜调》等。音乐会采用边演奏边讲解的方式,便于观众对音乐内容的欣赏和理解。长沙的室内音乐会,是由紫禁城弦乐重奏组和木管五重奏组演出,演出曲目包括莫扎特《G大调弦乐小夜曲》,勃拉姆斯《第一弦乐四重奏》,陈钢、何占豪原曲《梁山伯与祝英台》等。为了达到艺术普及教育的目的,音乐会采用边演奏边讲解的形式,对音乐题材、演奏乐器、作曲家等进行讲解,同时配有现场示范,并与观众进行互动交流,受到了观众的好评。

2014年,国交先后赴哈尔滨、烟台、深圳、无锡、大连举行"大地情深"专场音乐会。5月23日,"大地情深"——"打开音乐之门"室内音乐会在哈尔滨工程大学内举行。维瓦尔第的《四季》之"春"中,乐团首席刘云志的独奏与乐队完美配合,在弓弦交错间,演绎出巴洛克时代音乐的特色及魅力,勾勒出春天的蓬勃景象。小提琴协奏曲《梁山伯与祝英台》演奏中,他情绪饱满,时而双目紧闭,时而双腿弯曲,用会说话的乐音再述了这个凄美的爱情故事。柴可夫斯基的《C大调弦乐小夜曲》第二、四乐章是世界圆舞曲中的上乘之作,乐团纯朴快乐的合奏令现场观众情绪愉悦。指挥家李心草指挥潇洒自如,他讲解了有关《第四十交响曲》与流行歌曲《不想长大》的有趣联系,美妙的演出和幽默的演讲令观众开心地鼓掌、欢笑。贝多芬的第五交响曲《命运》本是整场音乐会的最后一首曲目,可该曲结束后,观众一浪高过一浪的热烈掌声硬是把已经下台的演奏家们拉回台上,于是,《良宵》《拉德斯基进行曲》等返场曲目接连上演。终于,全场沸腾。10月30日晚,中国国家交响乐团"大地情深"——"打开音乐之门"室内乐音乐会在烟台大剧院上演,莫扎特的《第四十交响曲》第一章和《D大调弦乐嬉游曲》、约翰·威廉姆斯的《燃情岁月》主题曲以及何占豪、陈钢的小提琴协奏曲《梁祝》等经典曲目。除了大气磅礴的交响乐,还融合了大量流行音乐的元素,单簧管首席尹波现场还演奏了德国浪漫音乐集大成者——韦伯的《单簧管小协奏曲》,受到烟台观众的热烈欢迎。11月1日,由文化部全国公共文化发展中心、广东省文化厅及中共深圳市委宣传部等联合主办的2014中国童话节即将开幕,国交以"大地情深"——童话交响音乐会的独特形式为2014中国童话节奏响序曲,为中国童话节飞得更高更远助力。以音乐讲述童话故事的形式演奏《彼得与狼》,长笛奏出小鸟、三只圆号引出大灰狼,用不同的音色和性格化的音调代替语言,这便是用古典音乐编织出的一部栩栩如生的童话故事,同时邀请中央电视台少儿频道著名主持人红果果、绿泡泡担任本次活动主持。通过超大屏幕同步演绎动画精华片段。"童话交响"音乐会以轻松有趣的方式,将交响乐与独特新颖的动画同步体验,引领大家享受艺术国度里的饕餮盛宴和开心欢乐时光。

  2015年国交继续深入开展"大地情深"文化志愿服务走基层活动,坚持"志愿服务、需求导向、自主参与、多方共赢"原则,通过"大舞台""大讲堂"等活动形式,集中优质演出资源,让人民群众共享高雅艺术发展成果。5月22~23日晚,在青岛人民会堂举行中国交响乐团室内乐音乐会,由中国交响乐团铜管五重奏和中国交响乐团紫禁城弦乐四重奏倾情演出,5月23日上午10点在青岛市图书馆举办交响乐音乐欣赏公益讲座。紫禁城弦乐四重奏在两场音乐会上先后演奏了西方经典四重奏曲目,如海顿的《D小调弦乐四重奏"五度"》和德沃夏克的《F大调第十二弦乐四重奏"美国"》等,中国弦乐四重奏《情深谊长》《萨里哈热爱毛主席》和《梁山伯与祝英台》等;管乐五重奏演奏的曲目有圣地亚哥、洛佩的西班牙进行曲《Gallito》、德彪西的《亚麻色头发的姑娘》、美国歌曲《奇异恩典》《卡门幻想曲》《披头士乐队集锦》和尤戴尔的《小鼓手》等。年轻的音乐家们不仅介绍乐器的性能特性,还带领全场观众作节奏游戏,产生互动效果,让观众领略到节奏在音乐中的意义。

9月24日，为纪念中国人民抗日战争暨世界反法西斯胜利70周年，由烟台市文化广电新闻出版局主办的"大地情深"——中国国家交响乐团"打开音乐之门"室内乐音乐会在烟台大剧院举行。莫扎特《费加罗的婚礼》序曲、维瓦尔第的小提琴协奏曲《四季》之"冬"、罗西尼的《贼鹊》序曲、《第五交响曲"命运"》等。国交还为烟台观众演奏了柴可夫斯基的《弦乐小夜曲》、约翰威廉姆斯《辛德勒的名单》、圣桑《酒神之舞》。三位青年歌唱家潘田果、曲伟青、郎奥博演唱了《黄河颂》《黄河怨》《我爱你中国》《毛主席的话儿记心上》等多首经典名曲，获得观众们热烈的掌声。

（二）经验与成效

三年以来，中国国家交响乐团在文化部指引下，与文化部公共文化司紧密配合，积极开展文化志愿服务走基层活动，先后前往8个国家公共文化服务体系示范区和示范项目（创建）城市，将高雅艺术带给基层的广大人民群众，取得了良好的社会效益。国交在重庆南岸区建立"国家艺术院团基层联系点"，在南岸区迎龙镇北斗村、重庆特殊教育中心常年进行文化志愿服务活动的举措，引起了中央的高度重视，将国交作为"深入生活、扎根人民"的文化志愿服务走基层的优秀典范，多次在中央电视台新闻联播、焦点访谈以及国内主流媒体上进行宣传报道。"大地情深"系列活动就如同文化部通过公共文化司搭建了一个平台，把高雅音乐直接引入了基层公共文化建设，不仅调动了地方政府的积极性，也有力地拓展了高雅音乐的普及与推广渠道，最终让老百姓得到了实惠，使国交得到了广泛赞誉。国交由于其出色的表现，2014年获得文化部文化志愿服务先进集体称号。

四 "大地情深"——中国煤矿文工团志愿服务走基层活动

中国煤矿文工团于2014年开始参与文化部文化志愿服务走基层活动中"大地情深"项目。两年来，团党委、总团领导班子对此项活动高度重视，细致筹划，连续推出了话剧《致青春》《惊天雷》，歌舞《花好月圆》，曲艺《欢声笑语中国梦》等17台各种形式的舞台演出，所到之处受到广大基层观众的热情欢迎，既较好地满足了普通民众对优秀文艺演出的渴望，又使全团演职员在服务基层的演出实践中获得一线生活的真切体验和精神的洗礼。

（一）主要活动

2015年中国煤矿文工团为基层服务演出达到30场，比2014年增加了12场。两年来，将"大地情深"项目列为创排工作和演出实践工作的首要任务，成功地与北京、江苏、浙江、重庆、天津、陕西、甘肃、宁夏、安徽、湖北、湖南、西藏、青海、海南、广东、河南、江西、河北、云南、广西、山西等21个省市区文化直属单位进行了项目对接，服务群众近5万人。由于筹划细致准备认真，每场演出无论是节目选择还是演员表现都受到观众的高度认可和热烈欢迎：舞蹈《冰凌之舞》《节日欢歌》等美轮美奂，使观众如痴如醉；魔术大师王立民是国际魔术评委会委员，国家一级演员，他在表演《年年有余》《神柱》过程中，多次与观众互动，老太太、小姑娘、小孩儿踊跃上台，参与程度非常高，观众开心的笑声、掌声回荡在演出现场；口技是煤矿文工团的绝活，许国立、范炳这对儿搭档是享誉全国的口技表演艺术家，他们曾经为一百多部电影声效配音，他们的《鸟的故事》让观众感到自己亲临大森林，真真切切。汽车、火车、飞机隆隆的轰响每到此刻全场达到高潮；小品《如此广告》让观众总是出乎意料，笑声不止；变脸女皇张跃英在进入观众席与群众近距离互动时，大家热情高涨，纷纷站离座位、参与表演，时而探足观望、时而拍掌叫好，观众们亦是被旁人热情过头的行为引发了开怀大笑，氛围着实火爆；当煤矿文工团杂技演员王建磊、周彦杰展示静态高难度《力与美》的结合时，观众们屏住呼吸、目不转睛、惊呼阵阵，他俩演出结束后数秒的寂静，观众再报以赞叹式的叫好声；牟炫甫、刘君侠、任真、陈丽媛、李娜、刘宇等国家级声乐演员同样受到热烈掌声，有的歌手唱到3首、4首也不让走下舞台。

中国煤矿文工团把每次演出都作为深入基层扩大影响、延伸服务的良好契机。党委书记付伟、团长牟炫甫、副团长贾雨岚经常亲自带队，每到一地都积极与当地联系交流，寻求更加持续深入的合作。2014年煤矿文工团与海南保亭黎族苗族自治县签订了战略合作框架协议，相继实施了多次走基层服务演出，为保亭创排了"嬉水节"的大型节庆演出，演员们与黎族和苗族兄弟们同歌共舞，彼此之间不仅建立了友谊，双方的艺术合作也得到了进一步提升。2015年煤矿文工团又与河北涿州市签订了战略合作框架协议，包括培训、办学、文化产业基地建设等。正是文化部文化志愿服务走基层活动的持续深入开展，为本团提供了有效走进基层群众、奉献高水平艺术演出、直接服务人民大众的有力平台，赢得地方政府、基层的肯定和支持，拓展了本团与各地建立起全方位合作模式的有效途径。

（二）经验与成效

1. 提高了认识，坚定了使命

在全团投身"大地情深"文化志愿服务走基层活动以来，演职人员通过一场场深入基层的演出活动，一次次与当地文艺工作者和普通民众的交流接触，使大家都突出地感受到广大基层民众对高水准文艺演出的热切渴望和强烈需求。不断深入基层演出的实践也使全团演职员更真切感受到普通民众的所喜所乐，更从中汲取创作营养和素材。这一切都使演职人员不断加深对习总书记提出的文艺要以人民为中心的创作导向重要性、根本性的理解，也更加具体地体会到文化部所开展的"大地情深文艺志愿走基层活动"的及时和必要，从而更加明确作为文艺工作者，作为国家文艺演出团体必须坚定不移地深入基层，服务广大人民群众的努力方向。

2. 强化了素质，锤炼了队伍

深入基层组织演出，强化了文艺演出团体的集体意识、纪律意识。不同的演出环境与场地、不同观众群体的多样需求等，都对演职员的职业精神、工作能力、业务水准提出了更高更多样的要求。毋庸讳言，长途跋涉深入基层是辛苦的。在远赴西藏、青海等地的演出中，演员在海拔高原地区，几乎每人都出现了头晕、气短、恶心等症状,但演职员们以良好的职业精神克服困难全力以赴,没有抱怨、没有叫苦。在演出现场后台吸氧气,回到房间打点滴,随队医生更是关怀备至,几乎几夜没有好好睡觉,大家以顽强的意志,焕发饱满的激情,全心投入,圆满地完成了演出任务。

五 "大地情深"——国家京剧院志愿服务走基层活动

2014年国家京剧院先后派演出团参加"大地情深"——国家艺术院团志愿服务走基层活动,分别赴河北省秦皇岛市、内蒙古自治区鄂尔多斯市、上海市徐汇区、四川省南充等5地演出5场,参演演职员达300余人次,与示范区相关部门紧密配合,服务基层观众约5000人次,为丰富基层群众的精神文化生活、弘扬民族艺术做出了积极贡献。

(一)主要经验

1. 高度重视,精心策划,切实把走基层的各项工作落到实处

为将这一构建公共文化服务体系,服务基层群众文化生活的活动落到实处,在总结2013年"大地情深"国家院团志愿服务走基层活动经验基础上,剧院针对志愿服务活动的特点,由国家京剧院演出营销管理中心具体负责落实,协调各演出团,专门就活动方案的制定、安排专人提前到演出地进行调研和前站筹备工作。此外,剧院还召开志愿服务走基层专题工作会议,向各相关部门传达文化部领导指示,要求各参演团充分认识活动的意义,并在每次活动中切实做到"拿出国家院团的优秀代表剧目,以高水平的演出奉献给基层观众,以精美的艺术服务基层人民"。演出团在接受任务后,积极落实,精心策划剧节目,安排主力阵容,提前进行排练。由于准备充分,剧院2014年度的演出任务圆满完成,与示范区的合作进一步加强。

2. 因地制宜,精选剧目,让基层群众欣赏到喜闻乐见的演出剧目

2014年度,剧院先后走进河北省秦皇岛市、内蒙古鄂尔多斯市、上海市徐汇区和四川省南充市4个公共文化示范区，根据示范区经济、文化、观众欣赏需求等实际情况，剧院认真准备演出剧目，为尽可能适应当地基层群众的欣赏习惯，同时把一批具中国思想文化内涵的剧目送到基层，剧院积极与公共文化示范区的文化部门沟通，先后派出了现代京剧《红灯记》、经典保留剧目《杨门女将》和汇集名家名剧的《名剧名段演唱会》等不同形式的演出剧目。国家京剧院于魁智、李胜素、张建国等知名艺术家领衔或参与演出，积极投入文化志愿服务活动，为剧院中青年演员做出了表率。在整个活动中，剧院力求以"阵容强大，剧目经典，表演精湛"为追求，让示范区基层群众过足"戏瘾"。

3. 倾情投入，完美展现，确保以高水准的舞台呈现服务基层群众

为充分发挥国家院团的代表性、示范性、导向性作用，在本年度的4地5场演出中，演出团始终按照"拿出国家院团的优秀代表剧目，以高水平的演出奉献给基层观众，以精美的艺术服务基层人民"的要求认真完成每一场演出。当每次演出前，演出团的全体演职员都要认真做好演出前的准备工作，仔细检查每一个细节，以确保演出顺利进行。当大幕拉开，所有演员都以饱满的热情投入其中，尽可能完美地呈现。台上，一丝不苟，挥洒自如；台下，全神贯注，掌声阵阵。在全体演职员的共同努力下，国家京剧院2014年志愿服务走基层的5场演出圆满完成，为公共文化示范区的基层群众奉献了精美的京剧艺术。

（二）社会效益

国家京剧院在投身公共文化体系建设、圆满完成演出任务的同时，也通过这一平台取得了很大的收获，主要有以下几点。

第一，通过志愿服务走基层，与公共文化示范区的合作进一步深化与加强；

第二，通过参与志愿服务走基层活动进一步提高了剧院演职员的凝聚力和使命感；

第三，通过志愿服务走基层活动进一步扩大了京剧艺术的传播途径；

第四，三方共赢的模式极大增强了剧院参与公共文化服务体系建设的积极性，也为该项活动的长期开展奠定了制度和模式上的保障基础。

六 "大地情深"——中国广播艺术团走进遵义市习水县和绥阳县志愿服务活动

为了将高雅艺术以志愿、公益的方式引入基层公共文化建设，进一步整合文化资源，丰富公共文化产品和服务供给，让人民群众共享艺术发展成果，推进公共文化服务体系建设，2015年9月15~16日，中国广播艺术团开展了2场走进遵义市习水县和绥阳县举办公益性演出的志愿服务活动。

中国广播艺术团将本团的艺术节目和遵义市地方特色和传统文化节目相结合，以传承长征精神，弘扬红色文化为主题开展了本次活动。其中，习水县举办了以"百年沧桑、大地情深"为主题的"习水纪念红军长征四渡赤水80周年大会（第三届红军节）文艺演出"，以回眸建县百年，激发创业精神。绥阳县举办了"大地情深·美丽中国梦"文化进绥阳活动，纪念抗日战争暨世界反法西斯战争胜利70周年

为了推动本次活动的顺利开展，文化部和地方政府投入经费和设施予以保障。经费保障方面，遵义市文化广电新闻出版局、习水县或绥阳县政府共同出资，承担了演职人员当地食宿费、往返交通费、道具运输费和部分演出费，文化部给予了适当补助；设施保障方面，习水县或绥阳县政府负责在场地、器材和安全等方面投入人力物力予以了支持保障。

在当地政府的支持配合下，本次活动了实现国家艺术院团优质文化资源与国家公共文化服务体系示范区创建城市基层群众文化需求的有效对接，将志愿服务与基层需要紧密结合，使惠民演出与基层群众"零距离"接触，让高雅艺术走进了寻常百姓家。

B.22
全国基层文化志愿服务活动典型案例*

摘　要： 文化部与中央文明办自2013年开始组织实施的全国基层文化志愿服务活动，"以扎根基层，服务群众"为主要内容，通过动员各地各单位，依托公共文化设施、文化惠民工程、节日纪念日等开展基层文化志愿服务活动，形成了一批具有广泛社会影响力的品牌项目，畅通了社会力量参与文化志愿服务的渠道。本文介绍了辽宁省图书馆扶残助残、传递社会关爱的"手语世界"、东莞市长安镇全民阅读的"榕树下文化空间"、浙江省文化馆关爱贫困山区留守儿童的"爱心拉拉钩"、克拉玛依展览馆的"红领巾讲解员夏令营"、密云县扶助弱势群体的"文化暖心、点亮生活"、服务于弱势群体的"湖南农民工春节联欢晚会"、重庆市巴南区互联互通平台"公共文化物联网"、贵州省"笨小孩"真人图书馆和银川市"百名文化专家和百名文化辅导员走基层"等典型案例，具体展现了我国基层文化志愿服务活动的开展情况及其经验与成效。

关键词： 文化志愿服务　基层活动　典型案例

文化部与中央文明办自2013年开始组织实施的基层文化志愿服务活动，"以扎根基层，服务群众"为主要内容，通过动员各地各单位，依托公共文

---

* 相关地方文化机构供稿。

化设施、文化惠民工程、节日纪念日等开展基层文化志愿服务活动，形成了一批具有广泛社会影响力的品牌项目，畅通了社会力量参与文化志愿服务的渠道。为发挥典型的示范带动作用，2012～2015年，文化部共评选出了256个全国文化志愿服务优秀示范项目和典型案例，有效推动了全国基层文化志愿服务活动的蓬勃开展。本文介绍了辽宁省图书馆扶残助残、传递社会关爱的"手语世界"、东莞市长安镇全民阅读的"榕树下文化空间"、浙江省文化馆关爱贫困山区留守儿童的"爱心拉拉钩"、克拉玛依展览馆的"红领巾讲解员夏令营"、密云县扶助弱势群体的"文化暖心、点亮生活"、服务于弱势群体的"湖南农民工春节联欢晚会"、重庆市巴南区互联互通平台"公共文化物联网"、贵州省"笨小孩"真人图书馆和银川市"百名文化专家和百名文化辅导员走基层"等典型案例，具体展现了我国基层文化志愿服务活动的开展情况及其经验与成效。

一 传递社会关爱的"手语世界"——辽宁省图书馆扶残助残志愿服务活动品牌项目

利用资源优势，充分发挥自身职能，对弱势群体进行知识援助和信息传递，消除他们与普通人之间的沟通鸿沟，是公共图书馆义不容辞的职责，也是广大文化志愿者的重要服务领域。为构建聋人朋友融入社会的桥梁，辽宁省图书馆于2003年起开办"手语世界"活动，旨在传播手语技能，扩大知识交流和传递社会关爱。至2014年"手语世界"活动共举办530场（次），开展培训3000余次，直接参与服务的志愿者达3万余人，服务受众15万余人次，形成辽宁省图书馆文化扶残助残志愿服务活动品牌。

（一）主要活动

"手语世界"活动主要包括三个部分：一是开办手语培训班。积极邀请专业手语教师对有志于服务聋人的志愿者进行手语传授，开班授课，传递基础服务技能。二是走进聋人世界，沟通你我他。图书馆志愿者通过手语技能增进健听人和聋人之间互信、互懂，为他们深入交流沟通提供机会。三是创设学习平台。图书馆利用自身丰富的文化图书资源和学习阅读环境，努力为聋人读者提供更为广阔的学习、阅读和活动平台。活动由草创期的每月一次，到成熟阶段的每周一次，从未间断。通过组织一系列的主题活动，使图书馆－志愿者－聋人群体达成沟通、互动以及生活学习上的社会化。在诸多主题活动中，"爱使无声世界更精彩""手语世界进校园""拥抱生命，温馨和谐""特殊的爱献给特殊的你""新年手语联欢会"等引起社会强烈反响，受到了各界媒体广泛关注，中央电视台、新华社新华网等新闻媒体曾对此进行过百余次深入报道。

（二）经验与成效

1. 建制建档规范组织管理，开展培训提升服务质量——"手语世界"高素质志愿服务团队建设

一是为实现对志愿者规范管理，辽宁省图书馆志愿者管理组织制定并逐步完善《辽图志愿者管理办法》《辽图志愿者操作规程》等规章制度，这些制度为志愿服务提供了准则、依据。二是为切实保证"手语世界"活动服务质量，提升服务效益，在每批志愿者招募初期都会邀请有经验的聋人服务专家对具有不同教育背景和文化素质的志愿者进行服务技能的培训和岗位督导，定期进行考核和评议。三是完善志愿者个人信息档案化。通过为每位志愿者建立个人服务档案，追踪记录其提供志愿服务基本情况；通过对服务档案的完善整理和有效评估，为"手语世界"活动深入开展提供了翔实资料和现实依据。

专门的管理机构、明确的规章制度、专业系统的培训、健全的档案制度让"手语世界"志愿者组织成为一个组织有力、管理完善、高度凝聚力和向心力的高素质团队。志愿者团队将志愿精神和服务能力完美结合，在实践中表现出强大和谐的服务水准。

2. 科学理念促进良性循环，多方共赢实现科学发展——"手语世界"活动的可持续发展模式

图书馆在人力资源有限、服务范围广的现有条件下，更需要大量有能力、有觉悟、有素质的志愿者加入。为此，辽图积极创新招募方式：在大力招募以社区、班级、家庭为单位的团体志愿者的同时，通过社交网站、微信、微博等现代媒体号召年轻人的加入。通过多样化的招募建立了公众对图书馆的归属感，吸引了越来越多的人加入志愿助残服务行列。同时，严格培训水准和质量，让每一位志愿者学有所长、学有所用，并在服务过程中得到切实锻炼和提高，充分实现个人成就感和满足感。

参与"手语世界"活动的志愿者有在校大学生、部队官兵、离退休老干部、热心公益事业的媒体人员、企业家……各有所长的志愿者们充实了助残服务的人才库，有效促进了文化助残事业的发展。接受服务的聋人读者，感受到知识的力量，丰富了精神生活。在体验到志愿精神的伟大和温暖后，一些聋人朋友也纷纷加入志愿服务阵营，用自己的力量去帮助别人。来自各行各业的志愿者们同心协力，在扶残助残的事业中不计得失、辛勤劳作、爱心接力。图书馆－志愿者－聋人读者，在"手语世界"文化助残服务这个循环圈中，每一个角色即是付出者也是受益者，正是这种奉献与收获共存共赢的服务模式，使"手语世界"活动持续保持着蓬勃生机和旺盛活力。

十几年的坚持与不懈努力，不仅促进了"手语世界"文化助残志愿活动的健康发展，也带动了其他文化志愿服务项目，如老年电脑班、英语沙龙、海燕姐姐讲故事等文化公益活动。每期活动都有大批文化志愿者积极参与，在这种良性互动下，辽宁省图书馆文化志愿服务工作正在以积极稳健的步伐向社会化发展、制度化建设、专业化运作和规范化管理的目标迈进。

二 "榕树下文化空间"——东莞市长安镇全民阅读文化志愿服务品牌

从 2013 年起，东莞市长安镇实施"榕树下文化空间"工程，为群众提供"零距离、无门槛"的全民阅读空间和文化平台，成为东莞市长安镇依托新型公共文化设施创新开展的文化志愿服务品牌,被文化部评为2014年"文化志愿服务推进年"示范项目。

(一)主要活动

1. 布点铺设,积极建立公共文化服务网点

从2013年起实施榕树下文化空间工程,在全镇地段好、位置佳、群众较多聚集的地方选点布局,使公共文化设施深入百姓身边,提供贴心服务。2013年,长安镇建成长安广场榕树下文化空间,辐射了长安镇中心区。2014年又通过与长安万科中心合作,建成万科榕树下文化空间,创新政府与市场的合作,推动公共文化服务社会化发展。目前,正在长安镇积极推进榕树下文化空间社区、工业园区的选点建设,将建设形成覆盖镇中心区、城市综合体、社区和工业园区的服务网络,成为服务市民的街头展厅,传达城市形象的都市符号,促进长安新型城镇化建设。

2. 传承"榕树"理念,彰显文化精神

长安镇在策划建设榕树下文化空间的过程中,特别注意把探索现代公共文化服务与传承中华优秀传统文化结合起来,以"榕树下"为精神传承和文化暗示,走进群众心灵。该空间的建设理念和蓝图经历了1.0版本到2.0、3.0版本的升级,从建"玻璃书屋"到建"玻璃树屋"最终到建"榕树下文化空间",充分体现从公共文化服务到现代公共文化服务的跨越发展。"榕树下文化空间"的命名缘由,一则是大树下自古以来就是人群自然集聚的地方和人们交流交往的公共空间。榕树,作为南国独具特色的植株,天然地使人产生亲切感,愿意去亲近。再则是榕树本身作为木材无甚大用,但却为人们提供心灵的绿荫,颇具诗意和文化内涵,乃无用之大用,与文化有共通之处。榕树下文化空间正是基于这一理念打造了城市文化空间。

3. 搭建文化设施,营造开放式空间

围绕榕树,长安镇通过现代手段,用依树而建、玻璃书屋的呈现方式,最终形成了独具特色的榕树下文化空间。该空间集阅览图书、分享知识、传播文化等功能于一体：一是数字阅读。配备 Pad + 数字图书馆互动服务终端（迷你云图书馆）和公共免费 Wi-Fi。市民只要利用空间中的 Wi-Fi，扫描迷你云图书馆的二维码，就可以通过数字图书馆免费下载喜欢的图书。二是温馨书屋。提供图书漂流、图书分享、亲子阅读等全民阅读活动。市民可以免费阅读传统书籍、报刊。三是艺术展览。提供摄影、书画等新锐、精品艺术展和文化沙龙活动。让市民直接在街头就能免费享受到高雅艺术。榕树下以"零距离、无门槛"的开放式胸怀，积极打造了城市中开放、温馨、诗意、自由、现代、雅致的人文空间。

4. 创新全民阅读方式，阅读引领前行

榕树下文化空间通过街头、榕树、玻璃书屋等象征符号和标识，向所有到过和路过空间的人们，传递全民阅读的强烈信号，并融合传统阅读、街头阅读、数字阅读、分享阅读，不断增强阅读的新颖度和吸引力，营造全民阅读的良好氛围。其中，图书漂流活动倡导读者把可以进行淘换、捐赠、借阅的图书期刊放置在榕树下文化空间，开展图书淘换，从而互通有无、分享阅读。市民可以在里面阅读，也可以凭有效证件登记，免费带走喜欢的图书或期刊，由读者自行送还。短短半年时间，榕树下文化空间收到捐助图书超过 600 本，实际成了一个不设防的迷你图书馆，以诚信的阅读实践增强城市文明程度和社会道德力量。

5. 广招志愿者，志愿服务沟通你我

榕树下文化空间设置有文化志愿者招募处，积极面向社会招聘文化志愿者参与管理榕树下文化空间。该空间每周文化志愿者服务时长约 15 小时、服务市民 700 人次左右。空间的志愿者不仅负责空间服务活动，而且参与到空间的管理维护中，承担着介绍艺术空间、定期整理图书、解说艺术展览、操作迷你云图书馆、推广图书漂流和志愿服务活动、照顾到访的老人孩，以及做好文化志愿服务，定期巡查等职责。以周到细致的服务管理工作，沟通每一个到访的市民，提高公共文化设施的到访率、使用率、满意度，让现代公共文化服务融入市民的生活，深入城市的肌理。

（二）经验与成效

文化是城市（区域）的软实力，是昭示社会发展的公共因子。在广东省创建全国公共文化服务示范区的契机下，长乐镇结合自身实际，围绕"榕树"这个极具典型文化象征符号的客体，提出"榕树下文化空间"项目。项目实施两年多来，取得良好成效。

1. 以"文化"为主题，推进空间建设

"文化"是文化志愿服务的关键词，因此，长乐镇紧紧围绕这个核心，从基础设施、命名、志愿者招聘到制度建设等等都没有脱离文化。硬件、软件都彰显文化气息、人文情怀。

2. 以"创新"为抓手，提升文化服务档级

"创新"是重要的推动力，是推进城市发展的核心竞争力。对于文化空间建设，长乐镇从公共文化网络、服务理念、文化设施载体、服务方式等方面积极进行创新实践。创新中有保留，保留中有改进，灵活激动的创新机制保障了"榕树下文化空间"项目的顺利健康发展。

3. 以"文化传承"为指引，彰显文化服务精神

"榕树"是南闽代表性的树种，"榕树下"是南国人生活的重要场域，以"榕树"为载体，不仅是一种生活环境的再营造，更是文化精神的传承。极具文化特色的空间建构凸显了地域特色，吸纳了传统人文，传递了更多的文化流传。

4. 以"科技"为动力，打造现代开放式人文空间

"榕树下文化空间"既有传统的书籍阅读，也有现代的网络平台，还有艺术展览。这是一个融合科技和传统的平台，它以开放的方式，零门槛的环境为越来越多的人群提供学习生活休憩服务。

5. 以"志愿"为桥梁，沟通你我他

"榕树下文化空间"文化志愿服务项目经过两年多的运作，逐渐建立了完善的规章制度，包括日常行为规范、志愿者招募机制等等。优良的制度平台保障了项目更好运作，志愿者不仅传递知识、技能，更传递志愿精神。志

愿精神与公共文化服务相结合,更好地契合和推进了公共文化服务的发展。

"榕树下文化空间"文化志愿者服务项目实施以来,提升了公共文化服务的质量和水平,为市民传递了"开放、温馨、诗意、自由、现代、雅致"的公共文化服务体验,被列为长安镇创建东莞市公共文化服务体系示范镇亮点项目,累积服务人数达2万人。未来,这一项目将会以稳健的步伐积极推进空间建设发展,争取为城市发展贡献文化的力量。

三 "爱心拉拉钩"——浙江省文化馆关爱贫困山区留守儿童文化志愿服务品牌

自2014年以来,浙江省文化馆在广泛开展文化志愿服务的基础上,针对农村众多留守儿童文化生活,开展"爱心拉拉钩,关爱贫困山区留守儿童"系列活动,为山区、海岛留守儿童送上一系列文化艺术培训并为他们所在学校送乐器、送演出、送健康。文化志愿者队伍人数从几个人壮大到现在的800多人。他们分别来自杭州市各城区文化馆、杭州余杭骨科医院志愿者大队和杭州电子科技大学志愿者大队,他们之中既有文化系统领导干部和一线群文工作者,也有专家型医生、护士、大学生等专业复合型人才,旨在为全省的各类公益文化活动提供专业周到的志愿服务。

(一)主要活动

2014年6月,浙江省文化志愿者总队积极开展"爱心拉拉钩——文化志愿者在行动"关爱贫困山区留守儿童等多种形式的公益文化服务。6月19日,走进台州仙居县朱溪中学,为他们联系琴行,送上多种乐器,并组织进行艺术培训。同时,省人民医院为留守儿童及家属检查身体,传授日常卫生科普常识,余杭骨科医院赠送药箱。仙居县文化馆也在省文化志愿者总队的倡导下,成立文化志愿者队伍;6月26日,文化志愿者走进嵊泗黄龙小学,送上乐器,并组织以"关爱留守儿童"为主题的文艺宣传演出,节目丰富多彩,还请杭州爱乐天使合唱团为留守儿童进行公益演出,进行

"合唱、舞蹈、管乐"等一系列免费培训，受惠面涵盖城镇居民子女、外来务工人员子女等社会群体。2015年1月，"爱心拉拉钩"走进杭州天成教育集团，文化志愿者们为该校的外来务工者子弟进行文艺演出，组织多样文化互动，如猜灯谜、写春联、学剪纸等，并为师生们开展心理咨询、义诊、送药等健康服务，用文化力量助力这些未来新杭州人的茁壮成长。4月19日，"爱心拉拉钩，文化志愿者在行动"——大型公益活动在浙江省盲人学校举行。来自省军区文工团、古荡街道艺术团、上城区文化馆以及江干区、西湖区的志愿者们为该校师生送上了精彩节目。浙江电视台少儿频道的小记者们对该校的门球、电脑等兴趣爱好团队进行了采访。银泰百货店为每位学生送上了精美笔袋。10月9日至10日，文化志愿者总队走进泰顺县鹤巢小学，为外来务工人员子女和留守儿童们送来优秀书籍，为他们开设声乐、美术和手工制作等别开生面的兴趣课程，带领他们学习营养饮食、疾病自诊、生活自理的实用生活常识，还享受到超精彩、高互动的文艺演出。

（二）经验与成效

"爱心拉钩钩"文化志愿服务活动得到浙江少儿频道全程参与并报道。同时，活动在《钱江晚报》《都市快报》《青年时报》、浙江在线、浙江省文化馆门户网站以及各城区文化馆网站等多家媒体上进行报道并被浙江省委宣传部评为2015年全省未成年人思想道德建设十大事实项目。同时，伴随活动的成功和广泛报道，越来越多社会人士加入"爱心拉拉钩——文化志愿者在行动"的文化志愿活动中，为留守儿童和外来务工子弟提供更多关爱与文化支持。通过活动组织者发现，文化志愿活动需要的是"爱心"，志愿服务的精髓是"大爱"，这种精神是通过文化馆、文化志愿者得以传递的。志愿活动的成功不仅需要完善的制度体系保障，更需要那些有爱心有专业的社会各界人士的广泛参与。只有全社会都以爱为出发点，以知识和文化为中介，相信社会会越发和谐。

在未来的发展中，这一项目将矢志打造"爱心拉拉钩——文化志愿者在行动"这一活动品牌，并将其贯穿在全省群文工作的始终，让它成长为浙江省文化志愿服务的一面旗帜。

四 "红领巾讲解员夏令营"——克拉玛依展览馆文化志愿服务品牌

克拉玛依展览馆（克拉玛依博物馆）是克拉玛依革命传统教育和精神文明建设的重要阵地。为使广大青少年了解克拉玛依发展历程及老一辈石油人的艰苦创业精神，培养一批克拉玛依发展历史及油田传统教育宣传员，展览馆积极开展"红领巾讲解员夏令营"志愿活动。志愿者要求：以具有一定的演讲能力、口齿清晰、相貌端正、应变能力强为基本条件，以自愿参与为原则，组织由中小学生组成的讲解员培训班，培养一支小讲解员队伍，为做好后期学生油田传统教育、爱国主义教育作准备；充分利用青少年校外教育基地开展青少年暑期社会实践活动，使学生在实践中更加加深对克拉玛依发展历史的认识，学习老一辈石油人艰苦创业精神，同时丰富学生的假期生活。

（一）主要活动

通过开展红领巾讲解员夏令营活动，使"热爱伟大祖国建设美好家园"主题教育活动广泛深入到各族青少年中，发挥讲解员宣传优势。一是组织学生参与克拉玛依艰苦创业有关历史讲解展示活动；二是组织孩子和家长一起参观克拉玛依油田跨越式发展图片展。通过讲解员解说和参观，学生加深了对克拉玛依艰苦创业史的了解，从而提高了学生爱祖国、爱家乡、爱油城的情感。增进了学生对老一辈石油工人的热爱和敬佩。

对红领巾志愿者的培训以现场培训为主，为每一名学员划分讲解区域，提供讲解词。具体内容包括。

1. 开班第一节课，讲解礼仪培训课。（展览馆讲解员）
2. 现场授课。（跟随讲解员实地参观，听系统的讲解）
3. 分组安排。（根据实践基地展厅设计情况将学生分成几个组，安排在5个展馆）

4. 熟悉讲解内容。（给学生两天时间背会讲解词）

5. 现场实践。（学生根据分组情况，现场在讲解员的指导下边讲边学）

6. 考核定岗。（由展览馆相关部门人员及讲解员组成考核组听学生讲解，评出最优秀的部分学员命名为红领巾讲解员）

7. 培训展示。邀请领导，有被命名的红领巾讲解员带领讲解，展示培训班培训成果。

暑期期间，为了让学生更好地理解展厅内容，老师们对每个孩子进行逐一辅导，内容包括礼仪仪表、油田历史知识、展厅陈展图片介绍、文字和实物讲解等方面，帮助小讲解员提升专业能力。在老师们精心指导下，每一期培训学生通过集中学习、现场培训、试讲巩固等阶段，顺利圆满完成了日常接待以及结业时的汇报演示，得到了领导、家长、观众的一致认可。

展览馆通过红领巾讲解员的讲解使更多的学生接受油田传统教育，传授克拉玛依精神，增强爱家乡、爱国家的意识。对已命名为红领巾讲解员的学生进行轮岗培训，使其达到能够讲解多个或全部展厅（展区）内容的水平；对未命名为红领巾讲解员的学员进行强化培训，使其尽早达到独立讲解的水平。

（二）经验与成效

克拉玛依展览馆从2009年开始举办第一期红领巾讲解员夏令营，截至2014年已经成功举办了七期，培养红领巾讲解员259人，共接待234批次，4172人。活动充分发挥了青少年校外教育基地作用，为同学们提供在实践中学习、锻炼的机会，志愿服务活动取得了良好成效。

展览馆的主要志愿服务是利用假期培训学生成为讲解员，在这个过程中，不仅让青少年同学知道领会了爱国油田奋斗精神，更让他们变被动接受为主动传授，讲解一方面巩固培训知识，另一方面传承了石油精神和爱国主义意识。因此，培训与讲解成为展览馆文化志愿服务项目的重头戏。同时，在不断地总结的基础上，展览馆对培训进行了一系列创新性改革。一是将"红领巾讲解员"夏令营列为油田传统教育的重要夏令营进行了推介，在克拉玛依网、市政府网和油田公司网、克拉玛依日报上发布专题报名招募信息，在市电视台、市广播电台开展现场连线报名招募，扩大了宣传范围，提高了宣传效果。二是指定培训班辅导员，落实到人，主要负责大家的学习、生活等各项事宜。三是邀请市人民广播电台节目主持人、12355青少年服务台心理咨询师进行播音主持专业基础训练和团队协作训练。四是开展了多项实践体验活动，组织安排培训学员接待不同层面的游客。通过接触不同年龄段的游客，不仅充实了孩子的知识面，也提高了学生为人处世的能力。

"红领巾讲解员夏令营"为青少年提供了在实践中学习、锻炼的机会，使他们了解了克拉玛依油田和克拉玛依市的发展历程，领悟和继承了老一辈石油人艰苦奋斗的石油人精神，推动了爱国主义文化事业的稳步前行。

五 "文化暖心 点亮生活"——密云县扶助弱势群体校园文化志愿服务品牌

密云县文化志愿者服务分中心着重关注弱势群体校园学生的健康成长，培育他们的德智体美劳综合素质。2010年至今，文化志愿者在外来务工子弟、聋人学校等场所积极开展文化志愿服务，取得了显著效果。在穆家峪镇新农村小学组建了密云地区第一个外来务工子女艺术团；在冯家峪镇中心小学开展以"共筑文艺梦想·关爱留守儿童"为主题的志愿服务活动；在密云县聋人学校开展以针对聋哑和智障儿童为重点的文化志愿服务活动，举办书法、美术、舞蹈、鼓乐、手工艺、合唱、空竹等兴趣班，引导他们热爱生活、树立信心，并通过媒体宣传呼吁社会更加关注弱势群体。

（一）主要活动

密云县城是一个正在发展建设中的城市，有大批的外来务工人员在这里谋求发展，为城市建设做出贡献。他们特别渴望自己的子女也能和当地的孩子一样，享受到同样的教育，特别是艺术素质方面的教育。为了让外来务工人员的子女享受到应有的艺术教育，密云县文化志愿者服务分中心决定把新农村小学作为切入点，在校内组建了密云县第一个外来务工子女的艺术团队——"七色花"艺术团。开办了诗歌朗诵、快板、山东快书、声乐、舞蹈、情景剧表演、空竹等不同艺术门类辅导班，每周三下午进行上课辅导，每个学期举行汇报展演。艺术进校园活动，不但满足了外来务工子女求知、求乐的渴望，也使他们在接受艺术熏陶的同时不断提高思想认识和道德素质。

密云县冯家峪镇中心小学位于密云县的边远山区，是一所全日制寄宿学校，有在校生120人。这里的学生近半数是留守儿童，他们的父母常年离家在外，孩子们从小缺少家庭教育和文化教育，更别提艺术素质教育了。为了让这些山区的留守儿童能享受到应有的艺术教育，密云县文化志愿者服务分中心决定把冯家峪镇中心小学作为切入点，在校内开办书法、舞蹈、绘画等不同艺术门类辅导班，这样既能满足山区留守儿童求知的愿望，也能使他们的家长感到生活的平等和社会的公平。

密云县聋人学校是一个特殊的群体。学生不能像正常孩子一样接受全面素质教育，享受文化艺术带来的欢乐。从2010年开始，密云县文化志愿者服务分中心就组织文化志愿者进校开展服务活动，为聋哑、智障儿童办起了书法、美术、朗诵、鼓乐、快板、手工艺六个兴趣班，课程安排在每周一至周四下午分别进行。第二学期又增开了戏曲、舞蹈、合唱、葫芦丝4个兴趣班。由于志愿者耐心地辅导和信任地鼓励，这些孩子学习的兴趣越来越高，性格从孤僻慢慢变得开朗，从忧郁慢慢变得快乐。每到期末，志愿者组织他们汇报演出，请他们的家长前来观看。几年来，兴趣班培训活动风雨无阻，不仅丰富了孩子们的校园生活，也使孩子们的艺术特长有了较大长进，先后有多名学生被北京市三聋校录取，有3名学生被北京市残疾人艺术团录用。

（二）经验与成效

近几年来，通过所有志愿者的努力，孩子们感受到了浓厚的艺术氛围并掌握了多项艺术技能，综合素质获得很大提高。文化志愿活动不仅丰富了孩子们校园文化生活，还让他们充分体会到社会关爱与温暖。从2010年至

2015年，活动连续五年被北京市文化局评定为文化志愿服务"示范性品牌项目"，《中国文化报》《工人日报》《北京日报》《京郊日报》和北京电视台等多家媒体对此给予了专题报道。2014年12月，"文化志愿服务走进弱势群体校园"活动获得文化部颁发的"2014年'文化志愿服务推荐年'系列活动示范项目奖"。

六 湖南农民工春节联欢晚会——服务于弱势群体的文化志愿服务活动品牌

"湖南农民工春节联欢晚会"自2011年8月启动以来，已成功在湖南省浏阳市、邵东县、长沙县等地举办5届，节目选拔赛累计进行了100余场。这一活动是由全国优秀农民工、湖南省文化志愿服务总队务工文化分队长、浏阳籍农民工朱良成发起。活动得到了省文化厅、省文明办、省总工会、省人社厅以及县市区等相关部门的大力支持，先后有国家、省、市级媒体100多家进行专题报道，现已发展成为湖南省优秀文化志愿服务品牌。

为了推动这一活动的开展，近5年，湖南浏阳中和镇长安村村民朱良成的生活轨迹都是每年上半年打工赚钱，下半年筹备农民工春节晚会。2012年朱良成组织了第一场属于农民工的春节晚会，在湖湘大地引发广泛关注和讨论。

在举办湖南首届农民工春晚之前，朱良成是一名义工，热衷于公益事业。2008年汶川地震，他组织浏阳市义工联开展募捐，并将筹集到的善款交给红十字会。在浏阳创建省级文明城市期间，他带领义工联的成员上街发放宣传资料、开展文明劝导活动。常年的打工生涯让朱良成结识到不少农民工朋友，他看到这些农民工老乡和工友业余文化生活非常贫乏，就让他萌发了办"农民工春晚"的想法，来改变他们的精神生活。但要组织一场大型活动并非易事，刚开始朱良成心里也没底。后来他想到一个办法，通过网络平台扩大影响力，他就召集了一批文化志愿者。这一举动得到了省内有影响

力的媒体的持续跟进，一时间，"湖南首届农民工春晚"名声大振。相关部门领导在惊叹朱良成的创意和执行能力之外，也纷纷给予了大力支持。终于在各方努力下，2012年1月14日晚，"农民工春晚"如期举行，从各地选拔来的农民工先后上台，本色出演，受到了社会各界的好评。

首届农民工春晚名声大噪，使朱良成也得到了更多企业的青睐。农民工春晚因此去到了更多的城市，给更多的农民带去了欢乐。同时，也获得了省文化厅以及各级领导的高度评价和地方政府的大力支持。湖南农民工春节联欢晚会最终办成了湖南文化志愿服务的特色品牌。因为对公益事业的付出，朱良成先后荣获了浏阳市优秀志愿者荣誉称号，湖南省优秀文化志愿者荣誉称号，湖南省最美志愿者荣誉称号，成为全省文化志愿者队伍中的典型示范。

七 公共文化物联网——重庆市巴南区互联互通平台基层文化志愿服务活动品牌

自2014年以来，巴南区文化馆以重庆市公共文化物联网——巴南区互联互通平台和依托，深入开展"文化惠民为您服务"志愿活动，活跃了巴南区群众文化生活，推动了巴南区群众丰富多彩的文化生活。

（一）主要做法

1. 广泛动员招募、集聚志愿服务人才

巴南区文化馆通过动员区内各文化家协会、企事业单位，并以网络、微信等新媒体广泛招募文化志愿者及志愿者团队，吸引社会各界人士积极踊跃报名，最终集聚了文化、教育、工会、妇联、团委、科协、卫生、消防等多个部门以及各文艺家协会会员等一批社会各界人士参与文化志愿服务。

2. 创新服务方式，推动志愿服务建设

（1）构建"互联互通、你点我送"公共文化志愿服务新模式。

巴南区文化馆将"互联网+"概念与公共文化服务有机结合，建立公共文化物联网，将优质的公共文化志愿服务项目在网上进行展示，使公共文化资源管理者、服务志愿者、需求者三方互联互通，通过镇街、村（居）基层服务点，根据群众需求开展网上点单配送服务，探索了由"自上而下"的单向志愿服务供给向互动选择式志愿服务供给转变的新的服务模式。

（2）探索壮大公共文化志愿服务队伍的新思路。

围绕"众聚众合"的公共文化志愿服务队伍建设的思路，巴南区文化馆提出了不论地域、身份、资历，只以服务水平为评价基准的志愿服务队伍入库标准，从而形成了体制内文化单位志愿服务队伍与社会志愿服务力量的整合。现已招募志愿者团队39支、文化志愿者89名开展文化惠民志愿服务工作，解决了公共文化志愿服务专业人才不足的问题。

（3）创新公共文化志愿者服务绩效评价机制。

巴南区文化馆建立了以群众评价为主的公共文化志愿者服务评价考核机制，通过网上服务评价系统和现场群众评价反馈为主的评价方式，把服务质量评价权交给群众，并网上时时发布，将群众的评议作为绩效评价的重要依据和群众选择志愿服务的信誉参考，打破了传统的"自谈自唱、自圆其说"的考核评价方式，形成了公开透明的服务信誉社会评价体系，激发了志愿服务活力，提升了志愿服务水平。

（二）社会效益

巴南区文化馆自2014年开展"你点我送"志愿服务配送以来，参与志愿服务5000余人次，共配送服务1159场，其中文艺演出666场，文艺培训214场，文化讲座120场，展览展示159场，覆盖全区惠及全区65余万群众，被群众称为"灵动的文艺风景线"。

八 关注未成年人特殊群体——贵州省"笨小孩"真人图书馆活动

为了促进对未成年人特殊群体的关注，传达社会友爱，2015年1月25

日,贵州省图书馆推出了100个"笨小孩"的故事二维码,并展出了壹基金海洋天堂计划"人人都是笨小孩"公益艺术展中的星星孩子李幼鹏、李幼林双胞胎创作的两尊白瓷雕塑和贵阳爱心家园"星星儿童"的画作。观众只要扫描二维码即可看到一个视频短片——笨小孩的一分钟光影故事。这100个短片的故事是从全国范围内选出的100个关于自闭症、脑瘫与罕见病等特殊病症的孩子以及相关家庭、志愿者和从业人员的真实故事。

(一)主要活动

在活动现场,20名志愿者参加了当天的服务,文化志愿者为孩子们讲述绘本故事,志愿者通过引导星星儿童与普通儿童的自然肢体的接触,消除隔阂,让大家融入同一个故事情景。现年82岁的贵州省著名儿保专家、爱心家园志愿者关福琴婆婆也来到现场,她给爱心家园当了十多年的志愿者,义务给孩子们指导膳食、讲课、检查身体。

活动的最后是孩子和家长们通过现场扫描二维码,找到身边的"笨小孩",和他们一起领取奖品。孩子们踊跃地拿着手机扫描二维码,找到"真人图书馆"里故事的主角,并找到了现场真实生活中的笨小孩,然后与视频故事里主人公一起手拉手,一同领取奖品。

(二)社会效益

这一活动在贵州省图书馆持续了10天,公众通过用手机扫二维码并点赞,观看自闭症儿童短片,分享"笨小孩"的故事,了解了相关家庭、志愿者和从业人员的关爱,用心感受了每一个生命的故事。"笨小孩"真人图书馆活动是通过真人、真人的艺术展示,并在真实的活动场景中开展的。观众通过采用现代网络技术扫描二维码等方式获取与特殊儿童相关的图文、视频资料,并在生活中真实地再现信息,立体和直观地呈现出特殊儿童的处境和所需要的社会关爱。这一活动不仅让公众更多地关注了他们,也通过活动让公众与特殊儿童建立了彼此的情感联系,促进了公众对这些孩子及其家庭的接纳和理解,并促使他们能够在实际生活中做公益和传播友爱。

九 银川市文化专家和文化辅导员走基层志愿服务活动

2015年,银川市启动了"文化志愿·温暖银川"文化志愿服务活动。银川市文化艺术馆以"文化辅导、贴近群众"的原则,组织成立了"百名文化专家志愿服务团",招募了百名优秀社会文化辅导员,通过点对点、走基层志愿活动,为推动银川市营造"传递爱心,传播文明"的氛围,促进社会和谐与进步起到了积极作用。

(一)主要活动

1. 传承经典,高雅艺术进校园

传统艺术进校园活动以"感受艺术经典 提高艺术修养"为主题,组织百名文化专家志愿团赴全市50所中小学校演出民族器乐、戏曲表演、花儿演唱、宁夏小曲、杂技、民族舞蹈等经典节目,演出50场,参与文化专家120人,观看师生100000人,引导学生感受和欣赏民族经典传统文化,接受传统艺术,弘扬民族文化,推进了学校的艺术教育,丰富了校园文化生活。

2. 贴近百姓,百名文化专家点对点志愿服务

一是市文化馆组织文化专家郑华延举办了银川市"名家公开免费二胡培训班",来自银川市各社区、街道近80名中老年二胡爱好者参加了学习。此次名家公开免费举办二胡培训班在全区尚属首次。在为期2个月的时间里,本着"通俗、直观、兴趣、普及"的宗旨,努力让更多的人热爱二胡、学习二胡,让喜欢二胡的人提高二胡演奏水平。二是举办了"关心帮助残疾人·实现美好中国梦"活动。围绕助残日主题,组织20名文化专家举办了残疾人创业、声乐培训班、残疾人剪纸培训班、宁夏小曲培训班等活动,残疾人有200人参加培训。三是开展"敬老月"文化活动,组织文化专家志愿者带着精心组织的秦腔折子戏《断桥》等文艺节目到福利院等10所老年公寓为6000余位老人进行慰问演出。四是举办宁夏女子监狱第一届监区文化艺术节。组织非遗剪纸传承人伏兆

娥与百名文化专家开展各类艺术培训等系列文艺活动。

3. 惠及大众，文化辅导员走基层培训活动

第一是组织面向城乡社区开展培训活动。银川市文化艺术馆具体负责管理培训活动，建立了文化辅导员信息库，通过与农村和社区需求对接，签订志愿服务协议，百名社会文化辅导员每周深入农村、社区文化活动室（中心）及社会民间艺术团队，点对点、面对面，开展文化辅导培训、活动策划指导、节目编排等活动，提升基层群众文化艺术素养和团队建设水平。银川市文化艺术馆组织百名优秀文化辅导员面向城乡社区累计举办各类辅导培训班300余期，免费培训社区、农村社会文艺团队100余支，培训基层文化骨干13427人，辅导基层群众文化活动3000多场次，辅导人数达20万人（次）。

第二是开辟了银川市踏歌起舞文化工程——"幸福银川"广场民族健身广场示范点50个，组织专业干部编创了《走咧走咧去宁夏》《回回人》等30套广场民族健身舞，百名文化辅导员每天在广场教群众学跳广场民族健身舞，受益群众100万人次。

第三是组织送文化进军营、送文化进工地、社区文艺展演、乡镇文艺大赛、农民文化大院文艺会演、百团大战、花儿演唱、非遗进校园等百场特色主题文化志愿服务活动，让银川市200多万广大城乡群众在参与欣赏艺术中感受和谐之美，感受到湖城文化的魅力。

（二）经验与成效

银川市文化艺术馆在开展"百名文化专家、百名文化辅导员点对点、走基层行志愿服务活动"中，坚持人人参与的原则，实现公共文化服务队伍多元化。坚持激活群众参与主体、壮大公共文化服务人才队伍，形成了专业人员与业余团队互为补充、服务队伍多元化的良好格局。在活动开展过程中，依托各级文化机构成立了文化志愿团队72支、招募文化志愿者2000余人，全年开展"文化志愿 温暖银川"系列文化志愿活动100场次，参与志愿者上万人次，活跃了基层群众文化生活。

中国港澳台地区和国外的经验

Experiences from Hong Kong, Macao, Taiwan Areas of
China and Foreign Countries

B.23
中国台湾文化志愿服务发展现状与制度建设经验

良警宇*

摘　要： 中国台湾作为国际上第二个志愿服务领域领先立法的地区，形成了较完善的志愿服务法制体系。台湾文建会/文化部先后出台和修订了《文化业务志愿服务奖励办法》，鼓励民众参加文化服务，促进了台湾文化志愿服务的发展。其制度建设的经验主要体现在：建立完善的志愿服务法律体系，鼓励公共部门运用志愿服务，完善志愿服务管理体制和运行机制，健全志愿服务的保障和评估奖励政策，建立统一的志愿服务记录、表彰和教育平台等方面。

关键词： 台湾　文化志愿服务　发展现状　制度建设

---

* 良警宇，中央民族大学教授，国家公共文化服务体系建设专家委员会委员。

台湾作为国际上第二个志愿服务领域领先立法的地区，形成了较完善的志愿服务法制体系，其文化志愿服务也因文化经济转型的社会发展需求得到了规范性和快速地发展。台湾文化志愿服务蓬勃发展的重要因素在于台湾自上而下所进行的规范性的制度化体系建设。

一 台湾文化志愿服务的发展现状

台湾的文化志愿服务工作者（简称文化志工）是指台湾文化部及所属、运用志工推展文化业务的机关（构）、学校及台湾文化部主管的法人或经政府立案的团体，[①] 如从事文化业务的文化局、文化观光局、文化处、图书馆、美术馆、博物馆、纪念馆、生活美学馆、地方文化馆及文化部主管之法人或经政府立案的团体，为推展文化艺术有关工作，所招募或遴选的志愿参与文化业务的服务者。文化志工中许多为具有艺文相关专长的志愿服务者。根据台湾文化部的统计，2014年，台湾从事文化志愿服务工作的志愿服务团队有334队，志工总人数24884人，提供服务时数6757243小时，平均每人每周服务超过5小时，相当于提供2万余位专职人力[②]，对于提升文化服务质量，发挥了重要作用。

二 台湾文化志愿服务制度建设经验

台湾文化志愿服务蓬勃发展的重要因素在于台湾自上而下所进行的规范性的制度化体系建设。在法制化的社会环境中，民众对于从事志愿服务的意义、伦理、志愿服务的管理体制和运行机制、作为志愿者的权利与义务等有明确的认识；志愿服务运用单位也依法对志愿服务和志愿者进行管理，并提供必要的保障和激励措施；主管部门则依法监督和指导志愿服务活动的开

[①] "文化业务志愿服务奖励办法"，台湾文化部2013年11月7日修订。
[②] 数据来源于台湾文化部2014年度志愿服务统计表。台湾的统计口径，以每小时115元台币计算人力成本。

展，并对于志愿服务优绩者在全社会予以表彰和宣传，从而在全社会形成了规范有序的志愿服务秩序。结合台湾文化志愿服务开展的实际，具体而言，其经验主要包括以下几个方面。

（一）现代志愿服务理念的确立

台湾地区在推动发展志愿服务的过程中，强调了把志愿服务视为社会重要人力资源的价值层面，在2001年颁布、2014年修订的"志愿服务法"的第1条中，其提出的立法精神是"为整合社会人力资源，使愿意投入志愿服务工作的国民力量最有效地利用"，并肯定了志愿服务在"促进社会各项建设及提升国民生活素质"中的作用①，从而在社会政策立法价值层面有了较大的突破，对于弘扬志愿精神、推动服务学习和建设公民社会也发挥了重要作用。

（二）志愿服务法律体系完善，各部门、地方及文化志工运用单位都依法制定和执行相应制度

台湾地区现代志愿服务事业起步较早，2001年1月20日台湾"立法院"正式公布实施《志愿服务法》，是世界上第二个进行志愿服务立法的地区。除了"志愿服务法"作为志愿服务法律体系的主体之外，卫生福利、内政、文化、教育、劳工、行政院、侨务、法院等机构也陆续出台了各职能领域的志愿服务奖励法规明令，共同构成了台湾地区志愿服务的法律架构。各市县也根据各地情况出台了本市县地区的志愿服务奖励办法。由于自上而下建立了从台湾省到各市县的法律、法规和行政规则，明确了管理体制、运行机制、权利义务规范、法律责任以及保障激励等促进办法，各志工运用单位只需根据自身业务开展的需要，依法出台本机构的相应管理章程，即可有序组织志工，开展社会服务工作。

文化志愿服务方面，文建会/文化部先后出台和修订了《文化业务志愿服务奖励办法》和《文化业务志愿服务奖励办法修正条文》，鼓励民众弘扬

---

① 台湾"志愿服务法"第一章第一条，台湾卫生福利部2014年发布。

志愿精神，投入文化服务行列，参与文化行政单位、公共文化机构以及社区营造、地方文化馆的营运与导览、古迹维护与解说等工作，辅助文化推广工作人力的不足。各市县文化行政单位、文化志工运用单位也相应制定了本地区、本机构文化志工的招募、培训、管理、评估、考核和奖励等办法，吸纳志愿者进入文化机构开展文化志愿服务。以台北市立美术馆为例，1999年5月经美术馆馆务会议通过了"台北市立美术馆志工实施要领"及"台北市立美术馆志工服勤守则"，并于同年7月1日起公告实施。之后，该馆在此基础上整合修订为"台北市立美术馆志工本手册"，相关内容包括了：志工守则，包括志工的甄选、服务内容和时数、组织架构、在职训练及专业训练、权利与义务等事项；志工值勤注意事项；导览组值勤手则；志工值勤注意事项问答集；志工组长守则；教育训练课程研习；台北市立美术馆志工服务守则；台北市立美术馆志工实施要领等等。正是因为有自上而下的制度保障，自主独立的管理制度，以及完善丰富的培训体制，保证了整个美术馆志工服务活动的有序进行。

（三）志愿服务管理体制机制健全，明确规定了"主管机关、目的事业主管机关以及志愿服务运用单位"的相应职责

台湾"志愿服务法"对"主管机关及目的事业主管机关之权责"和"运用单位之职责"都进行了明确规定。根据"志愿服务法"的规定，主管机关，在"中央"为"内政部"；在"直辖市"为"直辖市政府"，在"县（市）"为"县（市）政府"。"主管机关及各目的事业主管机关主管志工之权利、义务、招募、教育训练、奖励表扬、福利、保障、倡导与申诉之规划及办理"[①]。主管机关"主管从事社会福利服务、涉及二个以上目的事业主管机关之服务工作协调及其他综合规划事项"[②]，各目的事业主管机关为相关"社会服务、教育、辅导、文化、科学、体育、消防救难、交通安全、

---

① 台湾"志愿服务法"第二章第四条，台湾卫生福利部2014年发布。
② 台湾"志愿服务法"第二章第四条，台湾卫生福利部2014年发布。

环境保护、卫生保健、合作发展、经济、研究、志工人力之开发、联合活动之发展以及志愿服务之提升等公众利益工作之机关"[1]。志愿服务运用单位为"运用志工之机关、机构、学校、法人或经政府立案团体"[2]，其职责具体包括了制定详细的志愿服务计划，志愿服务计划需包括志愿服务人员的招募、训练、管理、运用、辅导、考核及其服务项目等完整内容，并负责志愿服务的计划办理和备案工作。志愿服务运用单位要依据志愿服务计划招募和运用志工，要负责开展志工的教育训练，确保志愿服务的安全与卫生，提供必要的服务资讯以及指定专人负责志愿服务的督导，发放志愿服务证及服务记录册以及记录、评估和奖励志愿者等。[3]

这种制度设计明确规定了志愿服务的体制和运行机制，明确了政府主管单位与志愿服务运用单位之间的权责，对志愿服务开展形成了有效的指导，文化志愿服务也因此能依照志愿服务法的相应规定规范性开展。

（四）明确志愿者的权利与义务，强调尊重、服务学习和服务伦理

台湾"志愿服务法"对志愿者的权利和义务做出了明确的规定。其中志愿者的权利共列举了五项内容，志愿服务的义务列举了八项内容。[4]从这些规定来看，对志愿者的尊重、服务学习和服务伦理尤为重视。台湾的志愿服务法不仅将志工教育培训、素质提高视为志愿者的权利，也将之视为提升志愿服务工作质量，尊重和保障受服务者之权益的义务和要求。台湾《志愿服务法》提出了对志工进行基础教育训练和特殊教育训练的要求，其中基础教育训练课程，是由主管机关确定并统一实施和考核。

文化志愿服务相较于一般志愿服务形式，对志愿者文化素养有更高的要求，对特殊教育培训的时数更多、要求也更高。根据台湾文化部的统计，

---

[1] 台湾"志愿服务法"第二章第四条，台湾卫生福利部2014年发布。
[2] 台湾"志愿服务法"第一章第三条，台湾卫生福利部2014年发布。
[3] 台湾"志愿服务法"第三章第六至第十三条，台湾卫生福利部2014年发布。
[4] 台湾"志愿服务法"第四章第十四至第十五条，台湾卫生福利部2014年发布。

2014年，台湾注册文化志工总人数24884人，教育训练661437时数、48587人次，人均1年受教育训练2次，受教育时数26.6小时。其中，接受特殊训练的时数为454462小时，人均18.3小时；其他训练29365人次，时数177824小时，人均1年7.2小时。[1] 由此可见文化志愿服务对于教育培训的普遍重视。各文化志工运用单位，除了志愿服务法规定的教育训练之外，还往往根据本机构服务特点增加其他类型的培训。以中正纪念堂为例，其培训要求，除了志愿服务法规定的教育训练（包括基础训练与特殊训练）之外，还要求志工参加一般训练和专业训练。一般训练提供志工有关学习成长之课程，以提升服务质量。专业训练则视特殊需要，不定期办理各类专业训练，以增进志工专业素养。如其举办的志工专业训练中就包括了生态训练和文史训练，邀请相关专家学者培训志工在植物、鸟类、蕨类及昆虫等生态方面的知识和技能，探讨建筑、歌谣、孙子兵法及台北开发史等方面的文史知识，以提升志工解说智能，强化志工生态文史内涵，提升该馆的服务质量。

（五）明确有效的保障措施

根据《志愿服务法》的规定，台湾志愿服务运用单位必须对志愿者提供必要的保障措施，包括：为志工办理意外事故保险，必要的交通、误餐及特殊保险，可将旧的器材及设备无偿拨交相关志愿服务运用单位使用等；经费方面，规定应编列预算或结合社会资源办理推动志愿服务。法律责任方面，也对志愿服务过程中损害赔偿发生时志工与志愿服务运用单位之间的责任承担进行了明确规定。[2]

在具体执行方面，文化志工运用单位绝大多数都为志工办理保险。如2014年，台湾注册文化志工总人数24884人，保险人数达到了23393人。[3] 一些市县和志工运用单位也根据当地经济基础和志工工作的性质，给予一定

---

[1] 数据来源于台湾文化部2014年度志愿服务统计表。
[2] 台湾"志愿服务法"第五章第十六、十八条，第七章第二十三条，第六章第二十二条，台湾卫生福利部2014年发布。
[3] 数据来源于台湾文化部统计。

服务补助。如台北市对于志工服务 3 小时规定可以每次补助 150 元台币。当然在相应的执行过程中，限于财政预算等原因，一些运用单位并不能完全执行此标准，可以根据情况灵活变通。保险方面，有的地方采用全保的方式，如嘉义市文化局志工团队给文化志工办理全年的意外事故保险，而有的地方则只为志工进行服务期间的时段投保。对于教育训练和联谊活动，有些志工运用单位也会给予一定的经费补助。如嘉义市政府文化局对于选派参加对外研习、训练或表扬活动者，志工举办的成长课程、联谊活动所需经费，经签准，也可以得到经费补助。

（六）积极有效的评估和激励促进措施

评估和奖励方面，规定了具体明确的对于优秀志工和优秀志工运用单位进行评估和表彰的措施。根据《志愿服务法》规定，志愿服务运用单位需定期考核志工个人及团队之服务绩效；主管机关及目的事业主管机关应对推展志愿服务之机关及志愿服务运用单位，定期办理志愿服务评鉴，并对评鉴成绩优良者予以表彰奖励。[1] 奖励的措施包括：对于服务成绩良好的志工需要服务绩效证明者，发给服务绩效证明书[2]；绩效优良并经认证的志工，可优先服相关兵役替代役等；[3] "志工服务年资满 3 年，服务时数达 200 小时以上者，可持证明文件向地方主管机关申请核发志愿服务荣誉卡"；凭志愿服务荣誉卡，志工可以免费进入收费的"公立风景区、未编定座次之康乐场所及文教设施"。[4]

为了表彰楷模，促进志愿服务工作，台湾出台奖励办法，在全台湾层面对于服务时数 3 千小时以上，持有志愿服务绩效证明书的志愿者进行奖励。对于服务时数 3 千小时、5 千小时和 8 千小时以上者，分别颁授志愿服务绩优铜牌奖、银牌奖和金牌奖，并颁发相应获奖证书。每年举行公开仪式进行

---

[1] 台湾"志愿服务法"第五章第十九条，台湾卫生福利部 2014 年发布。
[2] 台湾"志愿服务法"第五章第十七条，台湾卫生福利部 2014 年发布。
[3] 台湾"志愿服务法"第五章第二十一条，台湾卫生福利部 2014 年发布。
[4] 台湾"志愿服务法"第五章第二十条，台湾卫生福利部 2014 年发布。

表彰奖励，在全社会进行宣传和引导。①

台湾文化部依法制定《文化业务志愿服务奖励办法》，对于优绩文化志工和志工团队进行表彰。② 其中对于受表彰的文化志工的基本要求是：连续3年以上在运用单位从事志愿服务工作，且服务时数累计达1500小时以上，经运用单位考核有具体绩效的文化志工。对于受表彰的文化志工团队的基本要求是：在运用单位从事志愿服务工作的团队，成立3年以上，志工人数达30人以上，订立了组织章程，经运用单位考核运作良好，并有定期、持续推动服务事迹。每年对于个人的表彰等次和名额包括：（1）金质奖10名：连续服务7年以上，且服务时数累计2500小时以上，并曾获银质奖后继续服务满2年，绩效卓著，且未曾获颁金质奖者；（2）银质奖20名：连续服务5年以上，且服务时数累计2000小时以上，并曾获铜质奖后继续服务满2年，具有优异表现，且未曾获颁银质奖者；（3）铜质奖50名：连续服务3年以上，且服务时数累计1500小时以上，服务热心、工作绩优，且未曾获颁铜质奖者；（4）特殊贡献奖：不限名额。对所服务运用单位具符合公益、重大、特殊事迹，足以为全台湾楷模者。每年对于优绩团队的表彰名额和要求：文化志工团队奖5名，对于推展志愿服务，其团队精神、整体表现及服务绩效等综合评鉴为成绩优良，且未曾获颁文化志工团队奖，或获奖3年后，有新事迹表现者，颁给奖座或奖状及奖金。

2015年10月30日台湾文化部举行第22届全台湾绩优文化志工颁奖典礼，共有80名绩优文化志工（金质奖10名、银质奖20名、铜质奖50名）及5队志工团队获得殊荣，以此对甘于奉献和文化服务做出贡献的文化志工进行表彰和敬意。

各市县文化主管部门也依据本地情况制定相应的评估考核和奖励标准，如嘉义市文化局规定，志工连续服务满一年以上且服务具绩效者，每年办理一次奖励，其奖励标准分为：优等服务奖：连续服务满5年、10年、15年、

---

① 台湾"志愿服务奖励办法"，卫生福利部2014年发布。
② 台湾"文化业务志愿服务奖励办法"，台湾文化部2013年发布。

20年以上者，颁给感谢奖牌①；服务热忱奖：团长及各组组长任期届满，对各组确实具有贡献者，颁发感谢奖状。

三 经验启示

总体而言，台湾在包括文化志愿服务在内的志愿服务制度建设方面的经验启示主要体现在以下几方面。

（一）建立完善的志愿服务法律体系

如前所述，台湾地区除了以"志愿服务法"作为志愿服务法律体系的主体之外，其他相关政府部门也分别制定了各职能领域的志愿服务奖励法规明令，共同构成了台湾地区志愿服务法律架构。与此相对照，目前大陆的志愿服务法制建设仍滞后于蓬勃发展的实践，全国层面规范志愿服务活动的法律、法规还未正式出台，各部门和各个地方在志愿服务的实践中也亟须进行制度建设以推动本领域和本地区志愿服务活动的规范化发展。但上位法迟迟未出台，影响到全国统一法律体系的建设和制度规范的制定。因此，应尽快出台相关法律法规，以更好地指导各部门各地区志愿服务实践活动的开展。

（二）鼓励公共部门运用志愿服务

在台湾地区，志愿服务在公共部门中得到了广泛运用。如前所述，台湾地区从社会政策立法的价值层面肯定了志愿者是重要的人力资本和社会资源，肯定了志愿服务在公民参与、促进资源的合理配置以及提升国民生活素质上的价值。自大陆公共文化场馆实施免费开放政策以来，公共文化机构面临着严重的服务人力不足的状况，因此文化志愿者成为重要的人力补充。除此之外，公共文化部门运用志愿服务，不仅节约了行政成本，而且提高了服

---

① 1人以提报1次为限。

务品质，并有利于让包括志愿者在内的社会公众通过参与公共文化服务，增进其对我国优秀文化的了解、传播。

（三）完善志愿服务管理体制和运行机制

台湾地区对于志愿服务的管理体制和运行机制都明确予以确定，有效地区分了业务主管机关（政府）和志愿服务组织的权责，有利于志愿服务的顺畅运行。与此对照，目前大陆的志愿服务管理体制比较复杂，在各个地方有不同的主管机构，如各地的精神文明办公室、民政机构、共青团、志愿者联合会等各不相同。就文化志愿服务而言，文化业务的主管部门是文化部、各地的文化局或文广新局，但许多地方的监督、规划和指导单位缺乏统一的管理和运行机制，部门之间的协调上存在一定的问题，带来的最大问题是一些地方的志愿者的注册和管理不统一，跨地区与跨行业，甚至文化部门内部跨机构的统一服务记录存在困难，影响了对于志愿服务和志愿者情况的总体评价和其服务的积极性，因此需要加快建立统一的管理体制和运行机制。

（四）健全志愿服务的保障和评估奖励政策

笔者前期对于大陆文化志愿服务情况的调查中发现，许多志愿服务机构在志愿服务活动开展过程中，对是否可以给志愿者提供必要的交通补助和伙食补助等经费使用及其标准存在疑惑。借鉴台湾的经验，其对于必要经费安排给予了立法规定，明确了志愿服务组织单位给予必要交通补助、伙食补助的合法性，对于安排教育培训经费也明确予以支持。这种安排是支持志愿服务活动正常运行的必要措施和手段，并不意味着进行有偿服务。此外，为志愿者办理保险以及在志愿服务活动中相关各方应承担何种相应法律责任也应予以明确规定。

建立正面的评估和激励奖励政策是促进志愿服务发展的重要措施。台湾地区自上而下广泛建立了各个层次的激励奖励措施，广泛宣传志愿服务，倡导志愿服务精神。志愿服务作为社会主义精神文明建设的重要内容，国家以及各地方应当大力倡导、积极鼓励。对于志愿服务类的国家表彰和不同级别的表彰，应当给予合法存在的空间和政策指导，以此引导社会风尚。当然在表彰的形式上应注意以精神鼓励为主，而这也是志愿者最看重的方面。

（五）建立统一的志愿服务记录、表彰和教育平台

台湾地区建立了统一的服务记录体系，各个志愿者在不同部门的服务记录都可以进行汇总记录，作为统一表彰的证明；其建立了统一的基础教育平台，所有的志愿者都必须接受 12 小时的统一的基础教育，并要接受志愿服务运行单位至少 12 个小时的特殊教育，通过考核才有资格申请成为志愿者，这一规定适用于全台湾的各类志愿服务工作者。而实现这一目标，建立统一的志愿服务记录、表彰和教育平台是基础。目前大陆各省市、各部门的统一平台建设尚未完成，自上而下的统一平台建设也存在一定困难。因此如何从全国层面建立统一的志愿服务记录、表彰和教育平台是需要进一步重视和着力推进的工作。

B.24
中国香港公共图书馆志愿服务发展状况

武俊萍*

摘　要： 中国香港公共图书馆经历了五十多年的发展，形成较为完善的服务体系，为市民读者提供优质高效的服务，并通过社区图书馆伙伴计划以及持之以恒的推广活动，使得公共文化服务的有效共享达到较高水准，这一成就离不开香港特色的志愿服务支持。香港的志愿服务历史悠久，从志愿者管理到保障机制，再到评价激励机制，业已形成较为完善的体系。在此基础上，公共文化服务与志愿服务在公共图书馆领域得以密切结合。

关键词： 香港　公共图书馆　志愿服务　发展状况

香港公共图书馆的发展历经半个世纪，从1962年香港中环大会堂图书馆正式投入使用，为今日香港公共图书馆系统之始；到2000年，香港岛和九龙以及新界两个公共图书馆系统合并，并由当年新成立的康乐及文化事务署（以下简称"康文署"）管理；2001年香港中央图书馆启用，香港公共图书馆总办事处设置于此。由此，香港公共图书馆系统完成基本建制，共有68间固定图书馆、12间流动图书馆。① 按图书馆的规模和性质分为中央图书馆、主要图书馆、分区图书馆、小型图书馆和流动图书馆；这些规模不

---

* 武俊萍，中央民族大学博士生。
① 数据来源：香港公共图书馆官方网站，https://sc.lcsd.gov.hk/。

同、类型有异的服务点均匀散布于香港境内每个区域,并通过图书馆自动化系统连接起来,提供便捷的多元化公共图书馆服务以满足各类读者的不同需求。

香港中央图书馆担任"总馆"角色,对整个公共图书馆系统统筹管理,经费的划拨与使用,书刊的采购和管理按照"中央存贮、照顾特色"的原则分流至各馆藏;借书证适用于全港各公共图书馆,电脑系统联机检索,服务手段持续升级。为了推进服务共享,香港公共图书馆开展了"社区图书馆伙伴计划"和阅读推广系列活动,使服务上升到一个更高水准。

香港公共图书馆系统工作岗位分为公务员和非公务员两类,全部工作人员数量逾千。公务员所占比重约为两成,香港公共图书馆行政总部及各公共图书馆管理岗位为公务员性质,诸如总馆长、高级馆长、专门馆长及文书主任等职位。非公务员岗位并不固定,而是根据需求进行临时聘用,主要为公共图书馆提供支援服务,包括一般行政支援、前线及顾客服务、技术支援,以及资讯科技服务。千余工作人员服务超过420万的登记读者,看起来似乎有些不可思议。事实上,和其他领域的社会服务一样,香港公共图书馆积极有效运行离不开大量的、不同专业领域志愿者的支持。

一 香港志愿服务的管理机制

20世纪70年代,香港政府与非政府机构的关系在社会服务白皮书被定位为"伙伴"关系,社会服务模式也确认为政府与非政府机构共同负责。构建"政府提供为主,民间筹措为辅"的经费来源体系,以及以"民间提供为主,政府提供为辅"的服务机制。由此,确立了香港政府发展义务工作的基调,社会和政府在义务工作中承担不同角色,形成了良好的互动合作关系。

系统管理香港福利事业的政府部门是社会福利署,它支持成立了专门推动和发展香港志愿服务的独立性机构——义务工作发展局。义工发展局设有义工培训及发展中心，根据不同机构和团体的需要，为义工、义工领袖及管理人员量身设计各类义务工作持续培训课程，有义务工作基础培训、服务技巧培训、义务工作风险管理及危机处理培训等。培训及发展中心在开展相关工作时，亦十分注重与教育机构以及培训机构合作，借助专业人才支持，推出义务工作管理课程，因应需求，定期更新训练课题。义工推广及筹募中心通过设置各种义工奖项，进行社会倡导，推广义工精神；并负责组织捐赠，募集义工服务及管理资金。[1]

迄今，根据社会福利署网站提供的数据，参与义工运动的机构达2840间，登记义工超过126万人，年服务时数超过2200万小时。[2] 义工发展局拥有五千多位注册个人会员，六十余个团体会员，下辖义工近两万人，转介近千个服务项目，成为受社会各界非常认可的义工统筹机构[3]。另外，香港本地最大的青年组织是青年协会，无论国际国内，颇具盛名。青年协会特设"青年义工网络"，管理和协调年轻人的义工服务，迄今，已拥有超过12万人的青年义工，还有倡导的"有心计划"，吸引"有心学校""有心企业""有心家庭"参与义工服务，获得香港市民的广泛欢迎。[4]

香港社会团体以及相关机构为数众多，义工组织分散于数以千计的社会团体之中，但是前文提及的香港社会福利署、义务工作发展局以及青年义工网络发挥了非常显著的统筹、支持、协调以及引导作用，因而，奠定了各自在香港义务工作体系中的特殊地位。经过多年发展，香港志愿服务形成稳定有效的机制，"做义工、行慈善"成为生活不可或缺的一部分，为香港这个商业化极高的国际大都市，增添了一抹温暖的底色，奠定了现代社会文明的底蕴，香港已经成为华人社会发展慈善文化的标兵。

---

[1] 香港义务工作发展局官方网站，http://www.avs.org.hk/。
[2] 数据来源：香港社会福利署义工统筹课，http://www.swd.gov.hk/。
[3] 香港义务工作发展局官方网站，http://www.avs.org.hk/。
[4] 香港青年协会，http://www.hkfyg.org.hk/。

1. 义工注册管理制度

社会中的志愿服务资源分散，为实现有效整合利用，使社会效益尽可能最大化，香港实行义工注册会员制度。不同年龄、性别、专业爱好的申请人都可以根据自己的意愿选择合适的公益机构申请注册登记。近半个世纪以来，香港义工队伍逐年壮大，服务成本水涨船高，为保证义工服务的有效管理，义务工作发展局实施注册会员制。根据各公益机构所持守的组织信念和使命，个人或者团体均可向该组织申请成为会员。会员须承担相应义务：即按时缴纳会费以及完成规定时数的义工服务。义工发展局成立香港义工团，以能够统筹管理义工服务。每位会员资格期限为两年，个人注册该组织义工，需缴纳100元（港币）会员费，长者和全日制学生可以享受优惠。团体会员则需缴纳1600元（港币）会费。会员费用于义工管理及服务，诸如为会员购买意外伤害保险、表彰嘉许杰出义工、义工管理发生的行政费用，等等。与此同时，会员也可享受相应的权利，如可优先参与义工团组织的义工服务，根据义工服务的表现和贡献，获得嘉奖；在义工团指定商号可获得免费餐饮及购物优惠；获得会员优惠价，如超过65周岁长者或全日制学生申请注册可获半价优惠（500港币）；获邀参加联谊与交流活动，等等。①

义工注册管理可进可出，手续简洁。退出通常有两种情形：自动退出和强制退出。如香港义工团会员登记有效期限为两年，期满前，若未提出续会申请及缴付会员费，将自动退会；但有效期内，若义工表现消极、没能完成规定服务时数，或在义工服务期间造成重大过失，义工会员将收到机构正式书面退会通知，失去注册会籍。无论自愿或强制，退会前需将会员证归还志愿组织。

义工注册管理制度使社会分散的志愿资源得到有效整合，努力使志愿服务需求和供给趋于平衡，并兼顾志愿者的权利与职责，保障义工队伍得以持续、健康发展。

---

① 香港义工发展局"义工申请资格及手续"，http://www.avs.org.hk/tc/hkcv_app。

2. 多元服务资金筹集机制

志愿服务不应为"无米之炊",持续、质优的志愿服务需要稳定的经费支持。多元的资金筹集机制,使香港志愿服务的有序、高效,持续成为可能。香港义工服务组织资金的筹集主要有以下几种形式:政府资助、社会及个人捐赠、公益创投等。如受社会福利署资助成立的香港义务工作发展局,每年接受香港特区政府通过社会福利署的拨付的工作经费达1000多万港元,但大量的资金来源主要是社会各界的捐款。

政府资助是义工组织最为常态的经费来源,也是支持义工组织正常运营的关键。政府对义工组织经费的支持有三种方式:财政拨款、购买服务以及提供项目服务。每年香港特区政府对公益机构的财政拨款在社会福利整体开支中的比重逾四成。社会公益服务中最为主要的官方资助方式是政府购买服务,香港非政府组织超过六成的资金由此而来。①

因慈善传统时间久远,在香港地区,志愿服务早已成为市民生活不可或缺的部分。对香港市民来说,志愿服务并非只是增加个人资本或阅历,更是公民意识的表达,对社会、对他人的责任意识。志愿者向有需要的人奉献时间、金钱和服务,自己获得了成长与完善,并能体会助人之乐。因而捐款并非有钱人的专责,能力范围之内的捐赠亦是普通市民乐为之事。这样,捐赠就成为志愿服务组织重要来源渠道。此外,在香港,志愿组织开展服务进行少许收费,作为服务运作资金,是很寻常的现象,与志愿精神并不矛盾。

公益创投是当下在公益领域较为盛行的资助模式,"这种资助以风险投资的方式,向具有社会目标的组织提供资金和非资金的综合支持。"② 与之不同,公益捐赠是赠予,是直接将善款用于公益服务事业。而公益创投,其目的在于提升公益资金的使用效率,选择兼具社会效益和经济效益的服务项目投资,实现社会收益的最大化。这是一种革命性的理念,使服务机构从单

---

① 刘新玲、陈锦萍:《我国香港地区志愿服务的运行机制》,《中国德育》2014年第14期。
② 刘新玲、陈锦萍:《我国香港地区志愿服务的运行机制》,《中国德育》2014年第14期。

纯的"输血"走向具有部分"造血"功能,一改志愿服务机构单向接受经费资助的传统。在香港,部分持守这种崭新理念的志愿服务机构,尝试通过吸引有相同理念的人加入,获得赞助资金,之后将其拓展为长期、稳定和有收益的基金,支持志愿服务机构的可持续发展。[①]

3. 人性化的志愿服务保障机制

"非以役人,乃役于人",志愿服务精神正是这样的写照,爱心和奉献是志愿服务的主旋律。但是如果过于强调利他,志愿服务很容易被道德绑架,趋于异化。再者,轻忽志愿者作为平常人的需求,得不到应有的支持与保障,其拳拳爱心必将受挫,不利于志愿服务的可持续发展。香港地区在志愿服务过程中,从上层制度建设到机构的规则,充分体现对志愿者的人性关怀,使志愿服务在现实环境中得到保障。

香港法律从义工的人身安全及财产等方面对义工权益的保障做出规定。法律明确规定,志愿服务机构在安排义工服务时必须投保公众责任保险。如若服务期间出现问题事故,比如机构疏忽引发意外,导致义工财物遭受损失甚至发生人身损伤,或会追究责任。除公众责任险外,各志愿服务机构需酌情为义工额外购买人身意外保险。法律对青少年参加志愿服务做了严格的规定,确保青少年在志愿服务期间的安全。如义务工作发展局在义工招募中明示:如未成年人须获得父母或监护人同意书才能参与各项户外活动;14岁以下的未成年人参与义工活动,机构须委派至少一名职员或成年义工负责活动督导及陪同前往。[②]

志愿服务想要获得良性发展,可靠的制度保障不可缺位。香港地区志愿服务保障制度为爱心、善行保驾护航,让公益与慈善事业得以兴盛繁荣。

4. 行之有效的激励机制

志愿服务源自人们内在的善良,建立行之有效的激励机制、使用适当的激励手段,不但可以激发人的行善动机,而且可以强化志愿热情。在香港,

---

[①] 刘新玲、陈锦萍:《我国香港地区志愿服务的运行机制》,《中国德育》2014年第14期。
[②] 香港义务工作发展局官方网站,http://www.avs.org.hk/。

志愿服务激励机制的建设受到重视,并践行在政府与机构的行为中,有两类激励方法最为常用:一为奖励,二为豁免。[①]

奖励分为三种:荣誉奖励、奖金奖励以及回馈奖励。荣誉奖励,授予志愿者荣誉称号,肯定其为社会做出的贡献,促进志愿者内化志愿精神的价值,获得自我效能感。每到年末,隆重的义工嘉许典礼由香港特区政府举办,获奖者将会得到特首夫人与社会福利署署长亲笔签署的嘉许状。对于表现极其优异者,其事迹还会被香港特区政府推荐至联合国网站,使这些奉献者的贡献为世界所了解。

资金奖励。在香港,根据志愿服务的档案记录,依据义工们的服务时数及服务质量,授予个人及团体不同奖项(见表1、表2)。

表1 个人会员嘉许[*]

奖 项	基本资格
铜 奖	每年服务 50~99 小时
银 奖	每年服务 100~199 小时
金 奖	每年服务 200~499 小时
卓越金奖	每年服务 500 小时或以上
年度最高服务时数奖	嘉许最高服务时数的三名会员
长期服务奖	须连续参与服务及每年最少服务 50 小时,5 年、10 年、15 年、20 年、25 年(如此类推)
杰出贡献奖两年一度举行	须于过去两年服务满 100 小时及为本局香港义工团会员; 经本局服务单位职员或义务职员/本局义工转介服务登记机构/本局香港义工团个人或团体会员提名; 由本局董事及委员组成之评审团进行面见遴选; 评审准则包括:参与理念和表现、服务成果及成效、服务投入程度及个人因素; 评审团选出最多 3 位得主

*香港义务工作发展局官方网站,http://www.avs.org.hk/。
注:本局即为香港义工发展局。

① 刘新玲、陈锦萍:《我国香港地区志愿服务的运行机制》,《中国德育》2014 年第 14 期。

表 2　团体会员嘉许

最高服务时数金、银、铜奖	以总体服务时数计算（包括自行组织的服务）
最高参与率金、银、铜奖	以团体服务时数/团体登记义工总人数
嘉许证书	对年度内完成 200 小时义工服务

回馈奖励，如"时分券"的使用，此举在于促进志愿服务的交换，融洽社区关系。香港圣雅各福群会在湾仔社区推行时分券，分为 60 分钟、30 分钟、10 分钟小时、5 分钟四种面额，凭借志愿服务获得的时分券，就可换回自己所需相应时数的志愿服务。[①]

豁免机制中最常见的激励方法为免税，许多国家和地区通过立法来保证实施。香港《税务条例》规定，市民给认可的慈善机构捐赠超过 100 港元可以获得免税，慈善捐款免税由最高至 25%，现已增至 35%。企业参与申办慈善服务项目，政府会跟随企业捐赠的数额，也投入相同数额的资助。免费待遇常用于青少年志愿服务激励中，如香港地区青少年如果能够参加 8 个小时的志愿工作，即可获得迪士尼乐园门票。[②]

积极的管理、合理的保障、有效的激励，使得香港志愿服务保持了长久、健康的持续发展，为社会服务体系乃至公共服务体系的稳定运行提供了有力的支持。

二　香港公共图书馆志愿服务发展状况

经过多年发展，义工文化、慈善精神深深根植于香港地区。在公共文化服务领域，香港民众亦有广泛、深入的参与。不同领域、层次、年龄、性别、国度的义工协同相关机构为香港市民社会奉上丰富的文化盛宴。业界专家和社会名流以个人专长、人脉资源为公共文化服务的发展担任"智囊"、

[①] 2013 年 4 月，在湾仔社区参访，得到工作人员分享，录音整理。
[②] 刘新玲、陈锦萍：《我国香港地区志愿服务的运行机制》，《中国德育》2014 年第 14 期。

"支持者"等角色；市民阶层发扬"螺丝钉"精神，依据个人所长，在适合的岗位参与志愿工作。在香港公共图书馆的服务中，义工（志愿）服务同样发挥着重要作用，并且多层次、多维度嵌入公共图书馆的服务中。

1. 义务公职——咨询委员会

香港公共图书馆咨询委员会由民政事务局局长委任，任期为期两年，获委任的成员包括专业人士、学者、社区人士及政府代表，当中既有教授、博士，也有太平绅士、著名律师，还有普通市民。在香港社会文化中，类似公共图书馆咨询委员会一类被政府任命的职务被称为义务形式的公职，这是一种至高荣誉，并不受薪，旨在有效监察、督导并促进机构健康运作。

其咨询范畴包括："制订图书馆设施和服务的发展策略和措施，以履行香港公共图书馆较广阔的文化使命；香港中央图书馆的角色、功能和管理；以及鼓励社会支持并与各界合作推广阅读风气、终身学习和文学艺术"。[①]

2. 公共图书馆常规性服务支持

香港的义工组织运作得很成熟，不少市民都愿意做义工，支持图书馆的常规性服务，如整理书籍、负责学校及社会团体到图书馆参观的导引工作，图书馆新设备使用与推广工作也常常由义工承担。

社区图书馆不设专门管理岗位，依靠居民自我服务、自我管理。社区图书馆的各项工作，譬如期刊资料分类整理、书籍码放、阅览室的使用与管理、阅读宣传的社区推广活动等，均由担任义工的居民完成。这样的义工担负了双重角色，一方面是读者，最能了解真实需求；另一方面是图书馆工作人员，了解打理一间社区图书馆的不易。

香港义工服务发展重视儿童参与，为儿童提供机会服务他人、服务社会。也为儿童量身打造志愿服务培训项目。有的孩子六七岁时就开始做义工，为他人提供一些简单的服务，如在大人带领下到社区青少年活动中心的图书馆把别人看过的书码放整齐。义工服务工作是未成年人公民教育的重要方法，鼓励青少年在服务社会、服务他人的过程中增加体验、健康成长，有

---

① 香港公共图书馆官方网站，https://sc.lcsd.gov.hk/。

助于从小树立志愿服务的理念，形成全社会参与的良好氛围。

香港公共图书馆的公告处，常张贴有招募义务工作人员的通告："职责：在各香港公共图书馆，协助提供图书馆服务；资格：年满十六岁并具中四或以上程度之人士；奖励：凡于四个月内完成50小时义务工作，表现良好者，将获颁发证书；而在一年内完成100小时义务工作者，则可获颁发金奖证书。"[1] 向图书馆索取相关申请表格，申请注册后，便成为该馆义务工作人员。由此，图书馆成为香港志愿服务的一个重要载体。

3. 专项服务项目中的志愿服务

近年来，香港公共图书馆从关注个体阅读需求逐渐转向兼顾家庭阅读需求。公共图书馆通过有计划地组织义工进行家庭调查和探访，了解家庭阅读需求，为各年龄层读者提供所需的阅读信息，随时推荐适合的阅读书目。香港中央图书馆就曾举办过有关妇女妊娠、产后时期的阅读计划，按有关专家制定的计划，图书馆向孕妇们推荐有利于身心健康的文学、教育、音乐、卫生保健方面的文献，开办系列讲座，产后体形训练培训班，搜集提供保护妇女儿童权利的有关法规并制作幻灯片和网页，并把这些图片资料及0~6岁的亲子大纲等作为月子礼物送给年轻的妈妈们，受到社会各界的赞扬。[2] 在此项服务中，妇（产）科、早教、形体训练、法律等跨领域的专业人士发挥专长，以义务工作的方式给予了积极支持。

各区图书馆的推广活动也很活跃，各馆立足于本馆特色和在地需求，调整、增加很多具有实用价值和现实意义的服务项目，经常举办大量多元化的节目，如通过专题讲座、工作坊、研讨会及嘉年华会等形式开展热门项目服务，如怎样顺利求职、申请奖学金、处理诉讼等，围绕这些项目收集有关专题资料，偕同有专业知识的义工开展讲座、培训和辅导，帮助读者解决实际问题。[3] 2014年4月~2015年3月，香港各区公共图书馆举办了逾3500项

---

[1] 王世伟：《城市化进程中的社区图书馆建设》，《深图通讯》2005年第3期。

[2] 李艳丽：《对图书馆职能的思考——从香港公共图书馆谈起》，《山东图书馆季刊》2008年第2期。

[3] 香港公共图书馆官方网站，https://sc.lcsd.gov.hk/。

定期推广活动和大型阅读活动，不仅推广阅读，更涉及社区文化共融。这些外展活动大多由香港公共图书馆与地区组织合办，吸引市民参与其中，自我服务并为他人服务。

香港公共图书馆与不同的团体和政府部门合作。除了个别图书馆会与所在区域的志愿团体或非谋利社区组织合办一些图书馆参观活动外，亦会向特定团体提供整批外借书籍，协助建立切合其服务对象所需的社区图书馆，让区内居民，特别是儿童、青少年、家庭主妇、长者和无法使用一般图书馆设施的人士享用更快捷方便的图书馆服务。另外，图书馆有与劳工及社会福利局的就业小组委员会合办义工计划，让残疾人士参与图书馆的日常工作，从而帮助他们累积工作经验，提高他们公开就业的机会。[①] 与养老机构合作的社区图书馆多以耆康服务为主题，义工用为老人阅读、通过讲座、小组等方式传达安康知识等服务，诸如"长者及肢体残疾人士的健体运动""长者健康讲座系列：轻轻松松做运动""长者优质生活专题讲座：长者如何活出健康晚年"，将文化服务与社会服务结合起来。

香港虽是多元文化共存的国际大都市，但是对本土文化的保护与发展极为重视。公共图书馆致力于推广本土的文学艺术，每年定期举办各类有关文学的奖项及比赛、作家特聘计划、香港文学节等活动。各种活动及服务中，更加少不了志愿者的身影，如活动组织安排、场地设置，个人经验分享等。如"认识葵青区历史掌故""香港文化传承系列——中西区传统行业与老店""我们的回忆@观塘"，在这些活动中，热爱香港、熟谙社区的老市民担任义工，为年轻一代进行口述历史分享。

每年的书展中还会向市民推荐当年表现最耀眼或贡献很大的本地作家，与市民分享其生命故事、分享其文学成果，使读者在阅读书籍的同时对本地的作家等有更深入的了解，如筹办"2014年与作家会面——智慧生活·发展未来"。作家等社会名流的加入进一步丰富了香港公共图书馆服务的义工队伍构成。

---

① 资料提供来自香港康乐与文化事务署余敏琪女士。

4. 青少年文化义工

在香港，青少年是志愿服务的生力军，有的志愿服务团体直接以青少年为对象，除了前文提及的香港青年协会，影响较大的便是香港学友社，也是青少年为主的志愿服务机构，在香港大中学生中拥趸甚多。他们围绕在校学生的需求，开展文化艺术、功课辅导、社会服务、兴趣班组和社员文康联谊活动等五个方面的服务，学友社的义工活跃于各公共图书馆的辅导服务中。

另外，香港公共图书馆的"阅读大使"计划也推动了青少年文化义工的发展，如少数族裔阅读大使计划——"阅读无国界·齐来说故事"。香港的中小学生、家长、关注儿童阅读的义工，都有资格申请成为"阅读大使"。通过"阅读大使"的系统培训，培养他们组织、带领读书会的能力，推动校园、家庭及社会的读书文化；懂得与人分享阅读习惯、技巧，让更多的儿童、青少年喜欢阅读，提升全社会阅读的风气。

"阅读大使"在推广阅读活动中承担重要任务，诸如塑造气氛、促进群体讨论、积极倾听等等。"阅读大使"要推动阅读活动的开展，对阅读活动的持续发展具有举足轻重的作用。由于人力有限，所以公共图书馆与教育机构联合举办"阅读大使"的培训、提高阅读带领者的能力及讨论技巧。从小学生到高中生，都有积极参与。成为阅读大使，意味着从服务使用者到服务提供者的转变，使青少年在服务社会、服务他人的过程中增加体验、健康成长，树立志愿服务的理念，从而贡献香港，回馈社会。[①]

2015年11月21日，四十多名参加2014至2015年度"儿童及青少年阅读计划"的"阅读大使"和六位在该年度"香港公共图书馆义务工作计划"有杰出表现的义工，获康乐及文化事务署（康文署）香港公共图书馆分别颁发证书和金奖，鼓励他们积极阅读及参与图书馆义务工作，丰富知识和拓展生活体验。

---

① 陆和建、康媛媛、胡曦玮：《香港公共图书馆阅读推广活动研究及启示》，《图书馆工作与研究》2013年第6期。

结　语

据不完全统计,在香港人中平均7个人就有1名志愿者,他们不求回报地服务社会,每年为社会贡献约五千万小时,价值约四十亿港元。① "奉献、友爱、互助、进步"的志愿服务精神在香港人身上已经成为一种信念,志愿服务文化已经成为香港地区文化的重要内容,深深扎根于人们心中。香港志愿服务制度是志愿服务文化形成的保障,注册制度、服务方式、保障制度、评价制度,是香港志愿服务可持续发展的基础。完善的志愿服务制度与发达的公共图书馆服务体系相结合,衍生出香港特色的高效质优的公共文化服务。

---

① 李倩:《香港志愿服务文化形成研究及其启示》,《辽宁行政学院学报》2013年第5期。

B.25
美国的博物馆志愿服务发展状况：
以史密森博物院为例

良警宇 郭宇坤*

摘 要： 完善的法律制度体系是志愿服务活动在美国蓬勃发展的重要保障因素，美国的博物馆志愿服务普遍形成了从招募、入职、培训、督导、评估以及认可与激励等的系统管理办法。史密森博物院作为世界上最大的基于博物馆的教育和研究体系，其志愿者的人数是正式工作人员人数的约两倍。具体运行方面，形成了长期招募和短期招募结合的招募方式，采用了公众型服务、非公众型服务和季节型服务结合的服务形式，实施了以精神嘉奖为主的激励措施，并积极建立志愿人员与带薪人员之间的共生关系，从而形成了较完善的志愿服务运行机制。

关键词： 美国 博物馆志愿服务 发展状况 史密森博物院

美国人的志愿服务精神植根于建国历程，经过上百年的发展历史，志愿精神已成为美国人引以为豪的传统，成为美国生活方式和价值观的重要标志。美国的志愿服务不仅覆盖到国内政治、经济、文化以及宗教、医疗、养

---

* 良警宇，中央民族大学教授，国家公共文化服务体系建设专家委员会委员；郭宇坤，中央民族大学研究生。

老、救济、儿童福利、社区服务等社会生活等各个领域,而且不断被传播到世界上许多发展中国家和地区。

一 美国志愿服务的发展现状

美国志愿服务的民众参与水平很高,根据美国国家和社区服务局发布的数字,2002~2014年间,美国总人口志愿服务参与率保持在25%以上。2015年美国志愿者人数超过6260万人,其总人口志愿服务参与率为24.9%,虽较之前略有下降,但总体仍保持较高且稳定的参与水平。2014年美国有超过6280万人参与到志愿服务活动当中,累积贡献服务时间超过79亿小时,服务价值相当于1840亿美元。

完善的法律制度体系是志愿者活动在美国蓬勃发展的一个重要因素。美国的法律体系对志愿者活动的保障和支持是多方面、综合性的,美国政府非常重视通过立法支持和促进志愿服务事业的发展。总体而言,涉及志愿服务的相关法案主要包括两大类:第一类是根据国家和社会需要,有针对性地规范和开发志愿服务项目,目的在于培育志愿精神,促进服务理念传播,动员全民参与,解决具体社会需要,如《和平队法》(1961)、《国内志愿服务法》(Domestic volunteer service act 1973)、《国家与社区服务法》(1990)、《国家与社区服务机构法》(1993)、《马丁·路德金假日和服务法》(1994)、《爱德华肯尼迪服务美国法》(2009)、《服务美国法》(2013)等法规;第二类是有关志愿者和志愿者组织的权益保护,如《志愿者保护法》(Volunteer Protect Act 1997)、《志愿者组织安全法》(Volunteer Organization Safety Act 2000)。从法案的制定时间也可以看出美国志愿服务的发展过程,遵循着从具体项目的促进到推动全民服务的理念的不断拓展和深化。通过完善的法律制度保障体系的建立,志愿服务和志愿者的合法权益得到保障,从而支持和促进了志愿服务的广泛发展。此外,其他一些法律也设置了支持志愿服务的相关条文,如美国联邦税法规定,向符合《国内税收法典》第501C3条款规定的非营利机构捐赠,可以获得税收优惠，① 以调动个人和企业向志愿服务组织捐助的积极性。为鼓励志愿服务，美国政府设立了"总统志愿服务奖"，每年根据可核查的志愿服务时数，授予金、银、铜质奖章和证书，给累计提供了4000小时服务的志愿者授"总统志愿服务终身成就奖"，在每年的志愿服务周期间由总统亲自颁发。

二 美国博物馆志愿服务的管理原则

美国的博物馆志愿服务起始于1907年，由波士顿艺术博物馆首先推动，发展至今形成了较完善的制度和志愿服务体系。只要具备一定的专业知识、经验、兴趣和热忱，志愿者可以参与几乎博物馆的所有工作。但美国博物馆志愿者的管理规范标准高，特别是大博物馆，候补者多、录用难，因此队伍稳定，日常管理则主要是志愿者自行管理。②

组建于1979年的美国博物馆协会志愿者委员会（American Association for Museum Volunteers，简称 AAMV），自1981年起归属美国博物馆协会，成为代表美国各类博物馆及文化机构的国家级志愿者组织。2011年协会颁布了《博物馆志愿者项目标准与最佳做法》（2012年修订）以对博物馆志愿者项目的需求分析、成功实施和评估提供参考指南。其制订了13条基本原则，包括：1. 机构应确保提供完成志愿者项目所需的人力与物力资源；2. 博物馆员工认可到馆服务志愿者对本馆的重要性；3. 公平招募，所有人都可便捷地获取志愿者招募信息；4. 公平选拔，确保所选志愿者与岗位最佳匹配；5. 确保所有志愿者接受博物馆基本情况介绍；6. 确保所有志愿者接受培训，帮助其发挥所能，完成工作；7. 本馆员工与志愿者应保持频繁、有效的沟通；8. 博物馆监管人员应在帮助志愿者不断学习、提高工作表现

---

① 个人税前扣除的最高额度为个人毛收入的50%；企业税前扣除的最高额度为应税收入的10%，超过部分可以在以后年度顺延扣除，但最长不得超过5年。
② 丁福利：《大力推进博物馆志愿者工作——我国博物馆迈向国际化的一项重要内容》，《中国文物报》2009年11月25日。

的同时，为其提供反馈意见和发表观点的机会；9. 评估志愿者与志愿者评估：对志愿者工作质量进行评估，同时也为志愿者提供评估志愿者项目的机会；10. 评估员工与员工评估：对志愿者监管人员的技能进行评估，也为本馆员工提供评估志愿者项目和志愿者角色的机会；11. 对志愿者的工作（服务时间、工作质量与数量等）认可并表彰；12. 博物馆应从始至终准确记录志愿者参与的范围和广度；13. 制定风险管理政策。[①]

在广泛实践的基础上，美国的博物馆志愿者管理普遍形成了从志愿者项目设计、需求评估、岗位描述，再到招募、入职、培训、督导、评估以及认可与激励等的系统管理办法。在招募和服务形式方面，美国的征募工作一般实行长期与短期相结合，公告与行业协会推荐相结合的办法。大多数美国博物馆志愿者的工作项目包括台前和台后的各类服务工作，大量的志愿者参与到博物馆教育、陈列、藏品管理和研究等博物馆的各项工作中。以下本文将主要以美国史密森博物院（Smithsonian Institution）为例，介绍美国博物馆志愿服务的发展状况。

三　史密森博物院的志愿服务与管理[②]

（一）史密森博物院概况

史密森博物院（Smithsonian Institution）（或者被译为史密森尼学会、史密森尼博物院），是美国唯一一所由美国政府资助的半官方性质的博物馆机构，目前下设19所博物馆、1所国立动物园和9个研究中心以及138.1亿件艺术品和标本，是世界上最大的基于博物馆的教育和研究体系。其管理和经费主要来源于美国政府拨款，其他捐助以及自身商店和杂志销售盈利。其所属大多数机构设施位于华盛顿特区，还有部分散设在从纽约到弗吉尼亚州，甚至巴拿

---

① 美国博物馆协会志愿者委员会官方网站，http://www.aamv.org，2016年5月28日。
② 史密森博物院官方网站，http://www.si.edu，2016年5月28日。

马的广阔区域。该机构是 1846 年由英国科学家詹姆斯·史密森（James Smithson）对美国的遗赠所建立。其中位于华盛顿特区的主要机构包括：弗里尔美术馆（Freer Gallery of Art）、阿瑟·M·萨克勒美术馆（Arthur M. Sackler Gallery）、国立美国历史博物馆（National Museum of American History）、国立自然历史博物馆（National Museum of Natural History）、国立肖像馆（National Portrait Gallery）、国家航空和太空博物馆（National Air and Space Museum）、赫什霍恩博物馆和雕塑园（Hirshhorn Museum and Sculpture Garden）、美术和工业大厦（Arts and Industries Building）（已关闭，迄待修缮）、伦威克美术馆（Renwick Gallery of the Smithsonian American Art Museum、国立非洲艺术博物馆（National Museum of African Art）、阿纳卡斯蒂亚地区博物馆（Anacostia Museum）、国立美国原住民博物馆（National Museum of the American Indian）、美国艺术博物馆、国立美国邮政博物馆（National Postal Museum）、史密森国立动物公园（Smithsonian National Zoological Park）以及新建于国家广场的国立非裔美国人历史和文化博物馆（National Museum of African American History and Culture）等。纽约市的机构包括：库珀·休伊特博物馆（Cooper-Hewitt, National Design Museum）、美国国立设计博物馆（National Design Museum）、美国国立美洲印第安人博物馆乔治·古斯塔夫·海伊中心（National Museum of the American Indian's George Gustav Heye Center）。此外，学会还领导着威尔逊国际学者中心、肯尼迪表演艺术中心、史密森尼民俗与文化传统中心（Smithsonian Center for Folklife and Cultural Heritage）和一些分布在美国其他地区及一些国家的研究中心、天文台和科学实验室等机构。

2015 年博物院体系接待 2670 万名观众参观，在线参观者达到了 1.16 亿之多，拥有 800 多万社交追随者。

（二）志愿人员构成状况

截至 2015 年，相对于人数众多的到场观众和线上观众，史密森博物院只有正式工作人员 6511 人，此外还有 721 位研究人员，注册志愿者 12047 人。志愿者的人数比工作人员的人数约多了近一倍。

志愿者构成中，既有现场志愿者，也有数字志愿者。现场志愿者在各服务机构现场提供导赏服务、协助藏品的收藏整理研究以及公共服务计划的制定与实施。"数字志愿者"主要通过史密森中心网站开展远程工作，支持策展人和馆方人员对历史文献、文件等进行数字化和可视化工作，开展有价值的科学样本的收集和记录工作。根据史密森博物院的统计，2015年有现场志愿者6300人，数字志愿者6520人，实习生415人。他们为博物院的正常运转发挥了重要作用。在2015年财政年度中，现场志愿者服务时数达到了505535小时。此外，每天都有成千上万的世界各地的人，包括研究人员、教育工作者和学生们，在网上参观史密森尼博物院，这些指标代表了史密森的公共网站的估计参观人数以及他们对数字体验的满意度。2016年网站参观者达到了79503308人，网站参观满意度达到81%。

（三）志愿者的招募与志愿服务项目

在招募形式方面，各所属机构的招募一般包括了长期招募和短期招募两种形式；服务形式则包括了公众型服务、非公众型服务和季节型服务等三种形式。其中，公众型服务项目要求志愿者具有直接面向公众服务的技能和亲和力，能够开展生动的互动教育吸引观众参与体验，能够以故事、导赏、讲座、示范和有创造性的动手实践启发观众，能与来自社会各界的各年龄段的人群分享和探索史密森知识体系。其非公众型服务项目则是通过支持与艺术、历史和科学相关的非公众型活动，通过跨学科项目服务以促进史密森目标的实现。季节型志愿服务项目则是志愿者通过参与短期的临时性志愿服务活动激发来自世界各地的人们的博物馆参观兴趣。

史密森体系各公共文化机构的招募信息一般在各个机构的网站上发布，有的也同时提供给协会的网页发布。招募项目需要明确描述招募单位、服务地点、项目名称以及岗位要求、责任和义务等内容。每个博物馆都制定了各自不同的注册时间、培训计划和对志愿者的特定的资格要求，面试等时间也各不相同。根据美国博物馆志愿者协会的指导要求，文化机构中一般至少设一位志愿者协调员，专门负责志愿者项目的协调工作，志愿者协调员可以是带薪员工、志愿者、兼职或全职工作人员，以协助馆方确定招募岗位、起草岗位描述、完成志愿者的面试和筛选等工作，并负责记录和评估志愿者工作以及协调志愿者与馆方的权利和义务关系。

目前史密森体系开展的公众型服务项目主要包括：航空航天博物馆和乌德瓦·哈兹中心的"发现号空间站"项目和观众服务项目、史密森协会的"讲解员项目"、自然历史博物馆的"教育和推广项目"、动物园的"教育志愿者项目"、史密森协会的"事件监控项目"、博物馆"服务台工作项目"、邮政博物馆的"公众服务项目""访问者幕后信息专家项目"、非洲裔美国人历史和文化国家博物馆的"访客志愿者项目"等。以史密森体系的"讲解员项目"为例，大多数博物馆通过其管理的公共项目或教育部门实施"讲解员项目"。讲解员志愿者为参观的群体提供博物馆参观、展示或特定活动领域的指导，包括了以补充课堂知识或面向特定学习兴趣为目的的"学校团体导赏"、专题导赏以及走出博物馆，将"史密森带入"学校、社区机构的社会宣传和知识推广活动。

非公众型服务项目主要为行政办公、档案管理、图书阅览、实验室工作、翻译服务和社交媒体等各项博物馆的幕后工作活动。目前开展的非公众型服务包括了史密森协会的"幕后志愿者项目""公民科学项目""数字志愿者项目"、办公室志愿者和动物园的专业活动和动物园支持等项目。这些工作的工作方式是多样化的，依托于史密森的虚拟环境，志愿者可以在全球范围的自己所在的社区工作。以"幕后志愿者"项目为例，"幕后志愿者"可以在现场、在自己的居住社区和史密森的虚拟环境中进行多方位参与。获得这一职位需要递交申请材料进行预先审查，以确定申请者是否具有与招募职位匹配的技能，然后才能获得面试的机会。时间上，申请者必须保证最低连续服务3个月，每周服务6小时。大多数服务机会要求在周一至周五的正常工作时间内进行服务。幕后服务的工作内容包括：①行政工作，如办公室的接听电话、文件和数据录入工作；②档案工作，如纸质材料、照片、影片和录音带等的编目、分类和存储；③藏品管理，如为文物制作标签和进行分类和存储，并将相关信息录入进数据库中；④电脑服务，如协助网络管理人员，开发互联网应用，扫描和处理图像，开发应用程序等；⑤保护服务，创建保护存储容器，清洗和修复文物；⑥策展支持，如回应公众咨询，为各部门工作人员提供研究支持；⑦拓展服务，研究相关可以拓展的企业、个人和基金会捐助者；⑧教育服务，制定参观日程，回应市民咨询，为讲解员和实习生计划提供行政协助；⑨园艺服务，在温室进行盆栽、播种和除草等工作；⑩图书馆服务，图书上架、编目和存储书籍、制作手册以及创建注释目录等；⑪会员服务，回答书面咨询，答复电话、邮件，开发宣传页，维护会员数据库；⑫公共宣传，准备宣传媒体包，为展览会和博物馆的特别活动和媒体的关系提供协助，剪辑宣传展览会和博物馆的报纸和杂志文章；⑬翻译服务，为史密森员工翻译文件、信件以及期刊文章，翻译通常可以选择自己方便的时间在家里工作，偶尔也可能会被要求提供会议和大会期间的口译工作。

目前史密森体系开展的季节性项目主要有"民俗艺术节"项目、弗利尔·赛克勒博物馆的"公共项目助理"、史密森花园的"讲解项目"、动物园的"青少年志愿者项目"和史密森协会的"青年教师助理项目"。以"民俗艺术节"为例，志愿者的服务参与是艺术节成功举办的至关重要的因素，史密森民俗艺术节在每年的六月的最后一周和七月的第一周在华盛顿特区的国家广场举行，志愿者与音乐节的工作人员和参与者密切合作，其提供的服务包括进行问卷调查、协助舞台管理、做演出的视听记录以及一般的行政和作品支援工作。每一年志愿者们都会返回参加志愿服务，以从中交流、享受和学习。

（四）志愿服务激励措施

在激励措施方面，除了前述的可以获得美国政府通过立法确定的志愿者的权利和荣誉嘉奖之外，在不违背义务服务原则的前提下，史密森体系也以精神嘉奖为主提供一些有特色的福利。以史密森的"办公室志愿者"项目为例，志愿者所获得的福利和特权包括：一张史密森协会荣誉证照（标识出志愿者为非受薪职员），参加不向公众开放的专属活动和项目，在史密森博物馆商店消费享受折扣，在一个有支持和受欢迎的环境中工作。但这些福利是基于完成相应的注册要求和工作承诺的基础上才能获得。参与办公室志愿者项目需要承诺至少每周服务一个四小时的轮班，最少服务一年；必须保证一周内有白天时间可以参加服务；必须缴纳会费以保持自己会员身份的有效性，当然会员费含有折扣，其规定每年缴纳35美元的会员费，可以享受需要缴纳60美元才能享受到的福利待遇。[1] 除此之外，个别馆还会录用少量志愿者精英为其正式员工。

以国家航空航天博物馆为例，该馆规定志愿者的福利包括（但不限于）志愿者可以参加有关博物馆藏品的专题讲座、活动和培训；在博物馆商店和特定食品区消费，以及在IMAX电影院和天文馆享受折扣票价；可以以幕后的视角观察世界上参观人数最多的博物馆；可以有弹性地在多个地点工作（如果需要的话可以提供必要的交通设施）；可以在乌德瓦·哈兹中心和停车位有限的国家商场建筑中免费停车。一些博物馆规定在博物馆服务十年以上，会得到一封馆长的嘉奖信、十五年以上会把名字刻在一个博物馆的荣誉牌上，等等。[2]

（五）志愿人员与带薪员工的关系

根据目前美国博物馆志愿者发展的状况看，一些实践显示出似乎没有志愿者无法完成的工作，有些博物馆甚至完全由志愿者运行。对于志愿者越来越多地参与到博物馆的工作中，甚至人数已经远远超过正式在职人数这一现象会不会造成与正式员工之间的紧张关系，甚至减少了雇佣职位和正式员工被录用的机会这一问题，美国博物馆志愿者协会提出了必须要通过必要的咨询程序，建立志愿者与正式员工之间的良好的关系。根据美国博物馆志愿者协会的指导要求，博物馆员工应当认可在馆服务志愿者对本馆的重要性。为了理顺关系，应当"邀请全馆员工确定志愿者招募岗位""鼓励博物馆员工提供志愿者岗位，以协助及拓展其工作。"对于条件合适的志愿者，博物馆员工都应向志愿者参与其工作表示欢迎。指导原则认为："志愿者岗位的设定绝不能以节约成本、替代全职或兼职员工为出发点。带薪员工应感到志愿

---

[1] 史密森协会官方网站，https://smithsonianassociates.org，2016年5月28日。
[2] 曹宏：《美国博物馆的志愿者制度对我们的启发》，《北京文博》2007年第1期。

者给他们工作带来的是帮助而不是威胁。"这样的原则是协调正式员工与志愿者关系的前提,避免带薪员工认为志愿者岗位的设定目的是为了取代带薪员工。原则认为,应当让正式员工充分认识到"志愿者的加入是以提高本馆员工工作质量和工作量为目的",正式员工才能恰当地确定合适的志愿者培训和监管时间的投入。因此,从这种角度来看,志愿者和正式员工之间的关系的和谐的基础是建立一种相互依存的关系。根据曾担任美国自然历史博物馆馆长的托马斯·尼科尔的介绍,该馆处理志愿人员和在职人员的关系所遵循的一个重要指导原则:决不用一个志愿者来替代一个雇员,或用一个雇员替代一个志愿者。他认为两者都很重要。他指出,对于志愿者而言最关键的是他们"需要有一种归属感,一种贡献感、学习感,以及以创造性的方式作奉献的感觉。他们对这点比拿薪雇员看得更重。"在志愿计划的设计中,他们遵循的另一条重要原则是:"必须提供与需求数量相等的拿薪雇员的合格管理和支持"。他们"分配了相当于三个拿薪雇员的人去管理和指导志愿计划,外加一个部分时间的雇员管理周末和假日的志愿服务"。除此之外,他们还"分派许多其他拿薪职工和雇员用部分时间来服务于熟悉环境、培训和管理方面的工作"。他们认为"维持拿薪雇员一定水平的参与对于维持满意的职工-志愿人员关系和博物馆的服务是必要的。同时对于培养拿薪职工对志愿人员的管理责任感也是十分必要的"。[1]

总之,志愿服务为美国博物馆事业的发展做出了巨大的贡献,扩大了博物馆的影响、维持了博物馆的高效运营、提升了博物馆的服务质量、降低了博物馆的运营成本。在实践中,美国的博物馆管理者认识到,美国博物馆志愿者的志愿精神体现了一种共生的关系:一方面,博物馆以有效和有意义的方式为志愿者提供了施展专长、兴趣和爱好的机会。另一方面,志愿者也为博物馆提供了必要的服务,这是一种有益于双方发展的和谐互助关系,是美国博物馆志愿服务良好运行的重要因素。

---

[1] 托马斯·尼科尔:《美国自然历史博物馆内的志愿服务》,沈毅译,楼光庆审校,《中国博物馆》1988年第2期。

大 事 记

Key Events

B.26
中国文化志愿服务大事记
（2010～2016年）

2010年6月27~28日 文化部社会文化司在重庆召开了西藏、新疆文化部门与有关省市文化部门的对接会，文化部启动"春雨工程——全国文化志愿者边疆行"试点工作对接。

2010年8月16日 文化部在北京奥林匹克中心文化广场举行了2010年"春雨工程——全国文化志愿者边疆行"试点活动启动仪式暨北京志愿团出发仪式。文化部、北京市有关领导出席了启动仪式。来自北京、浙江、福建、重庆、西藏、新疆6个试点省区市文化厅局领导及其他各省区市文化厅局代表、北京市基层文化单位的同志们参加了仪式活动。

2010年8月17日 重庆市和福建省的首批志愿团抵达西藏自治区，正式拉开了文化部2010年"春雨工程——全国文化志愿者边疆行"试点活动的序幕。

2011年6月20日 由文化部、中央文明办共同主办的2011年"春雨工程"——全国文化志愿者边疆行欢送仪式在江苏省南京市举行,标志着历时半年、800多名文化志愿者参与、服务范围涵盖8个边疆民族省(区)的文化志愿服务活动正式拉开帷幕。

2011年 十七届六中全会发布了《中共中央关于深化文化体制改革推动社会主义文化大发展大繁荣若干重大问题的决定》,对文化志愿服务工作做出重要指导:"壮大文化志愿者队伍,鼓励专业文化工作者和社会各界人士参与基层文化建设和群众文化活动,形成专兼结合的基层文化工作队伍。"这是中央文件中首次明确使用"文化志愿者"概念,从国家层面倡导社会各界热心公益的人士投身文化志愿服务活动,并对于文化志愿者的重要性予以了充分肯定。

2011年 文化部、财政部出台《关于推进全国美术馆公共图书馆文化馆(站)免费开放工作的意见》,这是继2008年博物馆、纪念馆实行全面免费开放后的推进公共文化服务体系建设的又一重要举措,现实需求推动了全国的公共文化机构广泛探索文化志愿服务的新形式。

2012年1月4日 2011年"春雨工程"——全国文化志愿者边疆行表彰会在全国文化厅局长会议期间举行。参与2010年、2011年"文化志愿者边疆行"工作的北京、河北、山西、上海、江苏、浙江、安徽、福建、山东、广东、重庆及青岛12个省(市)文化厅(局)和文化部全国文化信息资源建设管理中心,以及内蒙古、黑龙江、云南、西藏、青海、宁夏、新疆7个省(区)文化厅(局)和新疆生产建设兵团文化广播电视局受到表彰。

2012年5月9日 由文化部与中央文明办共同实施的2012年"春雨工程"——全国文化志愿者边疆行活动,在浙江省宁波市鄞州区体育馆正式启动。

2012年9月12日 文化部、中央文明办联合印发了《关于广泛开展基层文化志愿服务活动的意见》,标志着文化志愿服务被正式纳入公共文化服务体系建设和国家文化发展总体战略。

2012年12月4日 全国文化志愿服务工作会议召开,这是文化部首次就文化志愿服务工作召开专题会议,组织动员文化系统和社会各界力量积极开展文化志愿服务。

2013 年 4 月 23 日　由文化部、中央文明办联合举办的 2013 年"文化志愿者基层服务年"系列活动在北京启动。同年，开始实施"大地情深"——国家艺术院团志愿服务走基层活动。

2013 年 5 月 2 日　文化部和中央文明办联合印发《文化部中央文明办关于开展"文化志愿者基层服务年"系列活动的通知》。

2013 年 9 月 11 日　文化部在北京召开"文化志愿者基层服务年"系列活动进展情况交流座谈会。

2013 年 12 月 4 日　在第 28 个国际志愿者日到来前夕，全国文化志愿服务工作现场经验交流会在福建省厦门市召开。会议上宣布我国文化志愿服务长效机制初步形成。

2014 年 3 月 24 日　由文化部、中央文明办共同组织开展的 2014 年"文化志愿服务推进年"系列活动在京启动。当日，文化部发布了"中国文化志愿者"标识，统一推出了"文化志愿者注册服务证"。

2014 年 4 月　文化部办公厅印发了《关于推行使用"中国文化志愿者"标识和"文化志愿者注册服务证"有关事宜的通知》。

2015 年 1 月 15 日　中共中央办公厅、国务院办公厅印发了《关于加快构建现代公共文化服务体系的意见》强调指出："大力推进文化志愿服务。大力弘扬志愿服务精神，坚持志愿服务与政府服务、市场服务相衔接，奉献社会与自我发展相统一，社会倡导和自愿参与相结合，构建参与广泛、内容丰富、形式多样、机制健全的文化志愿服务体系"。

2015 年 1 月 20 日　文化部在北京市怀柔区召开了 2015 年全国文化志愿服务工作推进会议，对 2015 年全国文化志愿服务工作进行了安排部署，并将 2015 年确定为"文化志愿服务制度建设年"。

2015 年 10 月　中央宣传部、中央组织部、中央文明办等部门联合下发通知，在全国开展宣传推选志愿服务"四个 100"先进典型活动，经过集中展示、群众投票、专家评审、网上公示等环节，于 2016 年初公布的先进典型名单中，中国美术馆文化志愿服务队、国家博物馆志愿者协会入选最佳志愿服务组织，北京、河南、江苏、湖南的4项文化志愿服务活动被评为最佳志愿服务项目，河南、湖南的3名文化志愿者被评为最美志愿者。

2016年3月1日 文化部联合中央文明办发布《关于开展2016年文化志愿服务工作的通知》，提出了三项主要任务，分别为以"行边疆、走基层、种文化"为主要内容，深入实施3项示范性文化志愿服务活动；以"扎根基层、服务群众"为主要内容，广泛开展9个主题基层文化志愿服务活动；以"健全组织、规范管理、壮大队伍"为主要内容夯实文化志愿服务工作基础。

2016年3月 文化部、中央文明办组织实施"阳光工程"—中西部农村文化志愿服务行动计划，在中西部农村招募一批有文艺专长、热心社会公益、乐于组织基层群众文化活动的群众文艺骨干和文化能人作为文化志愿者，开展农村文化建设工作，丰富农村精神文化生活，提高农村文化建设水平，进一步增强村级公共文化内生发展动力。

2016年7月14日 文化部印发《文化志愿服务管理办法》，规定了文化志愿服务的范围，明确了文化志愿者应享有的权利和履行的义务，规定了文化志愿服务组织单位应履行的职责办法。提出文化志愿服务组织单位应结合实际建立文化志愿服务激励回馈制度和文化志愿服务嘉许制度。

2016年7月21日 全国文化志愿服务工作现场经验交流会在广东省召开，会议全面总结2011年以来文化志愿服务工作成果，部署"十三五"时期文化志愿服务工作。

2016年10月18日 中共中央宣传部、中央文明办等7部门印发了《关于公共文化设施开展学雷锋志愿服务的实施意见》的通知，"意见"围绕发挥公共文化设施培育和弘扬社会主义核心价值观、传播社会主义先进文化的重要作用，就深入推进公共图书馆、博物馆、文化馆、美术馆、科技馆和革命纪念馆学雷锋志愿服务，进行了详细的阐述，并公布了公共文化设施开展学雷锋志愿服务首批61个示范单位。

B.27
后 记

文化志愿服务是我国志愿服务工作的重要组成部分，也是现代公共文化服务体系建设的重要内容。自文化部于2010年实施"春雨工程"——全国文化志愿者边疆行活动试点以来，中央先后多次对文化志愿服务工作做出重要部署。在文化部和中央文明办的主导和推动下，文化志愿服务事业得到了快速发展。

本书首次全面系统地展现了2010年以来中国文化志愿服务事业发展的历史过程、成就、问题以及发展趋势，并将以此为平台持续性记录文化志愿服务事业的发展进程，认识中国文化志愿服务发展的实践特征和发展模式，探讨文化志愿服务发展的理论和政策，为指导全国文化志愿服务的工作实践提供参考。此外，本书以文化志愿服务的视角观察我国现代公共文化服务体系建设以及社会治理与服务创新实践的特点和趋势，以期为新形势下做好公共文化服务和社会建设工作提供权威、系统、全面的文化志愿服务资料，填补全国层面系统研究文化志愿服务的空白。

全书由"总报告""专题研究报告""地方发展报告""服务品牌案例"以及"中国港澳台地区和国外的经验""大事记"六个部分组成。"总报告"回顾了文化志愿服务的发展历程，梳理了文化志愿服务发展取得的成就、存在的主要问题，以及新时期我国文化志愿服务事业发展面临的机遇和重点任务。"专题研究报告"对文化志愿服务与示范区（项目）创建、文化志愿服务的组织分层分类及其发展趋势，以及我国公共图书馆、文化馆和高校文化志愿者队伍建设状况进行了专题研究。基于国家博物馆、中国美术馆和首都图书馆的服务和管理实践，对综合类博物馆、艺术类博物馆、公共图书馆等不同公共文化机构文化志愿服务的管理模式与制度建设探索及其经验

进行了分析。"地方发展报告"对北京、上海、天津、浙江等10个省市的文化志愿服务发展历史、现状与发展趋势进行了梳理和分析。"服务品牌案例"选取了"春雨工程"——全国文化志愿者边疆行活动、"大地情深"——国家艺术院团志愿服务走基层活动以及全国基层文化志愿服务活动等三类文化志愿服务的部分典型品牌案例进行了介绍，以具体展现当前文化志愿服务活动的实践特点和品牌建设特色。"中国港澳台地区和国外的经验"的3篇研究报告分别对中国台湾、中国香港和美国的文化志愿服务实践经验进行了介绍。"大事记"记录了2010～2016年我国大力发展文化志愿服务的重要事件。

文化部党组副书记、副部长杨志今同志为本书撰写了序言。文化部公共文化司、国家公共文化服务体系建设专家委员会对本书的编写给予了有力指导和帮助。为本书提供稿件的各地政府、文化厅局和公共文化机构以及高校和科研机构的专家学者、社会科学文献出版社等单位和个人，为本书的编辑出版付出了辛勤的劳动，在此一并致谢。

Abstract

This annual report is the comprehensive and systematic demonstration to the achievements of the development of Chinese cultural volunteer service since 2010 in the first time. It will continue to record the development process of Chinese cultural volunteer service, to study the practical characteristics and development model of Chinese cultural volunteer service, to explore the theory and policy of the development of Chinese cultural volunteer service, and to provide references for guiding the work and practices of national cultural volunteer service.

The book is composed of five parts: the General Report, the Special Research Reports, the Local Development Reports, the Service Brand Cases, the Experiences of Hong Kong, Macao, Taiwan of China and the Overseas. "General Report" shows the important achievements of the development of cultural volunteer service in China, also it puts forward the trends and key tasks of development of Chinese cultural volunteer service in the new era. "Special Research Reports" study the important areas and the policies and systems of Chinese cultural volunteer service, and put forward the theoretical analysis and thinking. "Local Development Reports" sort out the achievements of the development of Chinesecultural volunteer service in various parts of China. "Service Brand Cases" introduce three key kinds of national brand cases: the "Spring Rain Project" — the Typical Cases of National Cultural Volunteers Going to the Frontier, "Love to the Earth Project" – the Typical Cases of Volunteer Services of National Arts Troupes Going to Grassroots, and The Typical Cases of Cultural Volunteer Service Activities of Grassroots in China. "Experiences of Hong Kong, Macao and Taiwan Region in China and the Foreign Countries" analyze the practical experiences of cultural volunteer service in China Taiwan, China Hong Kong, and the United States. "Historical Events" record the important events of the development of Chinese cultural volunteer service from 2010 to 2016.

Contents

I General Report

B. 1 Retrospect and Prospects on Cultural Volunteer Service
in China (2010 -2015) *Liang Jingyu, Li Guoxin* / 001

Abstract: Cultural volunteer service is the carrier of cultivating and practicing socialist core values, which is an important part of the modern public cultural service system. Cultural services provided by cultural volunteers serve as an innovation to promote the cultural construction of China. In general, the history of the development of cultural volunteer service in China can be divided into three stages: before 2010, the stage from carrying out the folk spontaneous activities to the consciously exploration and construction in some places; between 2010 and 2014, the stage of the organizational and systematic advances of national cultural volunteer service. After 2015, the stage of institutional and socialized advances of the national cultural volunteer service. Under the government's leading and promoting, the work of cultural volunteer service has made remarkable achievements in network construction, standardized management, carriers innovation, brand building and expansion of the service in the past five years. Under the new development situation, the cultural volunteer service in China is facing the important tasks of building the cultural volunteer service system with extensive participation, rich contents, diverse forms and sound mechanism.

Keywords: China; Cultural Volunteer Service; Retrospect; Prospects

II Special Subject Reports

B. 2 Cultural Volunteer Service and the Creation of the
Demonstration Areas (Projects)   *Li Guoxin, Feng Jia / 019*

Abstract: Cultural volunteer service has been included in the construction standards of the demonstration areas (projects) of public cultural service system, and has promoted the first practices for innovating the contents of cultural volunteer service, the ways of working and the carriers of activities. There are some typical cases have been shown in the practices, such as cultural volunteer team construction in Maanshan, the professional volunteer service of *Xiamen National Youth Orchestra*, the progressive cultivation of public cultural service volunteers in Feicheng, and the institutional construction of cultural volunteer service in Yinzhou district of Ningbo. The creation of the demonstration areas (projects) promote the exploration to the experiences of the leapfrog development of cultural volunteer service and play an important role in spreading and deepening the cultural volunteer service.

Keywords: Cultural Volunteer Service; Public Cultural Service; Demonstration Areas; Demonstration Projects

B. 3 The Development Trends of The Stratification and
Classification of Cultural Volunteer Service Organizations
    Tan Jianguang, Liang Jingyu / 031

Abstract: Cultural volunteer service is an important part of volunteer service. Chinese volunteer organizations have several types in terms of service function, such as co-ordination organizations, supporting organizations, implementing organizations, communication organizations and network organizations. Cultural volunteer service has developed a large number of co-ordination organizations and implementing organizations in the local level, but it is lack of the co-ordination organizations in the national level and the types of supporting organizations and network organizations. The new development trend is the stratification and classification of the cultural volunteer organizations based on the optimization of organizations service function in China.

Keywords: Cultural Volunteer Service; Cultural Volunteer Service Organizations; Stratification and Classification; Development Trend

B.4 Analysis on the Development Status of Cultural Volunteer Service of Public Libraries in China

Wang Xiaowen, Wang Fangyuan / 041

Abstract: The cultural volunteer services of public libraries play an important role in promoting the spirit of public library and volunteerism, building the scholarly society, optimizing human resources and meeting the diverse demands of readers. It also helps to create the innovation of service medium and carriers in the internet age. Chinese cultural volunteer service of public library started in the 1990s. It has formed the characteristics of extensively social participation, the diversification, community-based, normalization and branding of service contents and forms, standardization of management mechanism and so on. In the future, the public libraries should further to promote the relationship of the co-operation and the network building among their cultural volunteer service organization, while continue to strengthen the normalization, standardization, characterization of the service contents and branding of cultural volunteer services.

Keywords: Public Libraries; Cultural Volunteer Service; Development Status

B. 5 Analysis on the Development Status of Cultural Volunteer Service of the Cultural Centers in China *Wang Quanji* / 053

Abstract: The cultural volunteer service of cultural center is an important part of cultural volunteer service in China. The cultural volunteer services of cultural centers show the main features such as project applying, team specialization, public services equalization, activities normalization, management administrativization. It has formed three service models in the practices: the model of systematization and organized, the model of project-oriented and the model of autonomous, the social and the civil. The measures for promoting the development of the cultural volunteer service of cultural centers should be strengthening the legalization, digitalization, standardization, specialization, socialization and enhancing the social influence.

Keywords: Cultural Centers; Cultural Volunteer Service; Development Status

B. 6 Analysis on the Teams Construction of Cultural Volunteers in Universities and Colleges in China *Cen Xuegui* / 066

Abstract: The undergraduate cultural volunteers in universities and colleges are vital forces of cultural volunteer service. Compared with other volunteer teams, the undergraduate cultural volunteers have higher cultural qualities, a wide range of professional fields, but they also belong to different administrative systems and are high mobility. In order to strengthen construction of cultural volunteer teams in universities and colleges, it is necessary to take some measures such as strengthening the interaction and linkage among the administrative departments, flexible management, multi-dimensional supporting, comprehensive coordination and the standardization construction of administration of cultural volunteer service in universities and colleges.

Keywords: Universities and Colleges, Undergraduate Cultural Volunteers; Team Construction

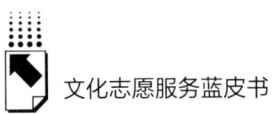

B.7 Cultural Volunteer Service of Public Museum: the Exploration to Management Model and Institutional Building of National Museum of China　　　　　　　　　　*Huang Chen* / 079

Abstract: The development history for the management model and system construction of cultural volunteer service of National Museum of China can be divided into three stages: between 2002 and 2006, the model of the 'open service and open mind' was established; between 2007 and 2010, the transformation of 'from improving individuals to improving the community'; since 2011, the development model of 'from the human management to system management'. Under the new situation, the focus of the volunteer service works in National Museum of China should meet the new needs, improve to build a more perfect volunteer service platform and the volunteer team with international level.

Keywords: National Museum of China; Cultural Volunteer Service; Management Model; Institutional Construction

B.8 Cultural Volunteer Service of Art Museum: the Exploration to Management Model and Institutional Construction of National Art Museum of China

Yang Yingshi, Yang Lanting / 099

Abstract: The management ideas and the work methods of cultural volunteer service of National Art Museum of China are embodied in joying and sharing, responsibility and rights, humane management, assessment and motivation, a clear plan, committed to training, self-achievement. The main measures of strengthening management system of cultural volunteer service under the new situation include the change from the role of taught to guided, the transition from the identity of volunteers to lecturers, the establishment of institutionalized and standardized management processes, promoting exchanges of inter-museums and the seminars about experiences and theories.

Keywords: National Art Museum of China; Cultural Volunteer Service; Management Model; Institutional Construction

B. 9 Cultural Volunteer Service of Public Library: the Exploitation to Management Model and Institutional Construction of the Capital Library *Yang Fanghuai* / 107

Abstract: The Cultural volunteer service in the Capital Library started in 2001 when the new museum opened to the public. It has gradually established a stable volunteer service team as the beneficial supplement of the official workforce and has created a new channel to ensure human resources of the library. In recent years, the library has further strengthened the organization construction, institutional construction. And it has actively explored the new models of work and has innovated the conjunction between the library business and cultural volunteer service. All the measures have promoted the steady and in-depth development of cultural volunteer work in the Capital Library.

Keywords: The Capital Library; Cultural Volunteer Service; Management Model; Institutional Construction

III Local Development Reports

B. 10 Report on the Development of Cultural Volunteer Service in Beijing *Li Zhen* / 117

Abstract: Beijing takes the lead in establishing the cultural volunteer service system all over the country. In the past five years, it has constructed three-level network system of cultural volunteer service based on the city, districts and streets, which includes the Beijing Cultural Volunteer Service Center as the leader and 21

sub-centers affiliated to it. Beijing has set up regular reserves, standardized management, normalization services, brand cultivation and project configuration of cultural volunteer services. It provides a high level of non-profit cultural services for the general public by actively carrying out cultural volunteer service.

Keywords: Beijing; Cultural Volunteer Service; Development Report

B.11 Report on the Development of Cultural Volunteer Service in Shanghai *Shen Yuxiang* / 127

Abstract: After the 2010 Shanghai World Expo, the cultural volunteer teams have been expanded gradually, the service subjects have become further clarified, the service forms have been enriched constantly, service contents have further been refinement, the concept of cultural volunteer service have been formed gradually. In 2013, Shanghai for the first time planned to carry out the cultural volunteer work from the municipal level, and also the Shanghai Cultural Volunteer Service Base was established. In 2015, Shanghai Cultural Volunteer Service Corps was incorporated in Shanghai Volunteers Association. The cultural volunteer service system in Shanghai has entered the overall planning and development period.

Keywords: Shanghai; Cultural Volunteer Service; Development Report

B.12 Report on the Development of Cultural Volunteer Service in Tianjin *Lu Hao* / 142

Abstract: In 2005, Tianjin museum recruited the first batch of cultural volunteers. In 2012, Tianjin established the Volunteer Corps of Public Cultural Services, it marked the beginning of scale-up, institutionalized and standardized process of Tianjin cultural volunteer services. From 2014, Tianjin has begun trying to strengthen the inter-provincial communication and cooperation of cultural volunteer service, promoting the culture "going out" and "coming in". The new initiatives have continued to promote the development of cultural volunteer service of Tianjin.

Keywords: Tianjin; Cultural Volunteer Service; Development Report

B. 13 Report on Development of Cultural Volunteer
       Service in Shanxi Province   *Li Xike* / 150

Abstract: The cultural volunteer teams in Shanxi province has developed since 2005. After 2010, the organizational and institutional construction of cultural volunteer service has been promoted vigorously. Organizational networks have been constantly perfect, the volunteer teams, especially the types of youth students and experts have expanded steadily. By conducting various regular and long-term cultural volunteer service activities, the harmonious development and civilization of society has been promoted.

Keywords: Shaanxi Province; Cultural Volunteer Services; Development Report

B. 14 Report on the Development of Cultural Volunteer
       Service in Zhejiang Province

Ma Deliang / 158

Abstract: Since 2011, based on the standardized management, the organizational and institutional construction of cultural volunteer service has made great advances; based on the brand building, the influence of cultural volunteer service has expanded; based on the ability enhance, the cultural volunteer service teams building has been strengthened in Zhejiang Province. By 2015, there are more than 50, 000 volunteers to serve on various cultural activities. The cultural volunteers have become the important force of mass cultural activities, and play an increasingly important role in public cultural services in Zhejiang province.

Keywords: Zhejiang Province; Cultural Volunteer Service; Development Report

B.15 Report on the Development of Cultural Volunteer
       Service in Hunan Province   *Yan Xi, Liang Liping* / 168

Abstract: The development of cultural volunteer service in Hunan province has experienced 3 stages: the rise, the formation, the vigorous development. Their working experiences include such as the network system of cultural volunteer service is built by promoting the team building; the ideas of cultural volunteer work is innovated by promoting the system construction; the characteristic brands of cultural volunteer services are created by taking the theme activities as carriers; the role of leading and orientation of cultural volunteer service is exerted by promotion and publicity. Cultural volunteer service presents some characteristics in Hunan province, such as clear theme and orientation, rich contents and diverse forms, multi-levels of participants, wide range of regional covering, long-term and normalization activities.

Keywords: Hunan Province; Cultural Volunteer Services; Development Report

B.16 Report on the Development of Cultural Volunteer
       Service in Guangdong Province   *Deng Yunyun* / 179

Abstract: Guangdong Province Cultural Volunteer Corps was founded in 2011. It has established the basic structure of cultural volunteer organizations: Corps in the level province, the sub-corps in the level of the municipal cities and agencies directed under the province, the detachments in the level of counties and the districts. It has formed a cultural volunteer service network with five-levels: the province, cities, counties, towns (streets), villages (communities). The cultural volunteer teams have expanded gradually, the public cultural service system has been increasingly improved. Especially, it provides important cultural human resources for the grassroots nonprofit cultural sites, such as the cultural centers at townships (streets) and the culture rooms at villages (communities). It has improved the standardization, equalization and the inclusive of basic public cultural services. It also has acquired outstanding achievements in institutionalization, normalization, brand building and theoretical research.

Keywords: Guangdong Province; Cultural Volunteer Services; Development Report

B. 17 Report on the Development of Cultural Volunteer Service in Yantai   *Wang Pingyun* / 185

Abstract: Cultural volunteer service of Yantai started in 1994 and standardized in 2014. Cultural volunteers are important forces to promote the construction of public cultural service system of Yantai. The positive exploration has been carried on in many aspects, such as establishing mechanism, strengthening organizational security, highlighting the characteristic theme, expanding the service project and extending to grassroots.

Keywords: Yantai; Cultural Volunteer Service; Development Report

B. 18 Report on the Development of Cultural Volunteer Service in Wuhan   *Chen Jing* / 193

Abstract: After the Wuhan Volunteers Association is established in 2007, it

has coordinated the governmental departments of the publicity and the cultural to carry out cultural volunteer activities. In recent years, it has established the cultural volunteer service network which includes the 4 levels of the city, the districts (counties), the streets (townships) and the communities (Villages). Combined with the activities of the National Civilized City Building, it launched the literature art performance tours and the activities of literature art performances going into communities; based on the cultural needs of the grassroots, some featured volunteer service brands are created. In the new development period, based on the construction planning and overall goals of building "volunteer city", Wuhan will continue to strengthen and promote the development of cultural volunteer service.

Keywords: Wuhan; Cultural Volunteer Services; Development Report

B.19 Report on the Development of Cultural Volunteer Service in Xiamen　　　　　　　　　*Huang Tianzhu* / 201

Abstract: Xiamen is the city to carry out voluntary service activities earlier in China. Cultural volunteer service in Xiamen features as rich contents and forms, highlighting the advantages to communicate with Taiwan district, focusing on grassroots and volunteer self-management and so on. By the chance of creating "National Public Cultural Demonstration Zone", Xiamen strengthens the construction of cultural volunteer teams. Under the new situation, Xiamen will optimize the service contents, improve the performance evaluation, achieve long effectiveness and strengthen cooperation with Taiwan cultural volunteers.

Keywords: Xiamen; Cultural Volunteer Service; Development Report

IV Service Brand Cases

B.20 "Spring Rain Project" —the Typical Cases of National Cultural Volunteers Going to the Frontier / 217

Abstract: The Ministry of Culture and the Central Civilization Office jointly organized the activities of "Spring Rain Project" —the National Cultural Volunteers Going to the Frontier, which has built a platform for cultural exchanges between the inland and the frontier in China and has produced a number of outstanding typical cases. Six cases are chosen to show the experiences and effectiveness of the activities, they are respectively from the National Public Cultural Development Center of the Ministry of Culture, Guangdong province, Jiangsu province, the Guangxi Zhuang Autonomous Region, Fujian province and Shandong province.

Keywords: Spring Rain Project; Cultural Volunteers, Going to the Frontier; Typical Cases

B.21 "Love to the Earth Project" —the Typical Cases of Volunteer Services of National Arts Troupes Going to Grassroots / 234

Abstract: The Ministry of Culture and the Central Civilization Office launched the "Love to the Earth Project": Volunteer Services of National Arts Troupes Going to Grassroots in 2013. The activities take the demonstration areas and demonstration projects of the National Public Cultural Service System as the main service areas, which put high arts into the public culture spheres and increase the supply of public cultural products to grassroots. Six cases are chosen to show the experiences and effectiveness of activities, they are respectively from the National Ballet of China, Children National Theater for Children, China National

Symphony Orchestra, China Coal Mine Art Troupe, China National Peking Opera Company and China Broadcasting Art Troupe.

Keywords: Love to the Earth Project; National Arts Troupes; Going to Grassroots; Typical Cases

B.22　The Typical Cases of Cultural Volunteer Service
　　　 Activities of Grassroots in China　　　　　　　　　　／248

Abstract: The Ministry of Culture and the Central Civilization Office launched the cultural volunteer service activities of grassroots in 2013. Taking the "Rooted in the Grassroots, Serving the Masses" as the main contents, it has formed a group of extensive social influence brands and smoothed the social forces to participate in cultural volunteer service. This paper introduces 6 typical cases from Liaoning provincial library, Changan Town in Dongguan City, Zhejiang Provincial Culture Center, Kelamayi Exhibition Center, Miyun County in Beijing, Banan District in Chongqing, Hunan province, Guizhou Provincial Library and Yinchuan Province to show the experiences and effectiveness of the cultural volunteer service activities of grassroots in China.

Keywords: Cultural Volunteer Service; Activities in Grassroots; Typical Cases

V　Experiences from Hong Kong, Macao, Taiwan Areas of China and Foreign Countries

B.23　Development Status and Experiences of Institutional
　　　 Construction of Taiwan's Cultural Volunteer Service

Liang Jingyu ／ 267

Abstract: Taiwan is the second areas in the world where formulates the legal about volunteer service and it has formed a more perfect legal institution of volunteer service. In terms of cultural volunteer service, Taiwan Ministry of Culture promulgated and revised the *Incentives for Cultural Volunteer Service* to encourage people to participate in the cultural volunteer services and promote the vigorous development of cultural volunteer service in Taiwan. The experiences of its system construction are mainly reflected in establishing the perfect legal system of volunteer service, encouraging the public sectors to use volunteers, improving the management system and operation mechanism, perfecting the security mechanism, evaluation and incentive policies, establishing unified volunteer service records, commendation and education platform.

Keywords: Taiwan; Cultural Volunteer Service; Development Status; Institutional Construction

B. 24　The Development of Volunteer Service of Public Libraries in Hong Kong　　　　*Wu Junping* / 278

Abstract: Hong Kong public libraries, after more than 50 years' development, have formed a relatively perfect service system to offer public readers services with high-quality and great efficiency. With the help of the partnership and persevering promotion activities of community libraries, the public cultural services has been enjoying a higher level of effectively sharing among the public, which is inseparable from the volunteer service support with Hong Kong characteristics. Hong Kong's volunteer service, from the volunteer management and the protection mechanism to the evaluation and incentive mechanism, has enjoyed a long history of development and has formed a perfect system. On this basis, the public cultural services and volunteer service can be closely combined in the field of public libraries.

Keywords: Public Library; Public Cultural Services; Volunteer Service; HongKong

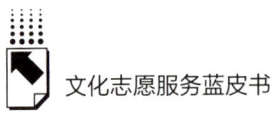

文化志愿服务蓝皮书

B.25 The Development Status of Volunteer Service of Museum in the U. S. A: Take the Smithsonian Institution as an Example

Liang Jingyu, Guo Yukun / 291

Abstract: The perfect legal system is the important guarantee for the booming of volunteer service activities in the US. American Museum volunteer services generally have systematic methods of management, including recruitment, entry, training, supervision, evaluation and incentives and so on. The Smithson Museum, the world's largest based-museums education and research system, has volunteers is about twice as much as that of the official staffs. It has a more perfect operation mechanism of volunteer service, including its recruitment combines with long-term and short-term styles, its service includes public services, non-public services and seasonal services, its incentives focus on spiritual reward, it emphases on building a symbiotic relationship between volunteers and paid staffs.

Keywords: the Smithson Museum; Museum Volunteer Service; Development Status; The U. S. A.

❖ 皮书起源 ❖

"皮书"起源于十七、十八世纪的英国,主要指官方或社会组织正式发表的重要文件或报告,多以"白皮书"命名。在中国,"皮书"这一概念被社会广泛接受,并被成功运作、发展成为一种全新的出版形态,则源于中国社会科学院社会科学文献出版社。

❖ 皮书定义 ❖

皮书是对中国与世界发展状况和热点问题进行年度监测,以专业的角度、专家的视野和实证研究方法,针对某一领域或区域现状与发展态势展开分析和预测,具备原创性、实证性、专业性、连续性、前沿性、时效性等特点的公开出版物,由一系列权威研究报告组成。

❖ 皮书作者 ❖

皮书系列的作者以中国社会科学院、著名高校、地方社会科学院的研究人员为主,多为国内一流研究机构的权威专家学者,他们的看法和观点代表了学界对中国与世界的现实和未来最高水平的解读与分析。

❖ 皮书荣誉 ❖

皮书系列已成为社会科学文献出版社的著名图书品牌和中国社会科学院的知名学术品牌。2011年,皮书系列正式列入"十二五"国家重点出版规划项目;2012~2015年,重点皮书列入中国社会科学院承担的国家哲学社会科学创新工程项目;2016年,46种院外皮书使用"中国社会科学院创新工程学术出版项目"标识。

法律声明

"皮书系列"(含蓝皮书、绿皮书、黄皮书)之品牌由社会科学文献出版社最早使用并持续至今,现已被中国图书市场所熟知。"皮书系列"的LOGO( )与"经济蓝皮书""社会蓝皮书"均已在中华人民共和国国家工商行政管理总局商标局登记注册。"皮书系列"图书的注册商标专用权及封面设计、版式设计的著作权均为社会科学文献出版社所有。未经社会科学文献出版社书面授权许可,任何使用与"皮书系列"图书注册商标、封面设计、版式设计相同或者近似的文字、图形或其组合的行为均系侵权行为。

经作者授权,本书的专有出版权及信息网络传播权为社会科学文献出版社享有。未经社会科学文献出版社书面授权许可,任何就本书内容的复制、发行或以数字形式进行网络传播的行为均系侵权行为。

社会科学文献出版社将通过法律途径追究上述侵权行为的法律责任,维护自身合法权益。

欢迎社会各界人士对侵犯社会科学文献出版社上述权利的侵权行为进行举报。电话:010-59367121,电子邮箱:fawubu@ssap.cn。

社会科学文献出版社

权威报告・热点资讯・特色资源

皮书数据库
ANNUAL REPORT(YEARBOOK) DATABASE

当代中国与世界发展高端智库平台

WWW.PISHU.COM.CN

皮书俱乐部会员服务指南

1. 谁能成为皮书俱乐部成员?
- 皮书作者自动成为俱乐部会员
- 购买了皮书产品（纸质书/电子书）的个人用户

2. 会员可以享受的增值服务
- 免费获赠皮书数据库100元充值卡
- 加入皮书俱乐部，免费获赠该纸质图书的电子书
- 免费定期获赠皮书电子期刊
- 优先参与各类皮书学术活动
- 优先享受皮书产品的最新优惠

3. 如何享受增值服务?

（1）免费获赠100元皮书数据库体验卡

第1步 刮开附赠充值的涂层（右下）；

第2步 登录皮书数据库网站（www.pishu.com.cn），注册账号；

第3步 登录并进入"会员中心"—"在线充值"—"充值卡充值"，充值成功后即可使用。

（2）加入皮书俱乐部，凭数据库体验卡获赠该书的电子书

第1步 登录社会科学文献出版社官网（www.ssap.com.cn），注册账号；

第2步 登录并进入"会员中心"—"皮书俱乐部"，提交加入皮书俱乐部申请；

第3步 审核通过后，再次进入皮书俱乐部，填写页面所需图书、体验卡信息即可自动兑换相应电子书。

4. 声明

解释权归社会科学文献出版社所有

皮书俱乐部会员可享受社会科学文献出版社其他相关免费增值服务，有任何疑问，均可与我们联系。

图书销售热线：010-59367070/7028
图书服务QQ：800045692
图书服务邮箱：duzhe@ssap.cn

数据库服务热线：400-008-6695
数据库服务QQ：2475522410
数据库服务邮箱：database@ssap.cn

欢迎登录社会科学文献出版社官网
（www.ssap.com.cn）
和中国皮书网（www.pishu.cn）
了解更多信息

社会科学文献出版社 皮书系列
SOCIAL SCIENCES ACADEMIC PRESS (CHINA)

卡号：0751673479840760
密码：

子库介绍
Sub-Database Introduction

中国经济发展数据库

涵盖宏观经济、农业经济、工业经济、产业经济、财政金融、交通旅游、商业贸易、劳动经济、企业经济、房地产经济、城市经济、区域经济等领域，为用户实时了解经济运行态势、把握经济发展规律、洞察经济形势、做出经济决策提供参考和依据。

中国社会发展数据库

全面整合国内外有关中国社会发展的统计数据、深度分析报告、专家解读和热点资讯构建而成的专业学术数据库。涉及宗教、社会、人口、政治、外交、法律、文化、教育、体育、文学艺术、医药卫生、资源环境等多个领域。

中国行业发展数据库

以中国国民经济行业分类为依据，跟踪分析国民经济各行业市场运行状况和政策导向，提供行业发展最前沿的资讯，为用户投资、从业及各种经济决策提供理论基础和实践指导。内容涵盖农业，能源与矿产业，交通运输业，制造业，金融业，房地产业，租赁和商务服务业，科学研究，环境和公共设施管理，居民服务业，教育，卫生和社会保障，文化、体育和娱乐业等 100 余个行业。

中国区域发展数据库

以特定区域内的经济、社会、文化、法治、资源环境等领域的现状与发展情况进行分析和预测。涵盖中部、西部、东北、西北等地区，长三角、珠三角、黄三角、京津冀、环渤海、合肥经济圈、长株潭城市群、关中—天水经济区、海峡经济区等区域经济体和城市圈，北京、上海、浙江、河南、陕西等 34 个省份及中国台湾地区。

中国文化传媒数据库

包括文化事业、文化产业、宗教、群众文化、图书馆事业、博物馆事业、档案事业、语言文字、文学、历史地理、新闻传播、广播电视、出版事业、艺术、电影、娱乐等多个子库。

世界经济与国际政治数据库

以皮书系列中涉及世界经济与国际政治的研究成果为基础，全面整合国内外有关世界经济与国际政治的统计数据、深度分析报告、专家解读和热点资讯构建而成的专业学术数据库。包括世界经济、世界政治、世界文化、国际社会、国际关系、国际组织、区域发展、国别发展等多个子库。